Einführung

(el) Εισαγωγή   (es) Introducción

(pl) Wstęp   (ro) Introducere

Sie möchten etwas sagen, aber Ihnen fehlen die Worte? Ihr handlicher Berufssprachführer *Deutsch für Ingenieure* begleitet Sie in allen wichtigen beruflichen Situationen und hilft Ihnen, immer das Richtige zu sagen. Das Eingangsniveau entspricht der Stufe B1 des Gemeinsamen Europäischen Referenzrahmens. Alle Wendungen wurden in die vier Sprachen Griechisch (el), Spanisch (es), Polnisch (pl) und Rumänisch (ro) übersetzt. Der Berufssprachführer steht Ihnen zur Seite, wenn Sie schnell eine treffende Formulierung nachschlagen oder sich gezielt auf ein bestimmtes Szenario vorbereiten möchten. Die Wendungen sind thematisch geordnet und in den Infoboxen finden Sie interkulturelle Tipps und nützliche Informationen rund um den Beruf. Mithilfe der Kurzgrammatik können Sie Ihre Grammatikkenntnisse auffrischen. Im Wörterbuch im hinteren Teil können Sie Fachvokabular nachschlagen. Übrigens wurden alle Wendungen für Sie vertont, damit Sie Ihre Aussprache perfektionieren können. Die Audiodateien finden Sie als MP3-Download bei http://www.hueber.de/audioservice. Mittels der roten Trackbezeichnungen können Sie genau die Formulierung finden, die Sie gerade brauchen. Viel Erfolg im Beruf!

Das Vorstellungsgespräch

el Η συνέντευξη   **es** La entrevista de trabajo
pl Rozmowa kwalifikacyjna   **ro** Interviul

pl⟩ To kompleksowe zadanie. Tak naprawdę nie da się tego zrealizować w wyznaczonym czasie.

ro⟩ Aceasta este o sarcină complexă. Termenul de execuție nu este real.

A06 Ich habe hier ein technisches Problem. Wen frage ich da am besten?

el⟩ Έχω ένα τεχνικό πρόβλημα εδώ. Σε ποιον πρέπει να απευθυνθώ;

es⟩ Tengo un problema técnico. ¿A quién es mejor que le pregunte?

pl⟩ Mam tutaj techniczny problem. Do kogo powinienem/powinnam się zwrócić?

ro⟩ Eu am aici o problemă tehnică. Cui mă pot adresa?

A07 Wir haben derzeit keine freien Kapazitäten in der Abteilung.

el⟩ Δεν έχουμε αυτή τη στιγμή διαθέσιμα άτομα στο τμήμα.

es⟩ De momento no disponemos de capacidad libre en el departamento.

pl⟩ Obecnie nie mamy w dziale już żadnych wolnych zasobów.

ro⟩ Noi nu avem momentan nicio capacitate liberă în secție.

A08 Welches Projekt hat Priorität?

el⟩ Ποιο έργο έχει προτεραιότητα;

es⟩ ¿Qué proyecto tiene prioridad?

pl⟩ Który z projektów ma priorytet?

ro⟩ Care proiect are prioritate?

A09 Ich denke, das wird kaum machbar sein.

el⟩ Πιστεύω ότι αυτό είναι σχεδόν αδύνατον.

es⟩ Creo que no será factible.

pl⟩ Myślę, że jest to raczej niewykonalne.

ro⟩ Cred că acest lucru va fi greu realizabil.

A10 Ich glaube, das wird möglich sein.

el⟩ Πιστεύω, ότι είναι εφικτό.

es⟩ Creo que será posible.

pl⟩ Uważam, że jest to możliwe.

ro⟩ Cred că va fi posibil.

A11 Selbstverständlich, ich kümmere mich darum.

el⟩ Βεβαίως, θα το φροντίσω.

es⟩ Por supuesto, me encargaré de ello.

pl⟩ Oczywiście, zajmę się tym.

ro⟩ Desigur, mă ocup eu de aceasta.

A12 Das kann ich gerne tun. Bis wann brauchen Sie die Ergebnisse?

el⟩ Ευχαρίστως. Μέχρι πότε χρειάζεστε τα αποτελέσματα;

es⟩ Lo haré con mucho gusto. ¿Cuándo necesita los resultados?

pl⟩ Bardzo chętnie to zrobię. Na kiedy potrzebuje pan/pani wyniki?

ro⟩ Eu pot să fac acest lucru cu plăcere. Când aveți nevoie de rezultate?

A13 Würden Sie mir bitte den Vorgang noch einmal erklären?

el⟩ Θα μπορούσατε να μου εξηγήσετε πάλι τη διαδικασία;

es⟩ ¿Me explicaría de nuevo el procedimiento, por favor?

pl⟩ Czy może mi pan/pani wytłumaczyć raz jeszcze ten proces?

ro⟩ Puteți să-mi explicați procesul încă o dată?

A14 Wie funktioniert das?

el⟩ Πώς λειτουργεί αυτό;

es⟩ ¿Cómo funciona esto?

pl⟩ Jak to działa?

ro⟩ Cum funcționează aceasta?

A15 Danke, jetzt habe ich alles verstanden.

el⟩ Ευχαριστώ, τώρα τα κατάλαβα όλα.

es⟩ Gracias, ahora ya lo he entendido todo.

pl⟩ Dziękuję, teraz wszystko zrozumiałem/zrozumiałam.

ro⟩ Mulțumesc, acum am înțeles totul.

A16 Auf eine gute Zusammenarbeit!

el⟩ Στην καλή μας συνεργασία!

es⟩ ¡Espero que trabajemos bien juntos!

pl⟩ Żeby nam się dobrze razem pracowało!

ro⟩ Pentru o bună colaborare!

Hueber Beruf

Renate Kärchner-Ober

Deutsch für Ingenieure

Griechisch · Spanisch · Polnisch · Rumänisch

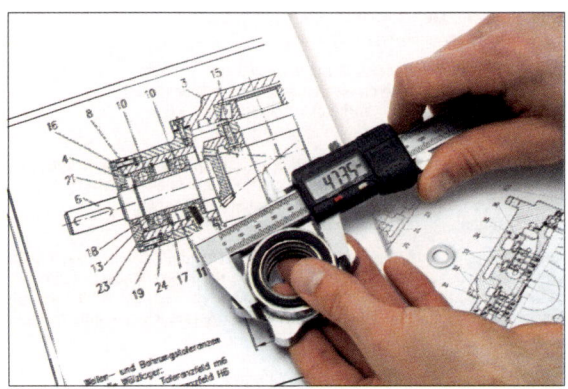

Hueber Verlag

Grammatik: Dr. Juliane Forßmann
Übersetzung: Angelika Gajkowski, Vicky Gil (für Tramontana Translations), Michael Kaupert, Marietta Kremastioti
Phonetik: Dr. Annaliese Benkwitz
Wir danken Herrn Lutz Forßmann für die fachliche Unterstützung.

Fotos Cover: © fotolia/industrieblick, © iStock/rustycloud

Fotos Innenteil: Seite 1: © fotolia/industrieblick | Seite 6: © fotolia/Picture-Factory | Seite 45: © Thinkstock/iStock/luchschen | Seite 81: © iStock/Yuri | Seite 103: © fotolia/DOC RABE Media | Seite 128: © Thinkstock/Stocktrek Images | Seite 140: © fotolia/kjekol | Seite 150: © fotolia/goodluz | Seite 165: © fotolia/industrieblick

Ein kostenloser MP3-Download zum Buch ist unter
www.hueber.de/audioservice erhältlich.

3. 2. 1. | Die letzten Ziffern
2019 18 17 16 15 | bezeichnen Zahl und Jahr des Druckes.
Alle Drucke dieser Auflage können, da unverändert,
nebeneinander benutzt werden.
1. Auflage
© 2015 Hueber Verlag GmbH & Co. KG, München, Deutschland
Redaktion: Juliane Forßmann und Elisa Klüber, Hueber Verlag, München
Beratung: Lutz Forßmann
Umschlaggestaltung: creative partners gmbh, München
Satz und Layout: Memminger MedienCentrum AG, Memmingen
Druck und Bindung: Kessler Druck + Medien GmbH & Co. KG, Bobingen
Printed in Germany
ISBN 978-3-19-507475-9

Art. 530_18511_001_01

Die Begrüßung

(el) Ο χαιρετισμός   (es) El saludo

(pl) Powitanie   (ro) Salutul

> Die Begrüßung ist wichtig, denn der erste Eindruck zählt mehr, als man denkt. Sie sollten dabei einen Schritt auf die andere Person zugehen und ihr die rechte Hand geben. Das gilt auch zwischen Männern und Frauen. Ein kurzer, fester Händedruck mit Blickkontakt reicht (nicht die Finger des Partners zusammenquetschen!). Wahren Sie dabei einen Abstand von einem knappen Meter, keinesfalls weniger als 50 cm.

B01 Guten Tag, mein Name ist Artur Malikowski. Ich möchte bitte zu Frau Steiner. Ich habe ein Vorstellungsgespräch.

(el) Γεια σας, ονομάζομαι Άρτουρ Μαλικόφσκι. Θα ήθελα να δω την κυρία Στάινερ. Έχω μια συνέντευξη.

(pl) Dzień dobry, nazywam się Artur Malikowski. Jestem umówiony z panią Steiner na rozmowę kwalifikacyjną.

(es) Buenos días, me llamo Artur Malikowski. Me gustaría ver a la señora Steiner, tengo una entrevista de trabajo.

(ro) Bună ziua, numele meu este Artur Malikowski. Eu doresc să vorbesc cu doamna Steiner. Am un interviu de angajare.

B02 Guten Tag. Frau Steiner kommt gleich. Warten Sie bitte kurz hier.

(el) Γεια σας. Η κυρία Στάινερ έρχεται αμέσως. Περιμένετε λίγο παρακαλώ.

(pl) Dzień dobry. Pani Steiner zaraz przyjdzie. Proszę tu chwileczkę poczekać.

(es) Buenos días. La señora Steiner llegará enseguida. Espere aquí un momento.

(ro) Bună ziua. Doamna Steiner sosește imediat. Vă rog să așteptați aici.

B03 Guten Tag, ich bin Susanne Steiner. Sind Sie Herr Malikowski?

(el) Γεια σας. Είμαι η Ζουζάνε Στάινερ. Είστε ο κύριος Μαλικόφσκι;

(pl) Dzień dobry, jestem Susanne Steiner. Czy mam przyjemność z panem Malikowskim?

(es) Buenos días, soy Susanne Steiner. ¿Es usted el señor Malikowski?

(ro) Bună ziua, eu sunt Susanne Steiner. Dumneavoastră sunteți domnul Malikowski?

7

B04 Ja, genau. Schön, dass ich zu einem persönlichen Gespräch eingeladen wurde.

- (el) Ναι, μάλιστα. Χαίρομαι που με καλέσατε σε αυτή την προσωπική συνάντηση.
- (pl) Tak, to ja. Bardzo się cieszę, że zostałem zaproszony na rozmowę.
- (es) Sí, soy yo. Me alegro de que me hayan invitado a hacer una entrevista personal.
- (ro) Da, exact. Mă bucur că am fost invitat la o discuție personală.

B05 Schön, dass Sie kommen konnten.

- (el) Χαίρομαι που μπορέσατε να έρθετε.
- (pl) Cieszę się, że mógł pan przyjść.
- (es) Me alegro de que haya podido venir.
- (ro) Mă bucur că ați putut veni.

B06 Hatten Sie eine gute Anreise?

- (el) Φτάσατε καλά;
- (pl) Czy miał pan dobrą podróż?
- (es) ¿Ha tenido un buen viaje?
- (ro) Ați avut o călătorie plăcută?

B07 Haben Sie uns gleich gefunden?

- (el) Μας βρήκατε εύκολα;
- (pl) Czy nie było kłopotów ze znalezieniem naszej firmy?
- (es) ¿Le ha costado encontrarnos?
- (ro) Ați putut să ne găsiți ușor?

B08 Die Anfahrt war völlig problemlos dank der guten Beschreibung.

- (el) Κανένα πρόβλημα, χάρη στην καλή περιγραφή σας.
- (pl) Dzięki dobremu opisowi dojechałem bez problemu.
- (es) No he tenido problemas para llegar gracias a la buena descripción que me facilitaron.
- (ro) Călătoria a decurs fără probleme mulțumită descrierii exacte.

B09 Bitte nehmen Sie doch Platz.

- (el) Καθήστε παρακαλώ.
- (pl) Proszę usiąść.
- (es) Siéntese, por favor.
- (ro) Vă rugăm să ocupați loc.

B10 Gerne, vielen Dank.

- (el) Ευχαριστώ πολύ.
- (pl) Dziękuję bardzo.
- (es) Con mucho gusto, gracias.
- (ro) Bucuros, mulțumesc.

Erste Informationen austauschen

el⟩ Ανταλλαγή πρώτων πληροφοριών

es⟩ Intercambio de información preliminar

pl⟩ Wymiana pierwszych informacji

ro⟩ Primul schimb de informaţii

> Sie werden in Vorstellungsgesprächen häufig danach gefragt, ob Sie noch etwas wissen möchten. Signalisieren Sie Interesse durch Fragen nach Abläufen in der Firma oder nach Firmenstrukturen (siehe Abschnitt *Fragen an den potentiellen Arbeitgeber*). Sie sollten vermeiden, sofort nach Urlaub oder freien Tagen zu fragen. Auch die Frage nach dem Gehalt stellen Sie besser erst, wenn man Ihnen die Stelle anbietet.
> Doch Sie sollten in jedem Fall darauf vorbereitet sein, dass man Sie nach Ihren Gehaltswünschen fragt. Dafür sollten Sie zwei Zahlen im Kopf haben: Ihr Wunschgehalt und das Minimalgehalt, für das Sie noch bereit sind zu arbeiten.

B11 Warum haben Sie sich auf diese Stelle beworben?

el⟩ Γιατί κάνατε αίτηση για τη συγκεκριμένη θέση;

es⟩ ¿Por qué se presenta para este puesto?

pl⟩ Skąd pana/pani zainteresowanie naszą ofertą?

ro⟩ De ce aţi aplicat pentru acest loc de muncă?

B12 Nach fünf Jahren in derselben Firma möchte ich mich nun gern verändern.

el⟩ Μετά από πέντε χρόνια στην ίδια εταιρεία θα ήθελα να κάνω μία αλλαγή.

es⟩ Después de cinco años en la misma empresa, tengo ganas de cambiar.

pl⟩ Po pięciu latach przepracowanych w jednej firmie chciałbym/chciałabym coś zmienić.

ro⟩ După cinci ani la aceaşi societate mi-aş dori acum o schimbare.

B13 Die Stelle scheint genau auf mein Profil zu passen.

el⟩ Η θέση δείχνει να ταιριάζει ακριβώς στο προφίλ μου.

es⟩ Me parece que el puesto encaja perfectamente con mi perfil.

9

pl⟩ Dane stanowisko wydaje się dokładnie pasować do mojego profilu.

ro⟩ Locul de muncă pare a se se potrivi exact profilului meu.

B14 Ich möchte gerne in einem größeren Unternehmen mit internationalen Beziehungen arbeiten.

el⟩ Θα ήθελα να εργαστώ σε μια μεγαλύτερη επιχείρηση με διεθνή δραστηριότητα.

es⟩ Me gustaría trabajar en una empresa más grande con relaciones internacionales.

pl⟩ Chciałbym/Chciałabym pracować w większym przedsiębiorstwie, działającym na arenie międzynarodowej.

ro⟩ Eu aş dori să lucrez într-o societate mai mare care deţine relaţii internaţionale.

B15 Wir sind an einer Zusammenarbeit mit einem erfahrenen Maschinenbauingenieur interessiert.

el⟩ Ενδιαφερόμαστε να συνεργαστούμε με έναν έμπειρο μηχανολόγο μηχανικό.

es⟩ Estamos interesados en colaborar con un ingeniero mecánico con experiencia.

pl⟩ Jesteśmy zainteresowani współpracą z doświadczonym inżynierem budowy maszyn.

ro⟩ Noi suntem interesaţi pentru o colaborare cu un inginer mecanic experimentat.

B16 Das ist mein Fachgebiet. Ich denke, dass ich den Aufgaben gewachsen bin.

el⟩ Έχω εξειδικευτεί σε αυτόν τον τομέα. Πιστεύω ότι θα μπορέσω να ανταποκριθώ στα καθήκοντά μου.

es⟩ Esa es mi especialidad. Creo que estoy a la altura del cometido.

pl⟩ To jest moja specjalność. Myślę, że podołam tym zadaniom.

ro⟩ Acesta este specialitatea mea. Eu cred că sunt bine pregătit/-ă pentru această sarcină.

B17 Ihr beruflicher Werdegang sieht interessant aus. Können Sie ein wenig darüber erzählen?

el⟩ Η επαγγελματική σας πορεία φαίνεται ενδιαφέρουσα. Μπορείτε να μας μιλήσετε λίγο γι' αυτήν;

es⟩ Su carrera profesional parece interesante. ¿Nos puede hablar un poco sobre ella?

(pl) Pana/Pani dotychczasowe doświadczenie w zawodzie wygląda bardzo interesująco. Czy może pan/pani coś więcej o tym opowiedzieć?

(ro) Cariera dumneavoastră profesională pare a fi interesantă. Ne puteţi vorbi puţin despre aceasta?

B18 Selbstverständlich. Meine beruflichen Qualifikationen habe ich in Polen erworben.

(el) Βεβαίως. Τα επαγγελματικά μου προσόντα τα απέκτησα στην Πολωνία.

(pl) Oczywiście. Moje kwalifikacje zawodowe zdobyłem/zdobyłam w Polsce.

(es) Por supuesto. Obtuve mis cualificaciones profesionales en Polonia.

(ro) Bineînţeles. Abilităţile mele profesionale le-am dobândit în Polonia.

B19 Ich spreche drei Fremdsprachen: Englisch, Deutsch und Spanisch.

(el) Μιλάω τρεις ξένες γλώσσες: Αγγλικά, Γερμανικά και Ισπανικά.

(pl) Mówię w trzech językach: angielskim, niemieckim i hiszpańskim.

(es) Hablo tres idiomas extranjeros: inglés, alemán y español.

(ro) Eu vorbesc trei limbi străine: engleza, germana şi spaniola.

B20 Wie schätzen Sie sich ein?

(el) Τι θα λέγατε για τον εαυτό σας;

(pl) Jak pan/pani siebie widzi?

(es) ¿Cómo se ve a sí mismo/-a?

(ro) Cum vă caracterizaţi?

B21 Ich denke, ich bin zuverlässig, kontaktfreudig und kreativ.

(el) Πιστεύω ότι είμαι αξιόπιστος/-η, κοινωνικός/-ή και δημιουργικός/-ή.

(pl) Uważam, że jestem osobą słowną, kreatywną i szybko nawiązuję kontakty.

(es) Creo que soy fiable, sociable y creativo/-a.

(ro) Eu cred că sunt o persoană de încredere, sociabilă şi creativă.

B22 Wie flexibel sind Sie?

(el) Πόσο ευέλικτος/-η είστε;

(es) ¿Tiene flexibilidad?

(pl) Na ile jest pan elastyczny/pani elastyczna?

(ro) Cât de flexibil/-ă sunteți?

B23 Neue Orte, Menschen oder wechselnde Herausforderungen sind kein Problem für mich.

(el) Δεν έχω κανένα πρόβλημα με νέα μέρη, καινούριους ανθρώπους ή εναλλασσόμενες προκλήσεις.

(es) No tengo ningún problema con los nuevos lugares, la gente nueva o los retos diferentes.

(pl) Nowe miejsca, ludzie lub zmieniające się wyzwania nie stanowią dla mnie problemu.

(ro) Locurile noi, oamenii sau provocările alternative noi nu reprezintă o problemă pentru mine.

B24 Arbeiten Sie lieber alleine oder im Team?

(el) Προτιμάτε να δουλεύετε μόνος/-η ή σε ομάδα;

(es) ¿Prefiere trabajar solo/-a o en equipo?

(pl) Czy woli pan/pani pracować w pojedynkę czy w zespole?

(ro) De preferință lucrați singur/-ă sau în echipă?

B25 Ich arbeite lieber im Team.

(el) Προτιμώ να δουλεύω σε ομάδα.

(es) Prefiero trabajar en equipo.

(pl) Wolę pracę w zespole.

(ro) De preferință lucrez în echipă.

B26 Könnten Sie sich vorstellen, weitgehend eigenständig zu arbeiten?

(el) Μπορείτε να φανταστείτε να δουλεύετε σε μεγάλο βαθμό αυτόνομα;

(es) ¿Cree que podría trabajar individualmente la mayor parte del tiempo?

(pl) Czy może pan/pani sobie przedstawić, aby pracować głównie samodzielnie?

(ro) Puteți să vă imaginați să lucrați in mare măsură independent/-ă?

B27 Ich kann auch gut eigenständig arbeiten.

(el) Μπορώ να δουλεύω και καλά αυτόνομα.

(es) También puedo trabajar bien de forma individual.

(pl) Potrafię też pracować samodzielnie.

(ro) Eu pot de asemenea să lucrez și independent/-ă.

B28 Bevorzugen Sie bestimmte Arbeitszeiten?

(el) Προτιμάτε συγκεκριμένες ώρες εργασίας;

(es) ¿Prefiere algún horario laboral concreto?

pl⟩ Czy faworyzuje pan/pani jakieś określone godziny pracy?

ro⟩ Preferați un anumit program de lucru?

B29 Nein, da habe ich keine festen Vorstellungen.

el⟩ Όχι, είμαι ευέλικτος/-η σε αυτό.

es⟩ No, no tengo ninguna idea fija al respecto.

pl⟩ Nie, nie faworyzuję tu żadnych stałych godzin.

ro⟩ Nu, în acest sens eu nu am nicio concepție fermă.

B30 Können Sie sich vorstellen, zweimal im Jahr im Ausland tätig zu sein?

el⟩ Θα μπορούσατε να φανταστείτε να εργάζεστε δύο φορές το χρόνο στο εξωτερικό;

es⟩ ¿Puede imaginarse trabajando en el extranjero dos veces al año?

pl⟩ Czy może pan/pani sobie przedstawić, żeby wyjeżdżać dwa razy w roku do pracy za granicę?

ro⟩ Puteți să vă imaginați că vă desfășurați activitatea în străinătate de două ori pe an?

B31 Ja, das kann ich mir sehr gut vorstellen.

el⟩ Ναι, θα μπορούσα κάλλιστα να το φανταστώ.

es⟩ Sí, me lo puedo imaginar perfectamente.

pl⟩ Oczywiście, że mogę sobie to przedstawić.

ro⟩ Da, eu pot să-mi imaginez foate bine acest lucru.

Studium

el⟩ Σπουδές

es⟩ Estudios

pl⟩ Studia

ro⟩ Studii

C01 An welcher Universität haben Sie studiert?

el⟩ Σε ποιο πανεπιστήμιο σπουδάσατε;

es⟩ ¿En qué universidad estudió?

pl⟩ Na jakim uniwersytecie pan studiował/pani studiowała?

ro⟩ La ce universitate ați studiat?

C02 Ich habe an der Technischen Universität in Breslau studiert.

el⟩ Σπούδασα στο Πολυτεχνείο του Βρότσλαβ.

es⟩ Estudié en la Universidad Técnica de Breslavia.

pl⟩ Studiowałem/Studiowałam na Politechnice we Wrocławiu.

ro⟩ Eu am studiat la Universitatea tehnică din Breslau.

C03 Haben Sie während Ihrer Studienzeit Zeit im Ausland verbracht?

el⟩ Μείνατε κατά τη διάρκεια των σπουδών σας για κάποιο χρονικό διάστημα στο εξωτερικό;

es⟩ ¿Pasó algún tiempo en el extranjero en su época universitaria?

pl⟩ Czy przebywał pan/przebywała pani podczas studiów za granicą?

ro⟩ În timpul studiilor ați fost în străinătate?

C04 Ja, ich habe zwei Semester an der Technischen Universität Valencia studiert.

el⟩ Ναι, σπούδασα για δυο εξάμηνα στο Πολυτεχνείο της Βαλένθια.

es⟩ Sí, estudié dos semestres en la Universidad Politécnica de Valencia.

pl⟩ Tak, studiowałem/studiowałam dwa semestry na Uniwersytecie Technicznym w Walencji.

ro⟩ Da, eu am studiat două semestre la Universitatea tehnică din Valencia.

C05 Welche Fachrichtung des Ingenieurwesens haben Sie belegt?

el⟩ Ποιον κλάδο της μηχανικής είχατε επιλέξει;

es⟩ ¿Qué rama de ingeniería cursó?

pl⟩ Jaki kierunek nauk inżynieryjnych pan wybrał/pani wybrała?

ro⟩ Care disciplină de inginerie ați studiat-o?

C06 Meine Fachrichtung war Maschinenbau.

el⟩ Είχα επιλέξει μηχανολογία.

es⟩ Mi rama era Ingeniería Mecánica.

pl⟩ Moim kierunkiem była budowa maszyn.

ro⟩ Disciplina mea a fost construcții de mașini.

C07 Welche Vertiefungsrichtung haben Sie gewählt?

el⟩ Με ποια εξειδίκευση;

es⟩ ¿Qué especialidad eligió?

pl⟩ W czym się pan specjalizował/pani specjalizowała?

ro⟩ Ce specializare ați ales?

C08 Meine Vertiefungsrichtung war Metallurgie.

el⟩ Εξειδικεύτηκα στη μεταλλουργία.

es⟩ Mi especialidad era Metalurgia.

(pl) Wyspecjalizowałem się/Wyspec-
jalizowałam się w metalurgii.

(ro) Specializarea mea a fost metalurgia.

C09 War Ihr Studium eher theoretisch oder eher praktisch ausgerichtet?

(el) Οι σπουδές σας ήταν πιο πολύ
θεωρητικές ή πρακτικές;

(es) ¿Su carrera tenía una orienta-
ción teórica o más bien práctica?

(pl) Czy pańskie/pani studia były
bardziej ukierunkowane na teo-
rię czy praktykę?

(ro) Studiile dumneavoastră au fost
mai degrabă teoretice sau practice?

C10 Die meisten Fächer waren eher praxisorientiert.

(el) Τα περισσότερα μαθήματα ήταν
πιο πολύ πρακτικά.

(es) La mayoría de las asignaturas
era práctica.

(pl) Większość przedmiotów oriento-
wała się raczej na praktyce.

(ro) Cele mai multe materii au fost
orientate către practică.

C11 Wo lagen Ihre Schwerpunkte im Studium?

(el) Σε ποιους τομείς δόθηκε μεγαλύτερη βαρύτητα στα πλαίσια
των σπουδών;

(es) ¿Cuáles fueron sus áreas de
especialización durante la
carrera?

(pl) Co było dla pana/pani priorytetem podczas studiów?

(ro) Care au fost priorităţile studiilor
dumneavoastră?

**C12 Die Schwerpunkte meines Studienfachs waren Verfahrens- und
Umwelttechnik.**

(el) Στις σπουδές μου δόθηκε μεγαλύτερη βαρύτητα στην τεχνολογία διεργασιών και στην περι-
βαλλοντική τεχνολογία.

(es) Mis áreas de especialización
fueron Ingeniería de Procesos y
Tecnología Medioambiental.

(pl) Głównymi kierunkami moich studiów były technologia procesowa i inżynieria ochrony środowiska.

(ro) Priorităţile studiilor mele au fost
ingineria industrială şi ingineria
mediului.

**C13 Wären Sie bereit, sich innerhalb eines Jahres Kenntnisse in Franzö-
sisch anzueignen?**

(el) Θα ήσασταν πρόθυμος/-η να

(es) ¿Estaría dispuesto/-a a apren-

αποκτήσετε γνώσεις Γαλλικών μέσα σε ένα έτος;

pl Czy zgodziłby się pan/zgodziłaby się pani nauczyć w ciągu jednego roku języka francuskiego?

der francés en el plazo de un año?

ro Ați fi dispus/-ă ca într-un an să dobândiți cunoștințe de limbă franceză?

Wenn Sie einen Abschluss in Ihrem Heimatland erworben haben, der nicht in Deutschland vergeben wird, können Sie sich auch an die Zentralstelle für ausländisches Bildungswesen (ZAB) wenden, die eine Bewertung ausländischer Qualifikationen vornimmt. Diese Informationen erhalten Sie auch über die Datenbank *anabin* bei http://anabin.kmk.org/.

C14 **Das wäre kein Problem für mich.**

el Αυτό δεν θα ήταν πρόβλημα για μένα.

pl To nie byłby dla mnie żaden problem.

es No sería ningún problema.

ro Aceasta nu reprezintă o problemă pentru mine.

C15 **Denken Sie, dass Ihre fachlichen Schwerpunkte dem Anforderungsprofil der ausgeschriebenen Stelle gut entsprechen?**

el Πιστεύετε ότι οι τομείς εξειδίκευσής σας ανταποκρίνονται στο προφίλ της προκηρυχθείσας θέσης;

pl Czy uważa pan/pani, że pańska/pani specjalizacja odpowiada profilowi stanowiska opisywanego w ogłoszeniu?

es ¿Cree que sus áreas de especialización técnica se ajustan al perfil que requiere el puesto vacante?

ro Credeți că domeniile dumneavoastră de specialitate corespund cu certitudine cerințelor postului publicat?

C16 **Ja, denn ich glaube, dass meine Studienschwerpunkte sehr gut passen.**

el Ναι, πιστεύω ότι οι σπουδές μου ταιριάζουν απόλυτα.

es Sí, porque creo que mis áreas de especialización de la carrera se adaptan perfectamente.

<pl> Tak uważam, że kierunek stu-
diów, który wybrałem/wybrałam
doskonale pasuje do danego stanowiska.

<ro> Da, eu cred că domeniile princi-
pale de studiu corespund foarte
bine.

C17 Welches sind Ihre stärksten Fächer, welches Ihre schwächsten?

<el> Σε ποιους τομείς βρίσκονται τα
δυνατά σας σημεία και σε
ποιους οι αδυναμίες σας;

<es> ¿Cuáles son las materias que
domina más y cuáles las que
menos?

<pl> Jakie przedmioty są pana/pani
mocną stroną, a w jakich czuje
się pan/pani niepewnie?

<ro> Care sunt punctele forte ale
dumneavoastră, și care sunt
cele mai slabe?

C18 Meine Stärken liegen auf dem Gebiet der Metallurgie.

<el> Το δυνατό μου σημείο είναι ο
τομέας της μεταλλουργίας.

<es> El campo que mejor domino es
la metalurgia.

<pl> Moją mocną stroną jest metalur-
gia.

<ro> Punctele mele forte sunt în
domeniul metalurgiei.

C19 Auf dem Gebiet der Spitzentechnologie müsste ich mich noch weiterbilden.

<el> Στον τομέα της υψηλής τεχνο-
λογίας θα χρειαζόμουν κάποια
περαιτέρω εκπαίδευση.

<es> En el campo de la tecnología
punta tendría que seguir formándome.

<pl> W dziedzinie nowych technolo-
gii musiałbym/musiałabym
pogłębić jeszcze swoją wiedzę.

<ro> În domeniul tehnologiei de vârf
trebuie să mă specializez în continuare.

C20 Nicht so gut war ich in technischer Mechanik.

<el> Η τεχνική μηχανική δεν ήταν
από τα δυνατά μου σημεία.

<es> La mecánica técnica no se me
daba muy bien.

<pl> Nie byłem zbyt dobry/byłam
zbyt dobra z mechaniki technicznej.

<ro> Nu am fost atât de bun/-ă în
domeniul mecanicii tehnice.

C21 Würden Sie eine firmeninterne Fortbildung mitmachen?

<el> Θα συμμετείχατε σε εκπαίδευση
εντός της εταιρείας;

<es> ¿Participaría en un curso de for-
mación de la empresa?

17

pl› Czy wziąłby pan/wzięłaby pani udział w wewnątrzfirmowym szkoleniu?

ro› Ați dori să urmați un curs de specializare în cadrul firmei?

C22 Ich bin gerne bereit, einen Fortbildungslehrgang zu machen.

el› Είμαι πολύ πρόθυμος/-η να συμμετέχω σε σεμινάρια εκπαίδευσης.

es› Estaría encantado/-a de hacer un curso de formación.

pl› Jestem zawsze gotowy/gotowa, wziąć udział w szkoleniu.

ro› Sunt pregătit/-ă pentru a urma un curs de specializare.

C23 Ich habe gesehen, dass Sie auch in Deutschland studiert haben.

el› Είδα ότι σπουδάσατε και στη Γερμανία.

es› He visto que también estudió en Alemania.

pl› Widziałem/Widziałam, że studiował pan/studiowała pani również w Niemczech?

ro› Eu observ că dumneavoastră ați studiat și în Germania.

C24 Das ist richtig. Durch ein Kooperationsprogramm habe ich zwei Semester an der Technischen Universität Darmstadt studiert.

el› Σωστά. Σπούδασα στα πλαίσια ενός προγράμματος συνεργασίας για δύο εξάμηνα στο Πολυτεχνείο του Ντάρμσταντ.

es› Correcto. Estudié dos semestres en la Universidad Politécnica de Darmstadt gracias a un programa de cooperación.

pl› Zgadza się. W ramach współpracy studiowałem/studiowałam dwa semestry na Uniwersytecie technicznym w Darmstadt.

ro› Da este adevărat. Datorită unui program de cooperare se am studiat două semestre la Universitatea tehnică din Darmstadt.

C25 Ich würde gerne etwas mehr über Ihr Hauptfach Computerarchitektur erfahren.

el› Θα ήθελα να μάθω περισσότερα για το κύριο σας μάθημα, την αρχιτεκτονική υπολογιστών.

es› Me gustaría saber algo más sobre su asignatura principal, Arquitectura Informática.

pl› Chciałbym/Chciałabym dowiedzieć się czegoś więcej o głównym kierunku pańskich/pani studiów, architekturze komputerowej.

ro› Eu aș dori să aflu mai multe despre specialitatea dumneavoastră principală din domeniul arhitecturii calculatoarelor.

C26 Gerne. In meinem Studium habe ich mich hauptsächlich mit der anwendungsbezogenen Realisierung von Computersystemen beschäftigt.

el⟩ Ευχαρίστως. Στα πλαίσια των σπουδών μου ασχολήθηκα κυρίως με την πρακτική εφαρμογή της υλοποίησης υπολογιστικών συστημάτων.

pl⟩ Chętnie. Podczas moich studiów zajmowałem się/zajmowałam się głównie wdrażaniem użytkowych systemów komputerowych.

es⟩ Por supuesto. Durante mi carrera me ocupé principalmente de la realización de sistemas informáticos de carácter aplicado.

ro⟩ Bucuros. În cadrul studiilor mele eu m-am ocupat în mod deosebit de realizarea sistemelor informatice aplicate.

C27 Ich habe vor allem an praxisrelevanten Problemen und deren Lösungen gearbeitet.

el⟩ Ασχολήθηκα κυρίως με προβλήματα και τις λύσεις τους σε πρακτικό επίπεδο.

pl⟩ Pracowałem/Pracowałam przede wszystkim nad zdarzającymi się w praktyce problemami i ich rozwiązaniami.

es⟩ Trabajé sobre todo en problemas relevantes para la práctica y sus soluciones.

ro⟩ Eu am lucrat în mod deosebit la problemele relevante apărute în practică și la rezolvarea acestora.

C28 Der Schwerpunkt meines Studiums lag auf Kommunikationssystemen.

el⟩ Οι σπουδές μου επικεντρώθηκαν κυρίως στα συστήματα επικοινωνιών.

pl⟩ Priorytetem moich studiów były systemy komunikacyjne.

es⟩ Mi carrera se centraba en los sistemas de comunicación.

ro⟩ Accentul studiilor mele s-a bazat pe sistemele de comunicare.

C29 Ihr Studienabschluss liegt einige Jahre zurück. Was haben Sie in den letzten drei Jahren gemacht?

el⟩ Έχουν περάσει κάποια χρόνια από την αποφοίτησή σας. Τι κάνατε τα τελευταία τρία χρόνια;

es⟩ Hace algunos años que acabó la carrera. ¿Qué ha hecho en los tres últimos años?

pl▷ Ukończył pan/Ukończyła pani studia kilka lat temu. Co pan robił/pani robiła w ciągu ostatnich trzech lat?

ro▷ Ați terminat studiile în urmă cu câțiva ani. Ce ați făcut în ultimii trei ani?

C30 **Ich habe mich seitdem kontinuierlich auf meinem Fachgebiet fortgebildet.**

el▷ Από τότε εκπαιδεύομαι συνεχώς στο τομέα μου.

es▷ Desde entonces he seguido formándome en mi especialidad.

pl▷ Od tego czasu dokształcam się ciągle w moich kierunku.

ro▷ De atunci m-am format continuu în domeniul meu de specialitate.

C31 **Ich habe Kurse für Maschinen- und Fahrzeugakustik besucht und eine Prüfung abgelegt.**

el▷ Παρακολούθησα σεμινάρια για την ακουστική μηχανών και οχημάτων και έδωσα εξετάσεις.

es▷ Hice cursos de acústica mecánica y de vehículos y aprobé el examen.

pl▷ Uczęszczałem/Uczęszczałam na kursy z akustyki pojazdów i maszyn, które zakończyłem/zakończyłam egzaminem.

ro▷ Eu am urmat cursuri de acustica mașinilor și vehicolelor și am susținut un examen.

Praktikum

el▷ Πρακτική άσκηση
es▷ Prácticas
pl▷ Staż
ro▷ Practica

D01 **Haben Sie schon einmal ein Praktikum auf einer Baustelle gemacht?**

el▷ Έχετε κάνει ποτέ πρακτική άσκηση σε ένα εργοτάξιο;

es▷ ¿Ha hecho alguna vez prácticas en una obra?

pl▷ Czy odbywał pan/odbywała pani już kiedyś staż na budowie?

ro▷ Ați făcut vreodată practică pe un șantier?

D02 **Während meines Studiums habe ich zwei Praktika in einem Garten- und Landschaftsbaubetrieb absolviert.**

el▷ Στα πλαίσια των σπουδών μου
es▷ Durante la carrera hice dos prác-

έκανα δύο πρακτικές ασκήσεις σε μία επιχείρηση κηπουρικής και αρχιτεκτονικής τοπίων.

ticas en una empresa de construcción de jardines y zonas verdes.

pl〉 W czasie studiów odbyłem/ odbyłam dwie praktyki w firmie zajmującej się planowaniem i zagospodarowywaniem ogrodów i terenów zielonych.

ro〉 În timpul studiilor mele am absolvit două perioade de practică într-o firmă de horticultură şi amenajări teritoriale.

D03 Wie lange dauerte denn das Praktikum?

el〉 Πόσο διήρκησε η κάθε πρακτική άσκηση;

es〉 ¿Cuánto duraron las prácticas?

pl〉 Jak długo trwał ten staż?

ro〉 Cât a durat perioada de practică?

D04 Das erste Praktikum dauerte 6 Wochen, das zweite 4 Wochen.

el〉 Η πρώτη διήρκησε 6 εβδομάδες και η δεύτερη 4 εβδομάδες.

es〉 Las primeras prácticas duraron 6 semanas y las segundas, 4 semanas.

pl〉 Pierwsza praktyka trwała 6 tygodni, druga 4 tygodnie.

ro〉 Prima perioadă a durat 6 săptămâni, iar cea de-a doua 4 săptămâni.

D05 Durch das Praktikum habe ich Wissen über Anwendung von Nanotechnologie erworben.

el〉 Στα πλαίσια της πρακτικής άσκησης απέκτησα γνώσεις για την εφαρμογή της νανοτεχνολογίας.

es〉 Gracias a las prácticas, adquirí conocimientos sobre la aplicación de nanotecnología.

pl〉 Poprzez praktykę zdobyłem/ zdobyłam wiedzę na temat zastosowania nanotechnologii.

ro〉 În perioada de practică am dobândit cunoştinţe despre aplicaţiile nanotehnologiei.

D06 In meinem Praktikum habe ich viel über Praxisanwendungen von ... gelernt.

el〉 Στην πρακτική μου άσκηση έμαθα πολλά για τις πρακτικές εφαρμογές του/ της...

es〉 Durante las prácticas aprendí mucho sobre las aplicaciones prácticas de...

pl〉 Podczas mojego stażu nauczy-

ro〉 În perioada de practică am

łem/nauczyłam się dużo o prak-
tycznym zastosowaniu ...

învățat multe despre aplicațiile
practice ale ...

D07 Während des Praktikums konnte ich einen Einblick in ... gewinnen.

- el⟩ Κατά τη διάρκεια της πρακτικής άσκησης μπόρεσα να γνωρίσω...
- pl⟩ Podczas stażu otrzymałem/ otrzymałam możliwość wglądu w ...
- es⟩ Durante las prácticas pude comprender mejor...
- ro⟩ În timpul perioadei de practică am fost capabil/-ă de a obține o perspectivă asupra ...

D08 Sie suchen einen Praktikanten für den Bereich Softwareentwick-lung?

- el⟩ Ψάχνετε για έναν ασκούμενο στον τομέα της ανάπτυξης λογι-σμικού;
- pl⟩ Czy szukają państwo prakty-kanta/praktykantki do działu zajmującego się opracowywa-niem oprogramowania?
- es⟩ ¿Está buscando una persona en prácticas para el área de desa-rrollo de software?
- ro⟩ Dumneavoastră căutați un/o practician/-ă pentru domeniul de dezvoltare Software?

D09 Ja, das ist richtig.

- el⟩ Ναι, σωστά.
- pl⟩ Tak, to prawda.
- es⟩ Sí, así es.
- ro⟩ Da, este adevărat.

D10 Wären Sie an einem Auslandaufenthalt interessiert?

- el⟩ Θα σας ενδιέφερε η διαμονή στο εξωτερικό;
- pl⟩ Czy byłby pan zainteresowany/ byłaby pani zainteresowana pobytem za granicą?
- es⟩ ¿Le interesaría vivir en el extranjero?
- ro⟩ Ați fi interesat/-ă pentru o ședere în străinătate?

D11 Ja, daran wäre ich sehr interessiert.

- el⟩ Ναι, θα με ενδιέφερε.
- pl⟩ Tak, bardzo by mnie to interesowało.
- es⟩ Sí, me interesaría mucho.
- ro⟩ Da, eu aș fi foarte interesat/-ă.

D12 Wir können Ihnen eine Praktikumsstelle für drei Monate in China anbieten. Haben Sie Interesse?

- el⟩ Θα μπορούσαμε να σας προτεί-
- es⟩ Podemos ofrecerle unas prácti-

νουμε μια θέση για μια τρίμηνη
πρακτική άσκηση στην Κίνα.
Σας ενδιαφέρει;
pl Możemy zaproponować panu/
pani trzymiesięczny staż w Chi-
nach. Czy byłby pan zaintereso-
wany/byłaby pani zainteresowana?

cas durante tres meses en
China. ¿Le interesa?
ro Noi vă putem oferi un stagiu de
trei luni de practică în China.
Sunteți interesat/-ă?

D13 Ja, das interessiert mich sehr. Wo genau soll das Praktikum denn
stattfinden?

el Ναι, με ενδιαφέρει πολύ. Που
πρόκειται να γίνει η πρακτική
άσκηση;
pl Tak, jak najbardziej. Gdzie
dokładnie ma odbywać się ten
staż?

es Sí, me interesa mucho. ¿Donde
serían las prácticas exactamente?
ro Da, mă interesează foarte mult.
Unde anume se va desfășura
perioada de practică?

D14 In Wuhan – dort würden Sie auch an einem Schulungsprogramm für
Bauschutztechnik teilnehmen können.

el Στο Γουχάν. Εκεί θα συμμετέ-
χετε και σε εκπαιδευτικό πρόγραμμα για την τεχνολογία προστασίας κατασκευών.
pl W Wuhan – tam mógłby pan/
mogłaby pani także uczestni-
czyć w programie szkoleniowym
na temat technik ochrony
budowli.

es En Wuhán. Allí también podría
participar en un programa de
formación sobre tecnología de
protección para la construcción.
ro În Wuhan – acolo veți putea participa și la un program de securitate în construcții.

D15 Das klingt sehr interessant. Ich würde gerne an einem solchen Programm teilnehmen.

el Αυτό ακούγεται πολύ ενδιαφέρον. Θα μου άρεσε να συμμετέχω σε τέτοια προγράμματα.
pl Brzmi bardzo interesująco. Chętnie wezmę udział w tego
rodzaju programie.

es Suena muy interesante. Me gustaría participar en un programa
de este tipo.
ro Pare a fi foarte interesant. Eu
aș participa cu plăcere la un asemenea program.

23

Berufserfahrung

- ⓔ Επαγγελματική εμπειρία
- ⓟ Doświadczenie zawodowe
- ⓔ Experiencia laboral
- ⓡ Experiența profesională

> Es ist wichtig, dass Sie über Ihre Aktivitäten, beruflichen Erfahrungen oder Praktika Auskunft geben können und Ihre Fähigkeiten und Stärken gut darstellen können. Vermeiden Sie dabei Übertreibungen. Wenn Sie anfangs nervös sind, ist das nicht so schlimm. In den meisten Vorstellungsgesprächen stellen die Verantwortlichen zuerst das Unternehmen kurz vor, bevor sie den Kandidaten befragen. Währenddessen wird sich die Nervosität schon ein wenig legen. Von einem Hochschulabsolventen erwartet niemand perfekte Selbstsicherheit beim Vorstellungsgespräch.

E01 Wo haben Sie Ihre ersten beruflichen Erfahrungen gesammelt?

- ⓔ Που αποκτήσατε την πρώτη σας επαγγελματική εμπειρία;
- ⓟ Gdzie zdobywał pan/zdobywała pani swoje pierwsze doświadczenia w zawodzie?
- ⓔ ¿Dónde adquirió sus primeras experiencias laborales?
- ⓡ Unde ați acumulat prima experiență profesională?

E02 Meine ersten Berufserfahrungen konnte ich in einem internationalen Unternehmen machen.

- ⓔ Απέκτησα την πρώτη μου επαγγελματική εμπειρία σε μια επιχείρηση διεθνούς εμβέλειας.
- ⓟ Moje pierwsze doświadczenia w zawodzie zdobyłem/zdobyłam w międzynarodowej firmie.
- ⓔ Mi primera experiencia laboral fue en una empresa internacional.
- ⓡ Prima experiență profesională am acumulat-o într-o societate internațională.

E03 Ich war vor allem für die Qualitätsplanung zuständig.

- ⓔ Ήμουν κυρίως αρμόδιος/-α για τον ποιοτικό σχεδιασμό.
- ⓟ Byłem/Byłam przede wszystkim odpowiedzialny/odpowiedzialna za planowanie jakości.
- ⓔ Era responsable sobre todo de la planificación de la calidad.
- ⓡ Înainte de toate eu am fost responsabil/-ă pentru planificarea calității.

24

E04 Haben Sie bereits in Produktionsstätten gearbeitet?

el⟩ Έχετε ήδη εργαστεί σε μονάδες
παραγωγής;

pl⟩ Czy pracował pan/pracowała
pani już kiedyś w zakładach produkcyjnych?

es⟩ ¿Ha trabajado ya en plantas de
producción?

ro⟩ Ați lucrat deja în unități de producție?

E05 Nein, bisher hatte ich leider keine Gelegenheit dazu.

el⟩ Όχι, δεν είχα την ευκαιρία
μέχρι τώρα.

pl⟩ Nie, do tej pory nie miałem/mia-
łam niestety takiej okazji.

es⟩ No, por desgracia hasta ahora
no he tenido la oportunidad.

ro⟩ Nu, până acum nu am avut oca-
zia.

E06 Ja, ich habe sechs Monate in einer Firma für Aluminumbearbeitung
gearbeitet.

el⟩ Ναι, δούλεψα έξι μήνες για μια
εταιρεία στον χώρο της επεξεργασίας αλουμινίου.

pl⟩ Tak, przez sześć miesięcy praco-
wałem/pracowałam w firmie zajmującej się obróbką aluminium.

es⟩ Sí, trabajé seis meses en una
empresa de procesamiento de
aluminio.

ro⟩ Da, eu am lucrat șase luni într-o
firmă de prelucrare a aluminiu-
lui.

E07 Wir möchten gerne mehr über Ihre Berufserfahrung wissen.

el⟩ Θα θέλαμε να μάθουμε περισσότερα για την επαγγελματική
σας εμπειρία.

pl⟩ Chcielibyśmy dowiedzieć się
czegoś więcej o pana/pani
doświadczeniu zawodowym.

es⟩ Nos gustaría saber más sobre
su experiencia profesional.

ro⟩ Noi dorim să cunoaștem mai
mult despre experiența dumneavoastră profesională.

E08 Ich habe schon in den Bereichen Marketing und Entwicklung gearbeitet.

el⟩ Έχω εργαστεί στους τομείς του
μάρκετινγκ και της ανάπτυξης.

pl⟩ Pracowałem/Pracowałam już w
działach zarządzania i rozwoju.

es⟩ Ya he trabajado en las áreas de
marketing y desarrollo.

ro⟩ Eu am lucrat deja în domeniile
marketing și dezvoltare.

E09 In der Firma Novelto habe ich im Konstruktionsbüro mitgearbeitet.

- el⟩ Στην εταιρεία Νοβέλτο εργάστηκα στο κατασκευαστικό τμήμα.
- es⟩ Trabajé en la oficina de construcción de la empresa Novelto.
- pl⟩ W firmie Novelto pracowałem/pracowałam w biurze konstrukcyjnym.
- ro⟩ Am lucrat la firma Novelto în biroul de construcții.

E10 Ich habe langjährige Erfahrung im Fachgebiet Tunnelbau.

- el⟩ Έχω μακρόχρονη εμπειρία στον τομέα της κατασκευής σηράγγων.
- es⟩ Tengo una experiencia de años en el campo especializado de la construcción de túneles.
- pl⟩ Posiadam długoletnie doświadczenie w zakresie budowy tuneli.
- ro⟩ Eu am o experiență îndelungată în domeniul construcțiilor de tuneluri.

E11 Haben Sie bereits in leitender Funktion gearbeitet?

- el⟩ Έχετε ήδη εργαστεί σε θέση ευθύνης;
- es⟩ ¿Ha ocupado ya un puesto directivo?
- pl⟩ Czy pracował pan/pracowała pani już kiedyś na stanowisku kierowniczym?
- ro⟩ Ați lucrat deja în funcții de conducere?

E12 Ja, ich habe die Gruppe für Infrastruktur geleitet.

- el⟩ Ναι, ήμουν επικεφαλής της ομάδας υποδομών.
- es⟩ Sí, dirigí el grupo de infraestructuras.
- pl⟩ Tak, kierowałem/kierowałam grupą do spraw infrastruktury.
- ro⟩ Da, eu am condus grupa de infrastructură.

E13 Nein, bisher noch nicht.

- el⟩ Όχι μέχρι τώρα.
- es⟩ De momento, no.
- pl⟩ Nie, do tej pory jeszcze nie.
- ro⟩ Nu, până acum încă nu.

E14 In welcher Funktion sind Sie derzeit tätig?

- el⟩ Σε ποια θέση εργάζεστε αυτή τη στιγμή;
- es⟩ ¿Qué puesto ocupa actualmente?
- pl⟩ Jaką funkcję pełni pan/pani obecnie?
- ro⟩ În ce calitate sunteți angajat/-ă în prezent?

E15   Zurzeit arbeite ich als Projektkoordinator.

- (el) Αυτή τη στιγμή εργάζομαι ως συντονιστής έργων.
- (pl) Obecnie pracuję jako koordynator projektów.
- (es) Actualmente trabajo como coordinador/-a de proyectos.
- (ro) Momentan lucrez ca coordonator/-toare de proiect.

E16   Ich bin gegenwärtig als ... bei der Firma HammerGuss, einer Eisengießerei, beschäftigt.

- (el) Αυτή την περίοδο απασχολούμαι ως... στην χαλυβουργική εταιρεία HammerGuss.
- (pl) Obecnie jestem zatrudniony/zatrudniona jako ... w firmie HammerGuss, odlewni żeliwa.
- (es) Ahora mismo trabajo como... en la empresa HammerGuss, una fundición de hierro.
- (ro) În prezent lucrez ca ... la firma HammerGuss, o firmă de turnătorie metale.

E17   Ich arbeite im Bereich der Softwareentwicklung bei der Firma Darwin-Engineering.

- (el) Εργάζομαι στον τομέα της ανάπτυξης λογισμικού στην εταιρεία Darwin-Engineering.
- (pl) Pracuję w dziale opracowywania oprogramowania w firmie Darwin-Engineering.
- (es) Trabajo en el área de desarrollo de software para la empresa Darwin-Engineering.
- (ro) Eu lucrez în domeniul de dezvoltare Software la firma Darwin-Engineering.

E18   Haben Sie bereits an größeren Projekten mitgearbeitet?

- (el) Έχετε ήδη δουλέψει σε μεγάλα έργα;
- (pl) Czy miał pan/miała pani już okazję współpracować przy większych projektach?
- (es) ¿Ha trabajado ya en grandes proyectos?
- (ro) Ați lucrat deja la proiecte mai mari?

E19   Nein, bisher noch nicht.

- (el) Όχι, μέχρι τώρα.
- (pl) Nie, do tej pory jeszcze nie.
- (es) No, todavía no.
- (ro) Nu, până acum nu.

E20   Ich war in diverse Großprojekte eingebunden und konnte so Erfahrungen in Projektmanagement sammeln.

- (el) Συμμετείχα σε διάφορα μεγάλα
- (es) Participé en varios grandes

έργα και απέκτησα εμπειρία στη
διαχείριση έργων.

proyectos y así pude acumular
experiencia en la gestión de proyectos.

pl⟩ Uczestniczyłem/Uczestniczyłam
w wielu dużych projektach i
poprzez to mogłem/mogłam
zbierać doświadczenie w zarzą-
dzaniu projektem.

ro⟩ Eu am fost antrenat/-ă în diferite proiecte mari şi astfel am
putut să acumulez experienţă în
managementul de proiect.

E21 Ich habe bereits Applikationen für Produktionsanlagen konzipiert.

el⟩ Έχω ήδη σχεδιάσει εφαρμογές
για μονάδες παραγωγής.

es⟩ Ya he diseñado aplicaciones
para plantas de producción.

pl⟩ Zajmowałem/Zajmowałam się
też tworzeniem aplikacji do
urządzeń produkcyjnych.

ro⟩ Eu am conceput deja aplicaţii
pentru utilaje de producţie.

E22 Was hat Ihnen besonders gut an der Arbeitsstelle gefallen?

el⟩ Τι σας άρεσε περισσότερο στη
δουλειά αυτή;

es⟩ ¿Qué es lo que le gustaba especialmente del puesto de trabajo?

pl⟩ Co najbardziej podobało się
panu/pani na tym stanowisku?

ro⟩ Ce v-a plăcut în mod deosebit
la locul de muncă?

E23 Mir gefiel die gut aufgebaute Struktur der Firma sehr gut.

el⟩ Μου άρεσε ιδιαίτερα η δομή
της εταιρείας.

es⟩ Me gustaba mucho lo bien desa-
rrollada que estaba la estructura de la empresa.

pl⟩ Podobała mi się dobra struktura
firmy.

ro⟩ Mie mi-a plăcut foarte mult
structura firmei.

E24 Die Arbeit war sehr abwechslungsreich.

el⟩ Η εργασία μου είχε πολλές
εναλλαγές.

es⟩ El trabajo era muy variado.

pl⟩ Praca była bardzo urozmaicona.

ro⟩ Munca a fost foarte variată.

E25 Was hat Ihnen an Ihrem bisherigen Arbeitsplatz weniger gut gefallen?

el⟩ Τι δε σας αρέσει τόσο πολύ

es⟩ ¿Qué es lo que menos le

στην εργασία που είχατε μέχρι
τώρα;
pl) A co się panu/pani mniej podobało w dotychczasowej pracy?

gustaba del puesto de trabajo
que tenía hasta ahora?
ro) Ce v-a plăcut mai puțin la locul
de muncă anterior?

E26   **Es gab keine Möglichkeit für mich, mehr Verantwortung zu übernehmen.**

el) Δεν υπήρχε η δυνατότητα να
αναλάβω περισσότερες ευθύ-
νες.
pl) Nie miałem/miałam możliwości
przejęcia większej odpowie-
dzialności.

es) No tenía posibilidades de asu-
mir más responsabilidad.

ro) Nu exista nicio posibilitate pentru mine să îmi asum mai multă
responsabilitate.

> Sie sollten sich gut vorbereiten, wenn Sie zu einem Vorstel-
> lungsgespräch eingeladen werden. Informieren Sie sich über
> die Firma und deren laufende Projekte. Versuchen Sie auch,
> etwas über den Dresscode herauszufinden. In der Regel ist
> der Dresscode für das Vorstellungsgespräch eher konserva-
> tiv. Nur in jungen, innovativen Unternehmen oder im Bereich
> der Softwareentwicklung kleidet man sich auch im Vorstel-
> lungsgespräch etwas legerer.

Konkrete Kenntnisse hervorheben

el) Ανάδειξη συγκεκριμένων
ικανοτήτων

es) Destacar conocimientos
concretos

pl) Przedstawianie
konkretnych umiejętności

ro) Evidențierea cunoștințelor
specifice

F01   **Für unser Projekt benötigen wir jemanden, der sich mit der Mon-
tage von Kälteanlagen auskennt.**

el) Για το έργο μας χρειαζόμαστε
κάποιον που γνωρίζει τη συναρμολόγηση ψυκτικών μονάδων.

es) Necesitamos a alguien para
nuestro proyecto que esté fami-
liarizado con el montaje de instalaciones frigoríficas.

29

(pl) Do naszego projektu potrzebujemy kogoś, kto zna się na mon-
tażu urządzeń chłodniczych.

(ro) Pentru proiectul nostru avem
nevoie de cineva care cunoaşte
montarea instalaţiilor de răcire.

F02 Ich kenne mich da nicht so gut aus, würde aber gerne meine Kenntnisse auf dem Gebiet vertiefen.

(el) Δεν γνωρίζω πολλά γι' αυτό,
αλλά θα ήθελα να εμβαθύνω
τις γνώσεις μου σε αυτόν τον
τομέα.

(es) No estoy muy familiarizado/-a
con el tema, pero me gustaría
ampliar mis conocimientos al
respecto.

(pl) Nie mam tu zbyt wielu doświad-
czeń, ale chętnie pogłębie
swoją wiedzę w danym zakresie.

(ro) Eu nu cunosc atât de bine, dar
aş dori să aprofundez
cunoştinţele mele în acest domeniu.

F03 Ich verfüge über besondere Kenntnisse in Metallbearbeitung.

(el) Κατέχω ειδικές γνώσεις στην
επεξεργασία μετάλλου.

(es) Dispongo de conocimientos
específicos sobre el mecanizado
de metales.

(pl) Posiadam duże doświadczenie
w zakresie obróbki metalu.

(ro) Eu am cunoştinţe în domeniul
prelucrării metalelor.

F04 Haben Sie schon bei Montagen von Maschinenanlagen mitgearbeitet?

(el) Έχετε ήδη συμμετάσχει στη
συναρμολόγηση μηχανολογικών
εγκαταστάσεων;

(es) ¿Ha trabajado ya en el montaje
de maquinaria?

(pl) Czy współpracował pan/współ-
pracowała pani już kiedyś przy
montażach maszyn?

(ro) Aţi lucrat deja la montajul unor
utilaje?

F05 Ja, ich war für den Austausch von Komponenten zuständig.

(el) Ναι, ήμουν υπεύθυνος/-η για
την αντικατάσταση των εξαρτη-
μάτων.

(es) Sí, era el/la responsable de la
sustitución de componentes.

(pl) Tak, byłem odpowiedzialny/
byłam odpowiedzialna za
wymianę części.

(ro) Da, eu am fost responsabil/-ă
pentru înlocuirea unor componente.

F06 Inwieweit sind Sie mit Kinematikanalysen vertraut?

   el▷ Κατά πόσον είστε εξοικειωμέ-
        νος/-η με αναλύσεις κινηματι-
        κής;

   pl▷ Na ile orientuje się pan/pani w
        tematyce analiz kinematycz-
        nych?

   es▷ ¿En qué medida está familiari-
        zado/-a con los análisis cinemá-
        ticos?

   ro▷ În ce măsură sunteți familiari-
        zat/-ă cu analiza cinematică?

F07 Durch meine zweijährige Beschäftigung in einer Automobilzuliefer-
firma habe ich spezifische Kenntnisse in der Neuentwicklung von
innovativen Modulen erworben.

   el▷ Στα πλαίσια της διετούς μου
        απασχόλησης σε προμηθευτή
        της αυτοκινητοβιομηχανίας απέ-
        κτησα ειδικές γνώσεις στην ανά-
        πτυξη καινοτόμων μονάδων.

   pl▷ Poprzez moją dwuletnią pracę
        w firmie zajmującej się dostawą
        podzespołów dla przemysłu
        samochodowego, pozyskałem/
        pozyskałam fachową wiedzę w
        zakresie opracowywania inowa-
        cyjnych modułów.

   es▷ Trabajé dos años en una
        empresa proveedora de compo-
        nentes para automóviles, gra-
        cias a lo cual adquirí conoci-
        mientos específicos sobre el
        rediseño de módulos innovado-
        res.

   ro▷ Datorită activității mele de doi
        ani într-o firmă de livrare a auto-
        mobilelor am acumulat
        cunoștințe specifice în dezvolta-
        rea modulelor inovative.

F08 Wir brauchen einen Mitarbeiter, der sich gut mit Baustellenleitung
im Tiefbau auskennt.

   el▷ Χρειαζόμαστε κάποιον που να
        είναι εξοικειωμένος με την επί-
        βλεψη εργοταξίων σε έργα υπο-
        δομής.

   pl▷ Potrzebujemy pracownika znają-
        cego się na kierowaniu budową
        w budownictwie podziemnym.

   es▷ Necesitamos un/-a empleado/-a
        que conozca bien las funciones
        de un jefe de obras de ingenie-
        ría civil.

   ro▷ Noi avem nevoie de un/o anga-
        jat/-ă care se pricepe foarte
        bine la conducerea șantierului
        pentru construcții subterane.

F09 Mein Vertiefungsgebiet war Baugrundvorbereitung und Wasserhal-
tung. Würde das passen?

   el▷ Έχω εξειδικευτεί στα προπαρα-

   es▷ Me especialicé en preparación

σκευαστικά χωματουργικά έργα
και στη συγκράτηση υδάτων.
Σας εξύπηρετεί αυτό;

del suelo y drenaje del agua.
¿Eso serviría?

pl⟩ Moją specjalnością było przygo-
towywanie terenu pod budowę
oraz techniki odwadniania. Czy
to by pasowało?

ro⟩ Domeniul meu de specialitate a
fost pregătirea terenului de fun-
daţie şi stoparea apei. S-ar
potrivi?

F10 Ich hätte in Ihrem Unternehmen die Chance, meine Spezialkennt-nisse in Kältetechnik einzubringen.

el⟩ Στην εταιρεία σας θα είχα τη
δυνατότητα να συμβάλλω με
τις εξειδικευμένες μου γνώσεις
στην ψυκτική τεχνολογία.

es⟩ En su empresa, tendría la oportunidad de aportar mis conocimientos especializados sobre
tecnología de refrigeración.

pl⟩ Miałbym/Miałabym w państwa
firmie szansę zastosowania
mojej wiedzy w zakresie techniki chłodzenia.

ro⟩ În compania dumneavoastră aş
avea şansa să-mi aduc aportul
de specialitate în domeniul tehnologiei frigorifice.

F11 Wie sieht es mit Ihren Kenntnissen in den Bereichen Sicherheit und Entsorgung aus?

el⟩ Ποιες είναι οι γνώσεις σας ως
προς τους τομείς αποκομιδής
και ασφάλειας;

es⟩ ¿Qué conocimientos tiene sobre
seguridad y eliminación de residuos?

pl⟩ Jak wyglądają pana/pani znajo-
mości w zakresie bezpieczeństwa i utylizacji odpadów?

ro⟩ Care sunt cunoştinţele dumneavoastră în domeniul siguranţei şi
colectării deşeurilor?

F12 Ich denke, da habe ich sehr gute Kenntnisse.

el⟩ Πιστεύω ότι έχω άριστες γνώσεις σε αυτόν τον τομέα.

es⟩ Creo que tengo muy buenos
conocimientos al respecto.

pl⟩ Uważam, że mam tutaj duże
doświadczenie.

ro⟩ Eu cred că am cunoştinţe foarte
bune.

F13 Ich habe einige Grundkenntnisse, allerdings müsste ich mich noch auf diesem Gebiet weiterbilden.

el⟩ Έχω κάποιες βασικές γνώσεις,
αλλά σίγουρα θα χρειαζόμουν
κάποια περαιτέρω εκπαίδευση
στον τομέα αυτό.

es⟩ Tengo algunos conocimientos
básicos, pero tendría que seguir
formándome en este campo.

(pl) Mam podstawową wiedzę na ten temat, jednak musiałbym/ musiałabym się tu trochę podszkolić.

(ro) Eu am anumite cunoştinţe de bază, desigur că va trebui să mă specializez în continuare în acest domeniu.

F14 Wir müssen manchmal ausgefallene Kundenwünsche berücksichtigen, trauen Sie sich zu, diese Kunden zufriedenzustellen?

(el) Κάποιες φορές καλούμαστε να ανταποκριθούμε σε ασυνήθιστες επιθυμίες πελατών, πιστεύετε ότι θα μπορέσετε να ικανοποιήσετε τον πελάτη;

(es) A veces tenemos que tener en cuenta los deseos inusuales de nuestros clientes, ¿se cree capaz de satisfacer a esos clientes?

(pl) Mamy niekiedy do czynienia z nietypowymi życzeniami ze strony klienta, czy dałby pan/ dałaby pani radę zaspokoić te żądania?

(ro) Noi trebuie să luăm în considerare uneori solicitări neobişnuite ale clienţilor, îndrăzniţi să satisfaceţi aceşti clienţi?

F15 Ich hoffe es, denn ich kenne mich gut mit der Konstruktion und Herstellung der Produkte nach internationalen Regelwerken aus.

(el) Το ελπίζω, επειδή γνωρίζω πολύ καλά τους τομείς της κατασκευής και παραγωγής προϊόντων σύμφωνα με τους διεθνείς κανονισμούς.

(es) Eso espero, porque conozco bien la construcción y la fabricación de productos conforme a los códigos internacionales.

(pl) Mam nadzieję, ponieważ znam się dobrze na konstrukcji i wytwarzaniu produktów według norm międzynarodowych.

(ro) Eu sper că da, deoarece cunosc foarte bine construcţia şi fabricaţia produselor în conformitate cu reglementările internaţionale.

F16 Unsere Firma strebt an, energieeffiziente Maschinen zu produzieren. Könnten Sie Ihr Wissen hier einbringen?

(el) Η εταιρεία μας σκοπεύει να παράγει μηχανές ενεργειακής απόδοσης. Θα μπορούσατε να συμβάλλετε σε αυτό με τις γνώσεις σας;

(es) Nuestra empresa pretende producir máquinas energéticamente eficientes. ¿Podría aportar sus conocimientos en este caso?

(pl) Nasza firma dokłada starań, aby produkować efektywne energe-

(ro) Firma noastră se străduieşte să producă maşini eficiente energetycznie maszyny. Czy pana/pani wiedza znalazłaby tu zastosowanie?

tic. Puteți să vă aduceți aportul de cunoștințe aici?

F17 Ich könnte mir durchaus vorstellen, bei der Konstruktion solcher Maschinen mitzuwirken.

(el) Θα μπορούσα κάλλιστα να φανταστώ να συμμετέχω στην κατασκευή τέτοιων μηχανών.

(pl) Mogę wyobrazić sobie współpracę przy konstrukcji tego typu maszyn.

(es) Puedo imaginarme perfectamente participando en la construcción de esas máquinas.

(ro) Eu pot să-mi imaginez participarea la construcția unor astfel de mașini.

F18 Wie könnten die Maschinen verbessert werden?

(el) Πώς θα μπορούσαν να βελτιωθούν οι μηχανές;

(pl) Jak można poprawić jakość tych maszyn?

(es) ¿Cómo se podrían mejorar las máquinas?

(ro) Cum vor putea fi îmbunătățite mașinile?

F19 In erster Linie müsste man kleinere Motoren entwickeln, die den Energieverbrauch senken.

(el) Αρχικά θα έπρεπε να αναπτυχθούν μικροί κινητήρες, οι οποίοι μειώνουν την κατανάλωση ενέργειας.

(pl) W pierwszej kolejności trzeba byłoby opracować mniejsze silniki, które obniżyłyby zużycie energii.

(es) En primer lugar, habría que desarrollar motores más pequeños que disminuyeran el consumo energético.

(ro) În primul rând va trebui să se conceapă motoare mai mici care să reducă consumul energetic.

F20 Ich denke, durch eine bessere Dimensionierung kann einiges optimiert werden.

(el) Πιστεύω ότι μέσω μιας καλύτερης διαστασιοποίησης θα μπορούσα να γίνουν αρκετές βελτιώσεις.

(pl) Myślę, że przy pomocy analizy wymiarowej można tu niektóre rzeczy zoptymalizować.

(es) Creo que si se mejora el dimensionamiento se puede optimizar algo.

(ro) Eu cred că printr-o dimensionare mai bună se vor putea optimiza anumite lucruri.

F21   Wo liegen Ihrer Meinung nach Ihre besonderen fachlichen Stärken?

(el) Ποια πιστεύετε ότι είναι τα δυνατά σας σημεία ως προς την εξειδίκευσή σας;

(pl) Jakie są pana/pani mocne strony jeśli chodzi o fachową wiedzę?

(es) En su opinión, ¿cuáles son sus puntos fuertes profesionales?

(ro) După părerea dumneavoastră în ce constă profesionalismul dumneavoastră?

F22   Mein besonderes Interesse gilt der Installation und Sicherung der Anlagenperipherie auf Baustellen.

(el) Με ενδιαφέρει ιδιαίτερα να ασχολούμαι με την εγκατάσταση και ασφάλιση περιφερειακών εγκαταστάσεων σε εργοτάξια.

(pl) Interesuję się instalacją i zabezpieczeniem urządzeń peryferyjnych na budowach.

(es) Me interesa especialmente la instalación y la protección de equipos periféricos en las obras.

(ro) Interesul meu deosebit este instalarea şi siguranţa echipamentelor periferice pe şantiere.

F23   Ich würde die Bereiche Maschinen- und Anlagenbau als meine besonderen Stärken bezeichnen.

(el) Θα έλεγα ότι το δυνατό μου σημείο είναι η κατασκευή μηχανών και εγκαταστάσεων.

(pl) Moją mocną stroną jest na pewno budowa maszyn i urządzeń.

(es) Diría que mi punto fuerte es la construcción de instalaciones industriales y maquinaria.

(ro) Eu aş menţiona domeniul construcţiilor de maşini şi utilaje ca fiind punctul meu forte.

F24   Haben Sie an Projekten im Bereich industrielle Anlagen mitgearbeitet?

(el) Έχετε συμμετάσχει σε έργα βιομηχανικών εγκαταστάσεων;

(pl) Czy współpracował pan/współpracowała pani przy projektach z zakresu instalacji przemysłowych?

(es) ¿Ha participado en proyectos de instalaciones industriales?

(ro) Aţi participat la proiecte în domeniul instalaţiilor industriale?

F25 **Ja, das war genau der Schwerpunkt meiner vorherigen Arbeit.**

el⟩ Ναι, αυτό ακριβώς ήταν και το κύριο αντικείμενο της προηγούμενης εργασίας μου.

es⟩ Sí, precisamente en eso se centraba mi anterior trabajo.

pl⟩ Tak, tym zajmowałem się/zajmowałam się głównie w mojej poprzedniej pracy.

ro⟩ Da, acesta a fost exact punctul forte al activității mele anterioare.

F26 **Zum Teil, ja. Ich habe mich mit Einsatzmöglichkeiten der Mikrosystemtechnik in der Energietechnik beschäftigt.**

el⟩ Εν μέρει, ναι. Έχω ασχοληθεί με τις δυνατότητες εφαρμογής της τεχνολογίας μικροσυστημάτων στην ενεργειακή τεχνολογία.

es⟩ En parte, sí. Me dediqué a las posibilidades de uso de la tecnología de microsistemas en la tecnología energética.

pl⟩ Po części tak. Zajmowałem/Zajmowałam się możliwościami zastosowania techniki mikrosystemowej w energetyce.

ro⟩ Parțial da. Eu m-am ocupat cu posibilitățile de aplicare ale tehnologiei microsistemelor în tehnica energetică.

F27 **Nein, leider habe ich da keine Erfahrung.**

el⟩ Όχι, δυστυχώς δεν έχω εμπειρία σε αυτό.

es⟩ No, por desgracia no tengo experiencia en ese campo.

pl⟩ Nie, niestety nie mam tu żadnego doświadczenia.

ro⟩ Nu, din păcate eu nu am experiență în acest domeniu.

F28 **Haben Sie sich schon einmal intensiv mit serviceorientierten Informationssystemen beschäftigt?**

el⟩ Έχετε ποτέ ασχοληθεί εντατικά με υπηρεσιοστρεφή πληροφοριακά συστήματα;

es⟩ ¿Se ha dedicado alguna vez en profundidad a los sistemas de información orientados al servicio?

pl⟩ Czy zajmował się pan/zajmowała się pani już kiedyś intensywniej systemami informacyjnymi ukierunkowanymi na świadczenie usług?

ro⟩ V-ați ocupat vreodată intensiv cu sisteme informatice orientate către servicii?

F29 Nicht direkt, aber ich habe mich mit der Planung von Informationssystemen für Arztpraxen beschäftigt.

el Όχι άμεσα, αλλά έχω ασχοληθεί
με τον σχεδιασμό πληροφοριακών συστημάτων για ιατρεία.

es No directamente, pero me he
encargado de la planificación
de sistemas de información
para consultas médicas.

pl Nie bezpośrednio, ale zajmowa-
łem/zajmowałam się opracowywaniem systemów informacyj-
nych dla praktyk lekarskich.

ro Nu direct, dar eu m-am ocupat
cu planificarea sistemelor informatice pentru cabinetele medi-
cale.

F30 Könnten Sie unser Team bei der Umsetzung komplexer IT-Struktu-
ren beraten?

el Θα μπορούσατε να παρέχετε
συμβουλές στην ομάδα μας σχετικά με την εφαρμογή σύνθε-
των πληροφοριακών δομών;

es ¿Podría asesorar a nuestro
equipo sobre la implementación
de estructuras informáticas com-
plejas?

pl Czy mógłby pan/mogłaby pani
doradzać naszemu zespołowi
przy realizacji kompleksowych
struktur technologii informatycz-
nych?

ro Veți putea îndruma echipa
noastră la implementarea struc-
turilor complexe de tehnologie
informațională?

Beim persönlichen Gespräch können Sie durchaus hervorhe-
ben, dass Sie sich nicht nur auf Ihrem Fachgebiet gut auskennen-
nen, sondern auch darüber hinaus spezielle Kenntnisse
erworben haben. Aber Achtung: Sie sollten nichts verspre-
chen, was Sie nicht halten können. Sie können aber signalisieren, dass Sie sich gerne in andere Gebiete einarbeiten
würden.

F31 Das würde ich gerne tun. Hier könnte auch mein Wissen über Archi-
vierungslösungen helfen.

el Θα μου άρεσε πολύ. Εδώ θα
μπορούσαν να συνδράμουν και
οι γνώσεις μου σχετικά με
λύσεις αρχειοθέτησης.

es Lo haría encantado/-a. Mis
conocimientos sobre soluciones
de archivado también podrían
ser útiles en este caso.

pl▷ Chętnie się tego podejmę. Mogłaby też tutaj pomóc moja wiedza na temat rozwiązań dotyczących archiwacji.

ro▷ Eu aș face cu plăcere acest lucru. Aici v-ar putea fi de folos cunoștințele mele referitoare la soluțiile de arhivare.

Über Spezialgebiete sprechen

el▷ Αναφορά σε τομείς εξειδίκευσης

es▷ Hablar sobre campos de especialización

pl▷ Rozmawiamy o specjalizacjach

ro▷ Discuția despre domeniile speciale

G01 Auf welchem Gebiet haben Sie besondere Kenntnisse?

el▷ Σε ποιον τομέα έχετε ειδικές γνώσεις;

es▷ ¿Sobre qué campo tiene conocimientos especiales?

pl▷ W jakiej dziedzinie jest pan/pani specjalistą?

ro▷ În ce domenii aveți cunoștințe deosebite?

G02 Besondere Kenntnisse habe ich mir in Bezug auf ... angeeignet.

el▷ Απέκτησα ειδικές γνώσεις σε σχέση με...

es▷ He adquirido conocimientos especiales sobre...

pl▷ Szczególne umiejętności przyswoiłem/przyswoiłam sobie w dziedzinie ...

ro▷ Eu mi-am însușit cunoștințe deosebite în domeniul ...

G03 Was ist Ihr Spezialgebiet?

el▷ Ποιος είναι ο τομέας εξειδίκευσής σας;

es▷ ¿Cuál es su especialidad?

pl▷ W jakiej dziedzinie się pan/pani specjalizuje?

ro▷ Care este domeniul dumneavoastră special?

G04 Mein Spezialgebiet ist ...

el▷ Ο τομέας εξειδίκευσης μου είναι...

es▷ Mi especialidad es...

pl▷ Specjalizuję się w dziedzinie ...

ro▷ Domeniul meu special este ...

G05 Ich habe mich schwerpunktmäßig mit ... beschäftigt.

- (el) Ασχολήθηκα κατά κύριο λόγο με...
- (es) Me he centrado más específicamente en...
- (pl) Zajmowałem/Zajmowałam się głównie ...
- (ro) Eu m-am ocupat în mod deosebit cu ...

G06 Ich bin Experte für ...

- (el) Είμαι ειδικός/ειδική για...
- (es) Soy experto/-a en...
- (pl) Jestem ekspertem od ...
- (ro) Eu sunt expert/-ă în ...

G07 Interessieren Sie sich auch für ...?

- (el) Ενδιαφέρεστε και για...;
- (es) ¿Está también interesado/-a en...?
- (pl) Czy interesuje się pan/pani też ...?
- (ro) Sunteți interesat/-ă și pentru ...?

G08 Ich habe ein besonderes Interesse an ...

- (el) Ενδιαφέρομαι ιδιαίτερα για...
- (es) Me interesa especialmente...
- (pl) Interesuję się w szczególności ...
- (ro) Eu am interes deosebit pentru ...

G09 Ich habe eine Spezialausbildung für ...

- (el) Έχω κάνει μια ειδική εκπαίδευση για...
- (es) Tengo una formación especializada en...
- (pl) Posiadam specjalne wykształcenie pod kątem ...
- (ro) Eu am o calificare specială pentru ...

G10 Auf diesem Gebiet bin ich Experte/Expertin.

- (el) Είμαι ειδική/ειδικός σε αυτόν τον τομέα.
- (es) Soy experto/-a en este campo.
- (pl) W tej dziedzinie jestem ekspertem/ekspertką.
- (ro) În acest domeniu sunt expert/-ă.

Fragen an den potentiellen Arbeitgeber

el⟩ Ερωτήσεις σε δυνητικό
εργοδότη

es⟩ Preguntas a potenciales
empleadores

pl⟩ Pytania pod adresem
potencjalnego pracodawcy

ro⟩ Întrebări adresate
potențialului angajator

> Notieren Sie sich vor dem Vorstellungsgespräch, was Sie den
> potentiellen Arbeitgeber fragen möchten. Sie können Ihren
> Gesprächspartner auch vorab fragen, ob es erlaubt ist, sich
> während des Gesprächs Notizen zu machen. Stellen Sie auch
> Fragen nach Abläufen in der Firma und erkundigen Sie sich, ob
> Sie das Arbeitsteam kennenlernen dürfen. So können Sie bes-
> ser beurteilen, ob diese Arbeitsstelle die richtige für Sie ist.

G11 Haben Sie noch Fragen an uns?

el⟩ Υπάρχουν ερωτήσεις από την
πλευρά σας;

es⟩ ¿Quiere hacernos alguna pregunta?

pl⟩ Czy ma pan/pani jeszcze do nas
jakieś pytania?

ro⟩ Mai aveți întrebări să ne adresați?

G12 Ja. Wie viele Mitarbeiter sind denn in der Abteilung beschäftigt?

el⟩ Ναι. Πόσοι εργαζόμενοι απασχο-
λούνται στο τμήμα;

es⟩ Sí. ¿Cuántas personas trabajan
en el departamento?

pl⟩ Tak. Ilu pracowników liczy ten
dział?

ro⟩ Câți angajați lucrează în prezent
în secție?

G13 Insgesamt sind es 35 Mitarbeiter und Mitarbeiterinnen.

el⟩ Συνολικά 35 άτομα.

es⟩ En total trabajan 35 personas.

pl⟩ W sumie pracuje tu 35 osób.

ro⟩ În total sunt 35 de angajați.

G14 Welche Aufgabenbereiche kämen im Einzelnen auf mich zu?

el⟩ Ποιες θα ήταν ακριβώς οι αρμο-
διότητές μου;

es⟩ ¿Qué responsabilidades me
corresponderían en concreto?

pl⟩ Co należałoby do moich obowiązków?

ro⟩ Ce domenii de activitate îmi vor
fi repartizate personal?

G15 Schwerpunktmäßig handelt es sich um folgende Aufgaben: ...

(el) Κατά κύριο λόγο πρόκειται για τα ακόλουθα καθήκοντα:...

(pl) Głównie chodzi o następujące zadania: ...

(es) Se trata específicamente de los siguientes cometidos:...

(ro) Accentul principal se pune pe următoarele sarcini: ...

G16 Bekomme ich Unterstützung bei der Einarbeitung?

(el) Θα έχω κάποια υποστήριξη τον πρώτο καιρό;

(pl) Czy mogę liczyć na jakąś pomoc podczas wdrażania się?

(es) ¿Tendré ayuda cuando me incorpore?

(ro) Voi primi asistență la inițiere?

G17 Wir werden Ihnen in der Einarbeitungszeit einen Mitarbeiter als Ansprechpartner zuweisen.

(el) Τον πρώτο καιρό θα ορισούμε έναν συνάδελφο στον οποίο θα μπορείτε να απευθύνεστε.

(pl) W okresie przyuczania udostępnimy panu/pani jednego z naszych pracowników jako osobę kontaktową.

(es) Durante el periodo de adaptación, le asignaremos un empleado como persona de contacto.

(ro) Pe perioada de inițiere noi vă vom delega un angajat în calitate de consultant.

G18 Das ist sehr gut.

(el) Αυτό είναι πολύ καλό.

(pl) To bardzo dobrze.

(es) Eso está muy bien.

(ro) Aceasta este foarte bine.

G19 Könnte ich einen Blick in die Abteilung werfen?

(el) Θα μπορούσα να ρίξω μια ματιά στο τμήμα;

(pl) Czy mógłbym/mogłabym zapoznać się krótko z danym działem?

(es) ¿Podría echarle un vistazo al departamento?

(ro) Aș putea să arunc o privire în secție?

G20 Bieten Sie Weiterbildungsmöglichkeiten an?

(el) Παρέχετε και δυνατότητες μετεκπαίδευσης;

(es) ¿Ofrecen oportunidades de formación continua?

> (pl) Czy istnieje u państwa możliwość dokształcania się?

> (ro) Oferiți oportunități de formare profesională?

G21 Ja, unsere Firma legt großen Wert auf Weiterbildung.

> (el) Ναι, η εταιρεία μας δίνει ιδιαίτερη βαρύτητα στη μετεκπαίδευση.

> (pl) Tak, nasza firma kładzie duży nacisk na dokształcanie.

> (es) Sí, la formación continua es muy importante para nuestra empresa.

> (ro) Da, firma noastră pune un accent deosebit pe formarea profesională.

G22 Das finde ich gut!

> (el) Αυτό το βρίσκω καλό!

> (pl) Bardzo się z tego cieszę!

> (es) ¡Eso está bien!

> (ro) Eu consider aceasta un lucru bun!

G23 Haben Sie noch weitere Fragen?

> (el) Έχετε άλλες ερωτήσεις;

> (pl) Czy ma pan/pani jeszcze jakieś pytania?

> (es) ¿Tiene más preguntas?

> (ro) Mai aveți și alte întrebări?

G24 Ich würde gerne wissen, ob Sie Firmensprachkurse anbieten.

> (el) Θα ήθελα να μάθω εάν προσφέρετε και μαθήματα ξένων γλωσσών εντός της εταιρείας.

> (pl) Chciałbym/Chciałabym się dowiedzieć, czy proponujecie państwo firmowe kursy językowe.

> (es) Me gustaría saber si la empresa ofrece cursos de idiomas.

> (ro) Eu aș dori să știu dacă oferiți cursuri de limbă.

G25 Unsere Mitarbeiter haben die Möglichkeit, regelmäßig In-House-Kurse zu besuchen.

> (el) Οι εργαζόμενοί μας έχουν τη δυνατότητα να παρακολουθούν τακτικά μαθήματα εντός της εταιρείας.

> (pl) Nasi pracownicy mają możliwość regularnego uczęszczania na kursy typu In-House.

> (es) Nuestros empleados tienen la posibilidad de hacer cursos desde su casa periódicamente.

> (ro) Angajații noștrii au posibilitatea să frecventeze periodic cursurile In-House.

Sich verabschieden

el> Αποχαιρετισμός

es> Despedirse

pl> Pożegnanie

ro> Salutul de despărțire

> Manche Firmen bieten die Erstattung der Anreisekosten an. Dieses Thema wird in der Regel am Ende des Gesprächs behandelt. Heben Sie also die Belege über Ihre Reisekosten auf. Sie sollten jedoch nicht selber die Erstattung der Reisekosten einfordern, sondern warten, bis der potentielle Arbeitgeber von selbst darauf zu sprechen kommt. Sie können später auch immer noch eine Anfrage an die Personalabteilung schicken.

G26 Momentan hätten wir keine weiteren Fragen. Möchten Sie noch irgendetwas wissen?

el> Προς το παρόν δεν έχουμε άλλες ερωτήσεις. Θα θέλατε να μάθετε κάτι άλλο;

pl> Na dany moment nie mamy dalszych pytań. Czy chciałby pan/chciałaby pani coś jeszcze wiedzieć?

es> De momento no tendríamos más preguntas. ¿Le gustaría saber algo más?

ro> Momentan noi nu avem alte întrebări. Doriți să știți și altceva?

G27 Im Moment nicht. Dürfte ich mich eventuell telefonisch melden, falls sich noch eine Frage ergibt?

el> Όχι προς το παρόν. Θα μπορούσα να σας πάρω τηλέφωνο σε περίπτωση που έχω κάποια απορία;

pl> Na tę chwilę nie. Czy mógłbym/mogłabym ewentualnie zgłosić się do państwa telefonicznie, jeśli pojawi się jeszcze jakieś pytanie?

es> De momento, no. ¿Podría contactar con ustedes por teléfono si me surgiera alguna duda?

ro> Momentan nu. Aș putea să mă adresez telefonic în cazul în care există o întrebare?

G28 Sehr gerne. Vielen Dank für Ihr Kommen und das interessante Gespräch.

el> Πολύ ευχαρίστως. Ευχαριστώ

es> Por supuesto. Muchas gracias

που ήρθατε και για την ενδιαφέρουσα συζήτηση.

pl⟩ Bardzo chętnie. Bardzo dziękuję
za spotkanie i interesującą rozmowę.

por venir y por la interesante
conversación.

ro⟩ Cu mare plăcere. Vă mulțumesc
pentru participarea dumneavoastră și pentru convorbirea interesantă.

G29 **Ich bedanke mich ebenfalls. Ich hoffe, ich habe Sie von meinen Fähigkeiten überzeugen können.**

el⟩ Σας ευχαριστώ επίσης. Ελπίζω
ότι μπόρεσα να σας πείσω για
τις ικανότητές μου.

pl⟩ Ja również dziękuję. Mam
nadzieję, że mogłem/mogłam
przekonać państwa do swoich
umiejętności.

es⟩ Yo también les doy las gracias.
Espero haberles convencido de
mis aptitudes.

ro⟩ Eu vă mulțumesc de asemenea.
Cred că v-am putut convinge
asupra calităților mele.

G30 **Wir werden uns in den nächsten Tagen mit Ihnen in Verbindung set-zen.**

el⟩ Θα επανέλθουμε εντός των επό-
μενων ημερών.

pl⟩ Zgłosimy się do pana/pani w
następnych dniach.

es⟩ Nos pondremos en contacto
con usted en los próximos días.

ro⟩ Noi vă vom contacta în următoarele zile.

G31 **Vielen Dank. Auf Wiedersehen, Frau Steiner.**

el⟩ Ευχαριστώ πολύ. Γεια σας,
κυρία Στάινερ.

pl⟩ Bardzo dziękuję. Do widzenia,
pani Steiner.

es⟩ Muchas gracias. Adiós, señora
Steiner.

ro⟩ Vă mulțumesc. La revedere
doamna Steiner.

Ingenieurberufe

el Επαγγέλματα μηχανικού
pl Zawody inżynierskie
es Profesiones de ingeniería
ro Profesii de inginer/-ă

Bauingenieurwesen

⟨el⟩ Τομέας πολιτικού
μηχανικού

⟨es⟩ Ingeniería civil

⟨pl⟩ Inżynieria budowlana

⟨ro⟩ Inginer/-ă constructor

H01 Verwenden Sie in Ihrer Firma bei Bauplanungen eine gängige Software?

⟨el⟩ Χρησιμοποιείτε στην εταιρεία
σας για τα κατασκευαστικά σχέδια συνηθισμένο λογισμικό;

⟨pl⟩ Czy korzystacie państwo w firmie przy planowaniu z jakiegoś
powszechnie znanego oprogramowania?

⟨es⟩ ¿Utiliza en su empresa un
software convencional para los
diseños arquitectónicos?

⟨ro⟩ Utilizați la firma dumneavoastră
un software uzual pentru planificarea construcțiilor?

**H02 Mit unserer CAD-Software können wir 3-D-Ansichten von Bauwer-
ken, die in Planung sind, generieren.**

⟨el⟩ Με το λογισμικό CAD μπορούμε
να δημιουργήσουμε τρισδιάστα-
τες όψεις δομικών έργων που
βρίσκονται στη φάση σχεδια-
σμού.

⟨pl⟩ Przy pomocy naszego oprogramowania CAD możemy wygenerować wykresy w wymiarze 3D
dla budowli, które znajdują się
w fazie planowania.

⟨es⟩ Con nuestro software CAD podemos generar vistas en 3D de las
construcciones que se están
diseñando.

⟨ro⟩ Cu softul nostru CAD noi putem
genera vederi tridimensionale
ale construcțiilor aflate în proiectare.

**H03 Wir müssen eine Simulation der Eingangsinformationen und der
Mechanik durchführen.**

⟨el⟩ Θα πρέπει να πραγματοποιή-
σουμε προσομοίωση των πληροφοριών εισόδου και της μηχανικής.

⟨pl⟩ Musimy wykonać symulację
informacji przychodzących i
mechaniki.

⟨es⟩ Tenemos que realizar una simulación de la información de
entrada y de la mecánica.

⟨ro⟩ Noi trebuie să efectuăm o simulare a informațiilor de intrare și
al mecanicii.

H04 Mit dieser Werkstoffprüfmaschine vom Typ AIT können Zug- und Druckprüfungen durchgeführt werden.

(el) Με το μηχάνημα ελέγχου δομικών υλικών τύπου AIT μπορούν να πραγματοποιηθούν δοκιμές έλξης και πίεσης.

(pl) Przy pomocy urządzenia do badań materiału typu AIT możemy przeprowadzić próby na rozciąganie i ściskanie.

(es) Con esta máquina de ensayo de materiales del tipo AIT se pueden realizar pruebas de tracción y compresión.

(ro) Cu această maşină pentru testarea materialelor de tipul AIT se pot efectua încercări de tracţiune şi compresiune.

H05 Unser Unternehmen bezieht Umweltfragen stark bei der Bauplanung mit ein.

(el) Η εταιρεία μας δίνει μεγάλη σημασία στα περιβαλλοντικά ζητήματα κατά τη μελέτη του έργου.

(pl) Nasza firma bierze pod uwagę przy planowaniu również kwestie ochrony środowiska.

(es) Nuestra empresa tiene muy en cuenta las cuestiones medioambientales a la hora de planificar las obras.

(ro) La proiectarea construcţiilor firma noastră ia în considerare problemele de mediu.

H06 Das trifft sich gut, da ich mich schon länger mit dem Thema Nachhaltigkeit beschäftige.

(el) Αυτό είναι πολύ καλό, επειδή ασχολούμαι εδώ και καιρό με το θέμα της αειφορίας.

(pl) To się dobrze składa, ponieważ od dłuższego czasu zajmuję się kwestią zrównoważonego rozwoju.

(es) Eso me viene como anillo al dedo, porque llevo mucho tiempo dedicándome al tema de la sostenibilidad.

(ro) Asta e bine, că eu mă ocup de mai multă vreme cu tema *durabilitatea*.

H07 Kennen Sie sich mit Materialdisposition, Baubesprechung, Abnahme und Abrechnung aus?

(el) Έχετε γνώσεις πάνω στη διάθεση υλικών, στις συζητήσεις επί του έργου, στην παραλαβή και στην κοστολόγηση;

(es) ¿Está familiarizado/-a con la planificación de necesidades de material, las reuniones a pie de obra, la compra de materiales y la facturación?

47

pl⟩ Czy zna się pan/pani na dyspo-nowaniu materiałami, omawia-niu prac budowlanych, odbiorze i rozliczeniu?

ro⟩ Aveți cunoștințe despre planifi-carea materialelor, dezbateri pe tema construcției, recepția mate-rialelor și despre decontări?

H08 Ja, damit kenne ich mich ein wenig aus.

el⟩ Ναι, έχω κάποιες γνώσεις.

pl⟩ Tak, znam się trochę na tym.

es⟩ Sí, conozco un poco estos temas.

ro⟩ Da, eu cunosc puțin despre ace-stea.

H09 Welche Tests können wir durchführen, um die Homogenität der Bau-stoffe zu prüfen?

el⟩ Ποιες δοκιμές μπορούμε να κάνουμε για να ελέγξουμε την ομοιογένεια δομικών υλικών;

pl⟩ Jakie testy należy przeprowa-dzić, aby sprawdzić jednorod-ność materiałów budowlanych?

es⟩ ¿Qué pruebas podemos realizar para comprobar la homogenei-dad de los materiales de cons-trucción?

ro⟩ Ce test trebuie să efectuăm ca să verificăm omogenitatea mate-rialului de construcție?

H10 Ich denke, hier können wir eine Doppelsummenanalyse machen.

el⟩ Πιστεύω ότι εδώ μπορούμε να κάνουμε μια ανάλυση διπλού αθροίσματος.

pl⟩ Myślę, że możemy tu przeprowa-dzić analizę krzywej sumowej.

es⟩ Creo que en este caso podemos hacer un análisis de doble masa.

ro⟩ Eu cred că putem face o analiză sumă dublă.

H11 Wir sollten unbedingt mechanische und bauphysikalische Prüfungen durchführen.

el⟩ Θα πρέπει οπωσδήποτε να κάνουμε μηχανικές δοκιμές και δοκιμές ως προς τις φυσικές ιδιότητες της κατασκευής.

pl⟩ Powinniśmy koniecznie przepro-wadzić testy mechaniczne i fizyczne.

es⟩ Tenemos que realizar necesaria-mente pruebas mecánicas y físico-constructivas.

ro⟩ Noi trebuie să executăm neapă-rat încercări mecanice și fizice.

H12 Was muss zur Überprüfung des Brückenbaus Ihrer Meinung nach besonders beachtet werden?

el⟩ Τι πιστεύετε ότι θα πρέπει να

es⟩ En su opinión, ¿qué hay que

λαμβάνεται ιδιαίτερα υπόψη στον έλεγχο της κατασκευής γεφυρών;

pl> Na co pana/pani zdaniem powinno zwracać się szczególną uwagę przy kontroli budowy mostu?

tener especialmente en cuenta para inspeccionar la construcción de puentes?

ro> După părerea dumneavoastră, ce trebuie să urmărim în mod deosebit la controlul construcțiilor de poduri?

H13 **Zur Brückenüberprüfung müssen unter anderem Tragfähigkeit, Abdichtung, Entwässerung, Verformungen und Korrosion beachtet werden.**

el> Στον έλεγχο γεφυρών θα πρέπει να ληφθούν υπόψη μεταξύ άλλων η φέρουσα ικανότητα, η μόνωση, η αποστράγγιση, η παραμόρφωση και η διάβρωση.

pl> W ramach kontroli mostu musimy między innymi zwrócić uwagę na nośność, uszczelnienie, odprowadzenie wody, odkształcenia i korozję.

es> Para inspeccionar los puentes hay que tener en cuenta la capacidad de carga, la impermeabilización, el drenaje, las deformaciones y la corrosión.

ro> La controlul podurilor trebuie să luăm în considerare printre altele capacitatea portantă, etanșarea, drenajul apei, deformațiile și coroziunea.

H14 **Welche Fertigungsverfahren werden angewendet?**

el> Ποιες διαδικασίες παραγωγής εφαρμόζονται;

pl> Jakie metody produkcyjne są stosowane?

es> ¿Qué procesos de producción se emplean?

ro> Care procedee vor fi utilizate?

H15 **Wir bevorzugen maschinelle Fertigungsverfahren.**

el> Προτιμούμε μηχανικές διαδικασίες παραγωγής.

pl> Najczęściej stosujemy maszynowe metody produkcji.

es> Preferimos los procesos de producción mecánicos.

ro> Noi preferăm procedee de fabricație mecanice.

H16 **Können wir für die Baustoffe Garantien geben?**

el> Μπορούμε να δώσουμε εγγυήσεις για τα δομικά υλικά;

pl> Czy możemy udzielić gwarancji na materiały budowlane?

es> ¿Podemos dar garantías de los materiales de construcción?

ro> Noi putem să oferim garanție pentru materialele de construcție?

H17 Ja, aber die Beständigkeit der Baustoffe muss geprüft werden.

ⓔⓛ Ναι, αλλά η αντοχή των δομικών υλικών πρέπει να ελέγχεται.

ⓟⓛ Tak, ale należy przetestować
wytrzymałość materiałów.

ⓔⓢ Sí, pero hay que comprobar la
resistencia de los materiales.

ⓡⓞ Da, dar trebuie să fie verificată
rezistenţa materialului de construcţie.

H18 Durch den Baustoff wird ein gutes Klima erreicht.

ⓔⓛ Μέσω του δομικού υλικού επι-
τυγχάνεται ένας καλός κλιματι-
σμός.

ⓟⓛ Zastosowanie danego materiału
budowlanego zapewnia dobrą
wentylację i klimatyzację w
budynku.

ⓔⓢ Con el material de construcción
se consigue un buen ambiente.

ⓡⓞ Datorită materialului se va
obţine un mediu climatic favorabil.

**H19 Die Verwendung des Betons garantiert eine lange Lebensdauer des
Bauwerks.**

ⓔⓛ Η χρήση του σκυροδέματος
εγγυάται μακρά διάρκεια ζωής
του οικοδομήματος.

ⓟⓛ Zastosowanie betonu gwaran-
tuje długą żywotność budowli.

ⓔⓢ La utilización del hormigón
garantiza una larga vida útil de
la construcción.

ⓡⓞ Prin utilizarea betonului se
garantează o durabilitate îndelungată a construcţiei.

H20 Haben Sie die Länge des Tunnels berechnet?

ⓔⓛ Έχετε υπολογίσει το μήκος της
σήραγγας;

ⓟⓛ Czy obliczył pan/obliczyła pani
długość tunelu?

ⓔⓢ ¿Ha calculado la longitud del
túnel?

ⓡⓞ Aţi calculat lungimea tunelului?

H21 Die Gesamtlänge des Tunnels mit Rampen beträgt 688 m.

ⓔⓛ Το συνολικό μήκος της σήραγγας συμπεριλαμβανομένων των
πτερυγότοιχων ανέρχεται σε
688 μ.

ⓔⓢ La longitud total del túnel con
rampas es de 688 m.

pl⟩ Łączna długość tego tunelu z rampami wynosi 688 m.

ro⟩ Lungimea totală a tunelului împreună cu rampele este de 688 m.

H22 **Können Sie mir etwas Genaueres über die Projektplanung sagen?**

el⟩ Μπορείτε να μου πείτε περισσότερες λεπτομέρειες σχετικά με την μελέτη του έργου;

es⟩ ¿Puede decirme algo más concreto sobre la planificación del proyecto?

pl⟩ Czy może mi pan/pani bardziej szczegółowo przedstawić koncepcję projektu?

ro⟩ Puteţi să-mi spuneţi ceva mai concret despre planificarea proiectului?

‘H23 **Das Projekt gliedert sich in zwei Teile: Entwicklung eines Entwurfmodells und Ausarbeitung eines Prognosemodells.**

el⟩ Το έργο αποτελείται από δυο μέρη, την ανάπτυξη ενός σχεδιαστικού μοντέλου και την κατάρτιση ενός προγνωστικού μοντέλου.

es⟩ El proyecto se divide en dos partes: el desarrollo de una maqueta y la elaboración de un modelo de pronóstico.

pl⟩ Projekt ten dzieli się na dwie części: Opracowanie modelu projektowego i stworzenie modelu prognostycznego.

ro⟩ Proiectul se împarte în două părţi: dezvoltarea unui model de proiectare şi prelucrarea unui model predictiv.

H24 **Bei der Fertigungsplanung müssen geeignete Materialien, Verfahren und Verfahrensparameter ausgewählt werden.**

el⟩ Κατά τον σχεδιασμό της παραγωγής πρέπει να επιλέγονται κατάλληλα υλικά, κατάλληλες διαδικασίες και παράμετροι διαδικασιών.

es⟩ Durante la planificación de la producción, hay que elegir los materiales, procesos y parámetros para los procesos adecuados.

pl⟩ Przy projektowaniu procesu produkcyjnego należy wybrać odpowiednie materiały, metody i parametry technologiczne.

ro⟩ La planificarea fabricaţiei vor trebui să fie selectate materiale, tehnologii şi parametrii tehnologici adecvaţi.

H25 **Bei der Einrichtung der Maschinenanlage müssen die Kosten sorgfältig geprüft werden.**

el⟩ Κατά την εγκατάσταση των

es⟩ A la hora de instalar la máquina

μηχανών θα πρέπει να ελέγχονται προσεκτικά οι δαπάνες.

pl Przy instalacji urządzeń należy szczegółowo sprawdzić kwestie kosztów.

hay que comprobar los gastos minuciosamente.

ro La instalarea utilajului costurile vor trebui să fie verificate cu atenție.

H26 Welche Rohmaterialien können wir hier verwenden?

el Ποιες πρώτες ύλες μπορούμε να χρησιμοποιήσουμε εδώ;

pl Z jakich surowców możemy tu korzystać?

es ¿Qué materias primas podemos utilizar aquí?

ro Ce materii prime putem utiliza aici?

H27 Als Rohmaterial eignet sich am besten gesintertes Metall.

el Ως πρώτη ύλη ενδείκνυται το φρυγμένο μέταλλο.

pl Jako surowiec najlepiej nadaje się metal spiekany.

es El metal sinterizado es el material más adecuado.

ro Ca materie primă este adecvat metalul sinterizat.

H28 Was sind denn Gesteinskörnungen?

el Τι είναι τα αδρανή;

pl Co to są kruszywa?

es ¿Qué son los áridos?

ro Ce este splitul?

H29 Das ist ein neuer Begriff. Früher gab es unterschiedliche Bezeichnungen, wie Zuschlagstoffe oder Zuschläge.

el Πρόκειται για έναν νέο όρο. Παλιά υπήρχαν και άλλες ονομασίες όπως π.χ. πρόσθετες ή βοηθητικές ουσίες κλπ.

pl To nowa nazwa. Kiedyś stosowano inne określenia jak np. materiały wypełniające lub wypełniacze.

es Es un nuevo término. Antes también se conocían como agregados.

ro Este o noțiune nouă. Înainte avea diferite denumiri, ca de exemplu, material sfărâmat sau concasat.

H30 Was sind die Vorteile, wenn Kies verwendet wird?

el Ποια είναι τα πλεονεκτήματα όταν χρησιμοποιείται χαλίκι;

pl Czy osiągniemy jakieś korzyści, stosując żwir?

es ¿Qué ventajas tiene utilizar grava?

ro Ce avantaje există atunci când se utilizează balast?

H31 Der Kies saugt kein Wasser, dadurch ist der Wasseranspruch geringer.

el⟩ Το χαλίκι δεν απορροφά νερό, άρα χρειάζεται μικρότερη ποσότητα νερού.

pl⟩ Żwir nie pochłania wody, co redukuje zapotrzebowanie na wodę.

es⟩ La grava no absorbe el agua, así se necesita menos agua.

ro⟩ Balastul nu absoarbe apă, ca urmare necesarul de apă este redus.

H32 Welche Stahlfasertypen eignen sich besonders zur Vermeidung von Rissen und Verformungen im Beton?

el⟩ Ποιοι τύποι ινοπλισμού ενδείκνυνται για την αποφυγή ρωγμών και παραμορφώσεων στο σκυρόδεμα;

pl⟩ Jakie rodzaje włókien stalowych należy stosować, aby móc uniknąć pęknięć i odkształceń w betonie?

es⟩ ¿Qué tipos de fibras de acero son más apropiadas para evitar grietas y deformaciones en el hormigón?

ro⟩ Care tipuri de armare cu oţel sunt adecvate în mod deosebit pentru evitarea fisurilor şi deformaţiilor betonului?

H33 Ich schlage Drahtfasern als Material vor, so kann die Betonmatrix besser verankert werden.

el⟩ Προτείνω ως υλικό ίνες από σύρμα, ώστε να αγκυρώνεται καλύτερα η μήτρα σκυροδέματος.

pl⟩ Proponuję włókna FE, które zwiększają zakotwiczenie w betonowej matrycy.

es⟩ Me inclino por las fibras de alambre como material, así la matriz de hormigón se puede fijar mejor.

ro⟩ Eu sugerez ca material, plasa de sârmă, astfel matricea din beton va putea fi ancorată mai bine.

H34 Wir nutzen bewährte Verfahren zur Prüfung der Zuverlässigkeit von tragfähigem Baumaterial.

el⟩ Χρησιμοποιούμε καθιερωμένες διαδικασίες για τον έλεγχο αξιοπιστίας φέροντων δομικών υλικών.

pl⟩ Stosujemy znane technologie w celu kontroli niezawodności nośnych materiałów budowlanych.

es⟩ Utilizamos las mejores prácticas para comprobar que el material de construcción es resistente y fiable.

ro⟩ Noi utilizăm procedee atestate pentru verificarea siguranţei materialului portant.

H35 **Wo finde ich Informationen für den Entwickler von Maschinen und Anlagen?**

(el) Που θα βρω πληροφορίες για τον μελετητή μηχανών και εγκαταστάσεων;

(pl) Gdzie znajdę informacje dla konstruktora maszyn i urządzeń?

(es) ¿Dónde encuentro información para desarrolladores de instalaciones industriales y maquinaria?

(ro) Unde se găsesc informaţii pentru dezvoltatorii de maşini şi instalaţii?

H36 **Sie finden die Informationen in der VDI/VDE-Richtlinie 3850.**

(el) Θα βρείτε πληροφορίες στην οδηγία VDI/VDE 3850.

(pl) Odpowiednie informacje znajdzie pan/pani w wytycznych VDI/VDE 3850.

(es) Puede encontrar información en la Directiva VDI/VDE 3850.

(ro) Găsiţi informaţiile în directiva VDI/VDE 3850.

H37 **Die neuen Technologien erfordern übersichtliche Bediensysteme für Maschinen.**

(el) Οι νέες τεχνολογίες απαιτούν εύχρηστα συστήματα χειρισμού για τις μηχανές.

(pl) Nowe technologie wymagają przejrzystych systemów obsługi maszyn.

(es) Las nuevas tecnologías requieren sistemas de manejo claros para las máquinas.

(ro) Noile tehnologii pretind sisteme de comandă clare pentru maşini.

H38 **Ist der Einsatz von Fertigteilen beim Bau des neuen Hochhauses sinnvoll?**

(el) Έχει νόημα η χρήση προκατασκευασμένων μερών στην κατασκευή νέου ψηλού κτηρίου;

(pl) Czy należałoby zastosować gotowe elementy przy budowie nowego wieżowca?

(es) ¿Es útil emplear piezas prefabricadas para construir la nueva torre?

(ro) Este adecvată utilizarea elementelor prefabricate la construcţia noilor clădiri înalte?

H39 **Sicher. Wenn wir Fertigteile verwenden, kommt der Bau schneller voran.**

(el) Βεβαίως. Με τη χρήση προκατα-

(es) Desde luego. Si utilizamos

σκευασμένων μερών η κατα-
σκευή προχωρά πιο γρήγορα.

pl> Na pewno. Jeśli zastosujemy
gotowe elementy, budowa szyb-
ciej będzie posuwać się do
przodu.

piezas prefabricadas, la obra irá
más rápido.

ro> Sigur. Cine utilizează prefabricate va termina mai repede construcţia.

Im Ausland ist manchmal noch der Grad *Diplom-Ingenieur*
bekannt. Seit der Umstellung des Studiensystems wurden
der Bachelor- und der Mastergrad eingeführt. Wenn Sie sich
mit einem ausländischen Hochschulzeugnis bewerben, sollten Sie vorher prüfen, ob Ihre Abschlüsse in etwa dem
Bachelor oder dem Master entsprechen. In Tschechien oder
der Slowakei kann man z. B. Diplomgrade erwerben, die sich
inhaltlich von denen an deutschen Universitäten verliehenen
Diplomgraden unterscheiden. In einigen anderen osteuropäi-
schen Staaten (z. B. in Ungarn, Polen oder Bulgarien) wird
inzwischen auch der Bachelor oder Master verliehen, hier
gibt es keine Probleme mit der Anerkennung. Für die Anerkennung benötigen Sie in jedem Fall Originaldokumente, die
von einem vereidigten Übersetzer übersetzt und beglaubigt
wurden.

Elektrotechnik

el> Ηλεκτροτεχνική μηχανική   es> Ingenieria eléctrica

pl> Elektrotechnika   ro> Electrotehnica

I01 **Können Sie mir bitte die technischen Unterlagen geben?**

el> Μου δίνετε παρακαλώ τα   es> ¿Me puede dar los documentos
τεχνικά έγγραφα;   técnicos?

pl> Czy mógłby mi pan/mogłaby mi ro> Puteţi să-mi daţi vă rog docu-
pani przekazać dokumentację   mentaţia tehnică?
techniczną?

I02 **Kann ich Ihnen die Dokumente als Anhang mailen oder möchten Sie
einen Ausdruck?**

el> Μπορώ να σας στείλω τα   es> ¿Le envío por correo electró-

55

έγγραφα ηλεκτρονικά ή τα θέλετε εκτυπωμένα;

nico los documentos como archivo adjunto o quiere que los imprima?

pl⟩ Czy mogę przesłać panu/pani dane dokumenty mailem w załączniku czy potrzebny jest wydruk?

ro⟩ Pot să vă trimit documentele anexate unui mesaj E-mail, sau doriți o copie?

I03 Wie können wir die technischen Abläufe verbessern?

el⟩ Πώς μπορούμε να βελτιώσουμε τις τεχνικές διαδικασίες;

es⟩ ¿Cómo podemos mejorar los procesos técnicos?

pl⟩ Jak możemy ulepszyć procesy techniczne?

ro⟩ Cum putem să îmbunătățim procesele tehnice?

I04 Das sollte durch den Einsatz einer geeigneten Hard- und Software zur Unterstützung systemspezifischer Abläufe möglich sein.

el⟩ Αυτό πρέπει να γίνει με τη χρήση κατάλληλου υλισμικού και λογισμικού για την υποστήριξη διαδικασιών ανάλογα με το σύστημα.

es⟩ Debería ser posible utilizando un hardware y software apropiados como soporte de los procesos específicos del sistema.

pl⟩ To powinno być możliwe poprzez zastosowanie specjalnego sprzętu i oprogramowania.

ro⟩ Aceasta se poate prin utilizarea unui hard sau software adecvat pentru susținerea proceselor specifice de sistem.

I05 Könnten Sie die Testdurchläufe überwachen? Wir benötigen jemanden, der Testergebnisse systematisch prüft.

el⟩ Θα μπορούσατε να παρακολουθήσετε τις δοκιμαστικές λειτουργίες; Χρειαζόμαστε κάποιον για να ελέγχει συστηματικά τα αποτελέσματα των δοκιμών.

es⟩ ¿Podría supervisar las ejecuciones de prueba? Necesitamos a alguien que compruebe sistemáticamente los resultados de las pruebas.

pl⟩ Czy może pan/pani czuwać nad przebiegiem testu? Potrzebujemy kogoś, kto będzie systematycznie sprawdzał wyniki testów.

ro⟩ Ați putea să urmăriți desfășurarea testelor? Noi avem nevoie de cineva care verifică sistematic rezultatele testelor.

106 Ja, ich kann diese Aufgabe übernehmen.

el Ναι, μπορώ να αναλάβω αυτή την εργασία.

es Sí, puedo encargarme de esa tarea.

pl Tak, mogę podjąć się tego zadania.

ro Da, eu pot să preiau această sarcină.

107 Ich bin mir nicht ganz sicher, ob ich das machen kann.

el Δεν είμαι σίγουρος/-η ότι μπορώ να το κάνω.

es No estoy muy seguro/-a de que pueda hacerlo.

pl Nie jestem pewien/pewna, czy dam radę to zrobić.

ro Eu nu sunt chiar sigur/-a că pot face acest lucru.

108 Könnten Sie bis nächste Woche ein Konzept für elektrische Funktionsprüfungen erstellen?

el Θα μπορούσατε να φτιάξετε έως την επόμενη εβδομάδα ένα σχέδιο για ηλεκτρικούς ελέγχους λειτουργίας;

es ¿Podría elaborar un concepto para los ensayos funcionales eléctricos para la semana que viene?

pl Czy może pan/pani przygotować do przyszłego tygodnia projekt elektrycznych testów funkcjonalności?

ro Ați putea ca până săptămâna viitoare, să prezentați un concept pentru verificări de funcționare?

109 Das könnte schwierig werden, da ich noch ein anderes Projekt abschließen muss.

el Αυτό θα ήταν μάλλον δύσκολο, επειδή πρέπει να ολοκληρώσω και ένα άλλο έργο.

es Sería complicado, porque tengo que terminar otro proyecto.

pl Z tym może być ciężko, gdyż muszę zamknąć jeszcze inny projekt.

ro Acest lucru ar putea fi dificil, deoarece trebuie să închei un alt proiect.

110 Ja, das müsste ich hinbekommen.

el Ναι, πιστεύω ότι θα τα καταφέρω.

es Sí, tendría que arreglarlo.

pl Tak, myślę, że dam radę.

ro Da, ar trebui să-mi reușească.

111 Wie erstellen Sie Ihre Messberichte über Emissionen?

el Πώς φτιάχνετε τις εκθέσεις μετρήσεων για εκπομπές;

es ¿Cómo hacen sus informes de medición sobre emisiones?

pl> W jaki sposób powstają proto-
kóły pomiarów emisji?

ro> Cum întocmiți rapoartele de
măsurare a emisiilor?

112 **Wir erstellen sie durch Messungen, Kalibrierungen sowie Funktionsprüfungen.**

el> Μέσω μετρήσεων, βαθμονομή-
σεων και δοκιμών λειτουργίας.

es> Los hacemos con mediciones,
calibraciones y ensayos funcionales.

pl> Tworzymy je na podstawie
pomiarów, kalibrowań, a także
prób funkcjonalności.

ro> Noi le întocmim în urma măsură-
torilor, calibrărilor precum și a
verificării funcționale.

113 **Wurde die Zuverlässigkeit der Elektroinstallation geprüft?**

el> Ελέγχθηκε η αξιοπιστία της ηλε-
κτρολογικής εγκατάστασης;

es> ¿Se ha comprobado la fiabilidad de la instalación eléctrica?

pl> Czy sprawdzano niezawodność
instalacji elektrycznej?

ro> A fost verificată siguranța insta-
lației electrice?

114 **Ja, wir haben bereits Tests dazu durchgeführt.**

el> Ναι, κάναμε ήδη κάποιες δοκιμές.

es> Sí, ya hemos realizado pruebas
al respecto.

pl> Tak, przeprowadziliśmy już w
tym kierunku odpowiednie
testy.

ro> Da, noi am executat deja testul.

115 **Wir sind noch dabei, die Schwachstellen der Elektroinstallation
herauszufinden.**

el> Προσπαθούμε ακόμα να βρούμε
τις αδυναμίες της ηλεκτρολογι-
κής εγκατάστασης.

es> Todavía estamos buscando los
puntos débiles de la instalación
eléctrica.

pl> Jesteśmy w trakcie znajdowania
słabych punktów w instalacji
elektrycznej.

ro> Noi suntem încă în faza de a
depista punctele slabe ale insta-
lației electrice.

116 **Mit dem System On-Board-Diagnose können Leistungsdaten gespei-
chert werden.**

el> Με το σύστημα διάγνωσης On-
Board μπορούμε να αποθηκεύ-
σουμε τα δεδομένα απόδοσης.

es> Con el sistema de diagnóstico a
bordo se pueden guardar los
datos sobre rendimiento.

(pl) Przy pomocy systemu diagnostycznego On-Board mogą zostać zapisane parametry eksploatacyjne.

(ro) Cu sistemul de diagnosticare On-Board vom putea memora parametrii de performanţă.

I17 Unsere Techniker haben uns mitgeteilt, dass es Probleme mit der Spannung gibt.

(el) Οι τεχνικοί μας ενημέρωσαν ότι υπάρχουν προβλήματα με την τάση.

(pl) Nasi technicy poinformowali nas, że są problemy z napięciem.

(es) Nuestros técnicos nos han informado de que hay problemas con la tensión.

(ro) Tehnicienii noştri ne-au comunicat că există probleme cu tensiunea.

I18 Können Sie mir bitte ein Spannungsmessgerät besorgen? Ich muss etwas überprüfen.

(el) Θα μπορούσατε να μου φέρετε ένα τασίμετρο; Θα πρέπει να ελέγξω κάτι.

(pl) Czy może pan/pani przynieść mi woltomierz? Muszę coś sprawdzić.

(es) ¿Puede facilitarme un voltímetro? Tengo que comprobar una cosa.

(ro) Puteţi să-mi procuraţi un voltmetru? Eu trebuie să verific ceva.

I19 Natürlich. Bitte warten Sie einen Moment.

(el) Βεβαίως. Περιμένετε ένα λεπτό.

(pl) Naturalnie. Proszę chwileczkę poczekać.

(es) Por supuesto. Espere un momento.

(ro) Desigur. Vă rog să aşteptaţi un moment.

I20 Welcher Energieversorgung geben wir den Vorrang?

(el) Ποια παροχή ενέργειας προτιμούμε;

(pl) Jaki rodzaj zasilania w energię preferujemy?

(es) ¿A qué suministro de energía damos preferencia?

(ro) Cărei alimentări cu energie îi acordăm prioritate?

I21 Wir ziehen die elektrische Energieversorgung der konventionell erzeugten Energie vor.

(el) Προτιμούμε την ηλεκτρική ενέργεια έναντι της συμβατικά παραγόμενης ενέργειας.

(es) Preferimos el suministro de energía eléctrica generada convencionalmente.

pl〉 Preferujemy elektryczne zasilanie w energię aniżeli energię wytwarzaną konwencjonalnymi metodami.

ro〉 Noi preferăm alimentarea cu energie electrică generată convențional.

122 Welches Potenzial haben Pumpspeicherkraftwerke?

el〉 Ποιο είναι το δυναμικό των συνδυασμένων εγκαταστάσεων παραγωγής - αποθήκευσης ενέργειας;

es〉 ¿Qué potencial tienen las centrales hidroeléctricas de bombeo?

pl〉 Jaki potencjał mają szczytowo-pompowe elektrownie wodne?

ro〉 Ce potențial au centralele electrice de stocare a energiei prin pompare?

123 Aufgrund der geologischen Bedingungen ist das Potenzial begrenzt.

el〉 Λόγω των γεωλογικών συνθηκών το δυναμικό είναι περιορισμένο.

es〉 El potencial es limitado debido a las condiciones geológicas.

pl〉 Ze względu na warunki geologiczne potencjał jest ograniczony.

ro〉 Datorită condițiilor geologice potențialul este limitat.

124 Welche Aufgaben stehen jetzt an?

el〉 Ποια είναι τα επόμενα βήματα;

es〉 ¿Qué tareas quedan pendientes ahora?

pl〉 Jakie zadania należy teraz wykonać?

ro〉 Ce sarcini ne stau acum în față?

125 Wir müssen eine Wirtschaftlichkeitsberechnung zu regenerativen Energien erstellen.

el〉 Θα πρέπει να προβούμε σε μια εκτίμηση της αποδοτικότητας σχετικά με τις ανανεώσιμες πηγές ενέργειας.

es〉 Tenemos que hacer un cálculo de rentabilidad sobre energías renovables.

pl〉 Musimy stworzyć rachunek rentowności dla odnawialnych źródeł energii.

ro〉 Noi trebuie să întocmim un calcul de eficiență economică pentru energia regenerativă.

126 Wer ist zuständig für die Gestaltung von Hochfrequenzschaltungen?

(el) Ποιος είναι αρμόδιος για τη διαμόρφωση των κυκλωμάτων ραδιοσυχνοτήτων;

(pl) Kto odpowiada za opracowanie układów wysokiej częstotliwości?

(es) ¿Quién es el/la responsable de la distribución de los circuitos de alta frecuencia?

(ro) Cine este responsabil/-ă pentru proiectarea circuitelor de înaltă frecvență?

127 Dafür ist Frau Adamow zuständig.

(el) Η κυρία Αντάμοφ είναι αρμόδια.

(pl) To należy do obowiązków pani Adamow.

(es) La responsable es la señora Adamow.

(ro) Doamna Adamow este responsabilă pentru aceasta.

128 Frau Adamow, das ist doch in Ordnung für Sie?

(el) Κυρία Αντάμοφ, είναι εντάξει αυτό για σας;

(pl) Pani Adamow, czy pani się na to zgadza?

(es) Señora Adamow, ¿le parece que esto está bien?

(ro) Doamna Adamow, este bine pentru dumneavoastră?

129 Ja. Ich übernehme den Auftrag gerne.

(el) Ναι, αναλαμβάνω ευχαρίστως την εργασία.

(pl) Tak. Chętnie przejmę to zlecenie.

(es) Sí. Me ocupo de ello con mucho gusto.

(ro) Da. Eu preiau cu plăcere această sarcină.

130 Bei der Simulation ist ein Fehler aufgetreten.

(el) Κατά την προσομοίωση παρουσιάστηκε ένα σφάλμα.

(pl) W trakcie symulacji wystąpił błąd.

(es) Se ha producido un error en la simulación.

(ro) La simulare a apărut o eroare.

131 Das ist nicht gut. Was ist passiert?

(el) Αυτό δεν είναι καλό. Τι συνέβη;

(pl) To niedobrze. Co się stało?

(es) Esto no está bien. ¿Qué ha pasado?

(ro) Acest lucru nu este bine. Ce s-a întâmplat?

132 Die Kabel wurden beschädigt.

ⓔ Τα καλώδια υπέστησαν ζημιές.

ⓟ Kable zostały uszkodzone.

ⓔⓢ Los cables se han estropeado.

ⓡⓞ Cablul a fost deteriorat.

133 Die elektrischen Verbindungen waren fehlerhaft.

ⓔ Οι ηλεκτρικές συνδέσεις ήταν ελαττωματικές.

ⓟ Połączenia elektryczne były wadliwe.

ⓔⓢ Las conexiones eléctricas eran erróneas.

ⓡⓞ Conexiunile electrice au fost greşite.

134 Was können wir machen, um die Zuverlässigkeit der Steuergeräte zu erhöhen?

ⓔ Τι μπορούμε να κάνουμε για να βελτιώσουμε την αξιοπιστία των εγκεφάλων;

ⓟ Co możemy zrobić, żeby zwiększyć niezawodność urządzeń sterujących?

ⓔⓢ ¿Qué podemos hacer para aumentar la fiabilidad de las unidades de control?

ⓡⓞ Ce putem să facem pentru a mări siguranţa aparatelor de comandă?

135 Wir sollten eine umfangreiche Diagnosesoftware einsetzen.

ⓔ Θα ήταν καλό να χρησιμοποιήσουμε ένα διευρυμένο λογισμικό διάγνωσης.

ⓟ Powinniśmy wdrożyć obszerne oprogramowanie diagnostyczne.

ⓔⓢ Deberíamos usar un software de diagnóstico ampliado.

ⓡⓞ Noi am putea aplica un soft extins de diagnosticare.

136 Wie schätzen Sie das neue Verfahren ein, Frau Vlado?

ⓔ Ποια η γνώμη σας για τη νέα διαδικασία, κυρία Βλάντο;

ⓟ Co pani sądzi o tej nowej metodzie, pani Vlado?

ⓔⓢ ¿Qué opina del nuevo proceso, señora Vlado?

ⓡⓞ Doamna Vlado, cum apreciaţi noul procedeu?

137 Ich denke, das Verfahren zur Fertigungssteuerung ist bis jetzt zuverlässig.

ⓔ Πιστεύω ότι η διαδικασία για τον έλεγχο της παραγωγής έως τώρα είναι αξιόπιστη.

ⓔⓢ Creo que el proceso para controlar la producción es fiable hasta ahora.

pl⟩ Uważam, że metoda sterowania produkcją była do tej pory niezawodna.

ro⟩ Eu cred că procedeul pentru comanda fabricației este sigur până în prezent.

138 **Im Hinblick auf die Zuverlässigkeit müssten wir noch einige Tests durchführen.**

el⟩ Σε σχέση με την αξιοπιστία θα πρέπει να διεξάγουμε ακόμα κάποιες δοκιμές.

es⟩ Todavía tendríamos que hacer algunas pruebas en cuanto a fiabilidad.

pl⟩ Jeśli chodzi o niezawodność, musielibyśmy przeprowadzić jeszcze kilka testów.

ro⟩ Cu privire la siguranță noi va trebui să mai efectuăm câteva teste.

139 **Die Anwendungsgebiete für das neue Diagnosesystem sind vielfältig.**

el⟩ Οι τομείς εφαρμογής του νέου συστήματος διάγνωσης ποικίλουν.

es⟩ Los ámbitos de aplicación del nuevo sistema de diagnóstico son muy variados.

pl⟩ Obszary zastosowania nowego systemu diagnostycznego są różnorodne.

ro⟩ Domeniile de aplicare pentru noul sistem de diagnosticare sunt multiple.

140 **Der Frequenzbereich ist stabil.**

el⟩ Το φάσμα συχνοτήτων είναι σταθερό.

es⟩ La gama de frecuencias es estable.

pl⟩ Zakres częstotliwości jest stabilny.

ro⟩ Domeniul de frecvență este stabil.

141 **Die Leistungssteigerung basiert auf einem zusätzlichen Druckunterschied.**

el⟩ Η αύξηση της απόδοσης βασίζεται σε πρόσθετη διαφορά πίεσης.

es⟩ El aumento de potencia se debe a una diferencia de presión adicional.

pl⟩ Zwiększenie wydajności opiera się na dodatkowej różnicy ciśnienia.

ro⟩ Creșterea performanței se bazează pe o diferență suplimentară de presiune.

142 **Der Sekundärwiderstand wird am Hochspannungsausgang gemessen.**

el⟩ Η δευτερεύουσα αντίσταση

es⟩ La resistencia secundaria se

μετριέται στην έξοδο υψηλής τάσης.

(pl) Opór wtórny mierzony jest przy wyjściu wysokiego napięcia.

mide en la salida de alta tensión.

(ro) Rezistența circuitului secundar va fi măsurată la ieșirea de înaltă tensiune.

143 **Die Betriebsbedingungen sind momentan optimal, nicht wahr, Herr Canto?**

(el) Οι συνθήκες λειτουργίας είναι άριστες προς το παρόν, έτσι δεν είναι κ. Κάντο;

(pl) Warunki są na tę chwilę optymalne, prawda panie Canto?

(es) Las condiciones de servicio son óptimas de momento, ¿no es así, señor Canto?

(ro) Condițiile de exploatare sunt optime momentan, nu-i așa domnule Canto?

144 **Ja, wir konnten sie durch eine Verbesserung der Mikroelektronik optimieren.**

(el) Ναι, μπορέσαμε να τις βελτιώσουμε με την αναβάθμιση της μικροηλεκτρονικής.

(pl) Tak, mogliśmy je zoptymalizować poprzez ulepszenie mikroelektroniki.

(es) Sí, pudimos optimizarlas mejorando la microelectrónica.

(ro) Da, noi le putem optimiza printr-o îmbunătățire a microelectronicii.

145 **Wir benötigen noch Elektroinstallationsmaterial: Schalter, Steckdosen, Leitungen und Kabel.**

(el) Χρειαζόμαστε και ηλεκτρικά εξαρτήματα όπως διακόπτες, πρίζες, αγωγούς και καλώδια.

(pl) Potrzebujemy jeszcze sprzęt instalacyjny typu: kontakty, gniazdka, przewody i kable.

(es) Necesitamos más material para la instalación eléctrica: interruptores, cajas de enchufe, líneas y cables.

(ro) Noi mai avem nevoie de materiale pentru instalație: întrerupător, prize, tub Berman și cablu.

146 **Brauchen wir nicht auch noch Verteiler?**

(el) Δεν χρειαζόμαστε και διανομείς;

(pl) Czy będą nam potrzebne przekaźniki?

(es) ¿No necesitamos también distribuidores?

(ro) Nu cumva avem nevoie și de distribuitor?

147 Oh, die hatte ich vergessen, natürlich brauchen wir die auch.

(el) Αχ, τους είχα ξεχάσει, και βέβαια τους χρειαζόμαστε.

(pl) Och, całkiem o nich zapomniałem/zapomniałam, naturalnie, że one też będą potrzebne.

(es) Vaya, se me habían olvidado. Sí, también los necesitamos.

(ro) O, era să uit, desigur că avem nevoie.

148 Bitte überprüfen Sie die Spannung vor Inbetriebnahme.

(el) Παρακαλώ να ελέγξετε την τάση πριν τη θέση σε λειτουργία.

(pl) Proszę przed uruchomieniem sprawdzić napięcie.

(es) Por favor, compruebe la tensión antes de la puesta en marcha.

(ro) Vă rugăm să verificați tensiunea înainte de punerea în funcțiune.

149 Wann soll die Erstellung der Schaltpläne fertig sein?

(el) Μέχρι πότε θα πρέπει να ετοιμαστούν τα διαγράμματα των κυκλωμάτων;

(pl) Kiedy mają być gotowe schematy połączeń?

(es) ¿Cuándo tienen que estar terminados los esquemas de conexiones?

(ro) Când va fi terminată întocmirea schemelor electrice?

150 Ich denke, nächste Woche sollte in Ordnung sein.

(el) Πιστεύω, ότι μέχρι την άλλη εβδομάδα θα είναι καλά.

(pl) Myślę, że wystarczy na przyszły tydzień.

(es) Creo que para la semana que viene estaría bien.

(ro) Eu cred că săptămâna viitoare se vor putea finaliza.

151 Die Erstellung von Prüfsequenzen ist durchgeführt.

(el) Η διαδικασία της δημιουργίας συχνοτήτων λειτουργίας έχει εκτελεστεί.

(pl) Stworzyliśmy sekwencje kontrolne.

(es) Se han creado las secuencias de prueba.

(ro) A fost executată generarea secvențelor de testare.

152 Wir arbeiten an intelligenten Verbindungen zwischen Hard- und Software.

(el) Δουλεύουμε πάνω σε έξυπνες

(es) Estamos trabajando en conexio-

65

συνδέσεις μεταξύ υλισμικού και
λογισμικού.

pl> Pracujemy nad inteligentnymi
połączeniami między peryferią a
oprogramowaniem.

nes inteligentes entre hardware
y software.

ro> Noi lucrăm la conexiuni inteligente între hardware şi software.

153 **Können wir eine Simulation durchführen?**

el> Μπορούμε να εκτελέσουμε μία
προσομοίωση;

pl> Czy możemy przeprowadzić
symulację?

es> ¿Podemos realizar una simulación?

ro> Putem efectua o simulare?

154 **Derzeit leider nicht, wir haben noch nicht alles vorbereitet.**

el> Προς το παρόν δυστυχώς όχι.
Δεν έχουμε ακόμα ετοιμαστεί
εντελώς.

pl> W tej chwili niestety nie, nie
skończyliśmy jeszcze wszyst-
kich przygotowań.

es> Ahora mismo no, todavía no lo
hemos preparado todo.

ro> Momentan nu se poate, noi nu
am pregătit încă totul.

Maschinenbau

el> Μηχανολογία

pl> Budowa maszyn

es> Ingeniería mecánica

ro> Construcţii de maşini

J01 **Herr Mouskuri, könnten Sie bitte noch die Simulation für den Ferti-
gungsprozess durchführen?**

el> Κύριε Μούσκουρη, θα μπορούσατε να εκτελέσετε και την προσομοίωση της διαδικασίας παραγωγής;

pl> Panie Mouskuri, czy mógłby pan
przeprowadzić jeszcze symulację procesu produkcyjnego?

es> Señor Mouskuri, ¿podría hacer
la simulación del proceso de
producción, por favor?

ro> Domnule Mouskuri, mai puteţi
să efectuaţi simularea pentru
procesul de fabricaţie?

J02 **Das kann ich gerne tun. Bis wann brauchen Sie die Ergebnisse?**

el> Ευχαρίστως. Μέχρι πότε χρειάζεστε τα αποτελέσματα;

es> Lo haré con mucho gusto.
¿Cuándo necesita los resultados?

🔊

(pl) Bardzo chętnie to zrobię. Na kiedy potrzebuje pan/pani wyniki?

(ro) Eu pot să fac acest lucru cu plăcere. Când aveți nevoie de rezultate?

J03 Es reicht, wenn ich den Bericht nächste Woche vorliegen habe.

(el) Μου αρκεί να έχω την έκθεση την άλλη εβδομάδα.

(pl) Wystarczy, że otrzymam raport w przyszłym tygodniu.

(es) Me basta con tener el informe la semana que viene.

(ro) Este suficient dacă voi primi raportul săptămâna viitoare.

J04 Frau Jablonski, könnten Sie bitte die Entwürfe für neue mechanische Komponenten schicken?

(el) Κυρία Γιαμπλόνσκι, θα μπορούσατε να μου στείλετε τα σχέδια για τα νέα μηχανικά μέρη;

(pl) Pani Jablonski, czy może mi pani przesłać projekty nowych elementów mechanicznych?

(es) Señora Jablonski, ¿podría enviar los borradores de los nuevos componentes mecánicos?

(ro) Doamna Jablonski, puteți să-mi trimiteți proiectul pentru noile componente mecanice?

J05 Wird sofort erledigt, Herr Zimmermann.

(el) Αμέσως, κύριε Τσίμερμαν.

(pl) Natychmiast się tym zajmę, panie Zimmermann.

(es) Lo hago ahora mismo, señor Zimmermann.

(ro) Se rezolvă imediat, domnule Zimmermann.

J06 Wir sollten den Wirkungsgrad unserer Maschinen verbessern. Was könnten wir tun?

(el) Θα ήταν καλό να βελτιώσουμε την απόδοση των μηχανών μας. Τι θα μπορούσαμε να κάνουμε;

(pl) Powinniśmy poprawić współczynnik sprawności naszych maszyn. Co możemy w tym celu zrobić?

(es) Deberíamos mejorar el rendimiento de nuestras máquinas. ¿Qué podríamos hacer?

(ro) Noi ar trebui să mărim randamentul mașinilor noastre. Ce putem să facem?

J07 Am besten wäre es, wenn wir Konstruktionen aus Edelstahl anfertigen würden.

(el) Το καλύτερο θα ήταν να φτιάχναμε τις κατασκευές από ανοξείδωτο χάλυβα.

(es) Lo mejor sería que fabricáramos construcciones de acero fino.

pl〉 Najlepiej byłoby, gdybyśmy
stworzyli konstrukcje ze stali
szlachetnej.

ro〉 De preferat ar fi dacă am fabrica construcţii din oţeluri
nobile.

J08 Edelstahl wäre als Komponente günstiger als Aluminium, dessen Produktion sehr viel Energie benötigt.

el〉 Ο ανοξείδωτος χάλυβας είναι
πιο οικονομικός από το αλουμίνιο του οποίου η παραγωγή
απαιτεί πολλή ενέργεια.

es〉 El acero fino sería un componente más conveniente que el
aluminio, cuya producción
requiere mucha energía.

pl〉 Stal szlachetna byłaby tańszym
kompenentem niż aluminium,
którego produkcja pochłania
bardzo dużo energii.

ro〉 Oţelul nobil este mai ieftin
decât aluminiul, al cărei fabricaţie necesită foarte multă energie.

J09 Wo stellen wir unsere neuen Werkzeugmaschinen aus?

el〉 Που θα εκτίθενται οι νέες μας
εργαλειομηχανές;

es〉 ¿Dónde exponemos nuestras
nuevas máquinas herramienta?

pl〉 Gdzie wystawimy nasze nowe
maszyny?

ro〉 Unde amplasăm noile noastre
maşini unelte?

J10 Unsere separate Maschinenhalle eignet sich gut dafür.

el〉 Ο ξεχωριστός χώρος των μηχανών ενδείκνυται για αυτό.

es〉 Nuestra sala de máquinas independiente es perfecta para ello.

pl〉 Nasza hala maszyn nadaje się
do tego celu.

ro〉 Hala noastră separată pentru
maşini este adecvată pentru
acestea.

J11 Unsere Firma legt Wert darauf, dass Maschinentechnik und -systeme keine ungünstigen Kostenentwicklungen haben.

el〉 Για την εταιρεία μας είναι σημαντικό η τεχνολογία μηχανών
και τα μηχανολογικά συστήματα να μην παρουσιάζουν
δυσμενή εξέλιξη κόστους.

es〉 Para nuestra empresa es muy
importante que la tecnología y
los sistemas de maquinaria no
tengan una evolución de los costes negativa.

pl〉 Naszej firmie zależy na tym,
aby technologia i systemy
maszyn nie wpływały negatyw-
nie na koszty.

ro〉 Firma noastră pune accent pe
faptul ca sistemele şi tehnologia
de prelucrare să nu aibă ten-
dinţe nefavorabile ale costurilor.

J12 **Können Sie die Kostenentwicklung für die letzten zwei Quartale abschätzen?**

(el) Μπορείτε να εκτιμήσετε την εξέλιξη του κόστους τα τελευταία δύο τρίμηνα;

(pl) Czy może pan/pani oszacować, jak kształtowały się koszty w dwóch ostatnich kwartałach?

(es) ¿Puede calcular la evolución de los costes de los dos últimos trimestres?

(ro) Puteți să evaluați evoluția costurilor ultimelor două trimestre?

J13 **Da müsste ich noch einmal genauer nachschauen.**

(el) Θα πρέπει να τα δω λίγο πιο αναλυτικά.

(pl) Musiałbym/Musiałabym jeszcze raz dokładnie zobaczyć.

(es) Tendría que volver a revisarlo más detalladamente.

(ro) Pentru asta eu va trebui să mă documentez mai exact.

J14 **In den letzten beiden Quartalen verlief die Kostenentwicklung etwas günstiger als im Vergleichszeitraum des letzten Jahres.**

(el) Τα δυο τελευταία τρίμηνα η εξέλιξη κόστους ήταν καλύτερη σε σχέση με το ίδιο χρονικό διάστημα της προηγούμενης χρονιάς.

(pl) W ostatnich dwóch kwartałach koszty kształtowały się nieco korzystniej, aniżeli w tym samym czasie zeszłego roku.

(es) En los dos últimos trimestres, la evolución de los costes fue algo más favorable que en el periodo comparable del último año.

(ro) În ultimele două trimestre evoluția costurilor a decurs mai favorabil decât în aceași perioadă a anului trecut.

J15 **Ich denke, wir müssen auch die Zuverlässigkeit und Belastbarkeit berücksichtigen.**

(el) Πιστεύω ότι θα πρέπει να λάβουμε υπόψη και την αξιοπιστία και τις αντοχές.

(pl) Uważam, że musimy wziąć też pod uwagę niezawodność i obciążalność.

(es) Creo que también tenemos que tener en cuenta la fiabilidad y la capacidad de carga.

(ro) Eu cred că trebuie să luăm în considerare atât siguranța cât și capacitatea de încărcare.

J16 **Wir sollten neue Technologien berücksichtigen und die Bauteile mit Mikrozerspanung anfertigen.**

(el) Θα πρέπει να λάβουμε υπόψη

(es) Deberíamos considerar las

τις νέες τεχνολογίες και να κατασκευάσουμε τα δομικά μέρη με μικροκοπή.

nuevas tecnologías y fabricar los componentes con micromecanizado.

(pl) Powinniśmy wziąć pod uwagę nowe technologie i wytwarzać części przy pomocy obróbki mikroskrawaniem.

(ro) Noi trebuie să luăm în considerare noile tehnologii şi să executăm piesele prin microfrezare.

J17 Der Kunde wünscht einen Bagger, dessen Motor mit biologisch abbaubaren Hydraulikölen betrieben wird.

(el) Ο πελάτης επιθυμεί έναν εκσκαφέα του οποίου ο κινητήρας λειτουργεί με βιοαποδομίσιμα υδραυλικά έλαια.

(es) El cliente quiere una excavadora cuyo motor funcione con aceites hidráulicos biodegradables.

(pl) Klient zażyczył sobie koparki której silnik pracuje na biologicznie degradowalnym oleju hydraulicznym.

(ro) Clientul doreşte un escavator, al cărui motor să fie alimentat cu ulei hidraulic degradabil biologic.

J18 Unsere 22-Tonnen-Bagger erfüllen alle Anforderungen, außerdem sind sie nahezu unverwüstlich.

(el) Οι εκσκαφείς μας των 22 τόνων πληρούν όλες τις προδιαγραφές και είναι πολύ ανθεκτικοί.

(es) Nuestras excavadoras de 22 toneladas cumplen todos los requisitos, además son prácticamente indestructibles.

(pl) Nasze 22-tonowe koparki spełniają wszelkie wymagania, ponadto są niemalże niezniszczalne.

(ro) Escavatorul nostru de 22 de tone satisface toate cerinţele, în afară de aceasta sunt practic indestructibile.

J19 Derzeit haben wir solche Bagger leider nicht zur Verfügung.

(el) Δυστυχώς δεν διαθέτουμε προς το παρόν τέτοιους εκσκαφείς.

(es) Por desgracia, en estos momentos no disponemos de excavadoras así.

(pl) Na daną chwilę nie posiadamy niestety tego rodzaju koparek.

(ro) Momentan nu dispunem de un asemenea escavator.

J20 Wir haben die technischen Änderungen an den Maschinen nun durchgeführt.

(el) Έχουμε ολοκληρώσει τις τεχνικές μεταβολές στις μηχανές.

(es) Acabamos de hacer las modificaciones técnicas en las máquinas.

(pl) Przeprowadziliśmy właśnie na maszynach wszystkie techniczne zmiany.

(ro) Noi am executat modificările tehnice ale maşinii.

J21 Sollten wir nicht einen Testlauf durchführen?

(el) Μήπως να κάναμε μια δοκιμή;

(es) ¿No deberíamos hacer una ejecución de prueba?

(pl) Czy powinniśmy przeprowadzić próbny rozruch?

(ro) N-ar trebui să executăm o încercare de probă?

J22 Könnten Sie bitte sicherstellen, dass der Testlauf gewissenhaft durchgeführt wird?

(el) Θα μπορούσατε να εξασφαλίσετε ότι η δοκιμή διεξάγεται επιμελώς;

(es) ¿Podría asegurarse de que la ejecución de prueba se realice a conciencia?

(pl) Czy może pani o to zadbać, aby ten próbny rozruch był przeprowadzony rzetelnie?

(ro) Puteţi să vă asiguraţi că mersul de probă va fi executat conştiincios?

J23 Selbstverständlich, ich kümmere mich darum.

(el) Βεβαίως, θα το φροντίσω.

(es) Por supuesto, me encargaré de ello.

(pl) Oczywiście, zajmę się tym.

(ro) Desigur, mă ocup eu de aceasta.

J24 Wie verläuft der Testlauf der neuen Maschinenanlage?

(el) Πως πάει η δοκιμαστική λειτουργία της νέας μηχανής;

(es) ¿Cómo va la ejecución de prueba de la nueva máquina?

(pl) Jak przebiega próbny rozruch nowej maszyny?

(ro) Cum decurge testul de probă al noului utilaj?

J25 Morgen beginnt die letzte Testphase.

(el) Αύριο ξεκινά η τελευταία φάση δοκιμής.

(es) Mañana empieza la última fase de prueba.

(pl) Jutro zaczyna się ostatnia faza testowa.

(ro) Mâine începe ultima fază de testare.

J26 Das ist gut, wir liegen im Zeitplan.

(el) Αυτό είναι καλό, είμαστε εντός χρονοδιαγράμματος.

(es) Eso está bien, estamos cumpliendo el plazo.

(pl) To dobrze, zatem mieścimy się w czasie.

(ro) Asta e bine, noi suntem în grafic.

J27 Die Maschinennutzungszeit wird am Montag gemessen.

(el) Ο χρόνος χρήσης της μηχανής θα μετρηθεί τη Δευτέρα.

(pl) Okres użytkowania maszyny będzie mierzony w poniedziałek.

(es) El lunes se medirá el tiempo de uso de la máquina.

(ro) Luni va fi măsurat timpul de utilizare al mașinii.

J28 Was wird noch für die Realisierung des neuen Projekts benötigt?

(el) Τι άλλο χρειάζεται για την υλοποίηση του νέου έργου;

(pl) Co będzie jeszcze potrzebne przy realizacji tego nowego projektu?

(es) ¿Qué más se necesita para llevar a cabo el nuevo proyecto?

(ro) Ce mai este necesar pentru realizarea noului proiect?

J29 Wir brauchen Sondermaschinen für das Tiefbohrverfahren.

(el) Χρειαζόμαστε ειδικές μηχανές για τις διεργασίες βαθιάς διάτρησης.

(pl) Potrzebujemy specjalne maszyny do wiercenia głębinowego.

(es) Necesitamos máquinas especiales para el mecanizado de agujeros profundos.

(ro) Noi avem nevoie de mașini speciale pentru forajul în adâncime.

J30 Für das neue Bohrverfahren verwenden wir keine alten Maschinen.

(el) Για τις νέες διεργασίες διάτρησης δε χρησιμοποιούμε παλιές μηχανές.

(pl) Nie używamy starych maszyn aby wykorzystać nową metodę wiercenia.

(es) Para el nuevo procedimiento de perforación no utilizamos máquinas antiguas.

(ro) Pentru noul procedeu de forare noi nu vom utiliza utilaje vechi.

J31 Wir müssen darauf achten, dass die Turbinen des Kraftwerks keine Barrieren für Fische bilden.

(el) Θα πρέπει να προσέξουμε ώστε οι στρόβιλοι του σταθμού ηλεκτροπαραγωγής να μην αποτελούν εμπόδιο για τα ψάρια.

(es) Tenemos que procurar que las turbinas de la central eléctrica no creen barreras para los peces.

pl⟩ Musimy uważać, aby turbiny nie tworzyły barier dla ryb.

ro⟩ Noi trebuie să urmărim ca turbinele fabricii să nu reprezinte o barieră pentru pești.

J32 Zum Schutz der Fische werden Fischtreppen eingebaut.

el⟩ Για την προστασία των ψαριών κατασκευάζονται ειδικά περάσματα για τα ψάρια.

es⟩ Se instalarán vías de paso para proteger a los peces.

pl⟩ Dla ochrony ryb zastosowane zostaną wmontowane schody.

ro⟩ Pentru protecția peștilor vor fi montate trepte.

J33 Die Pelton-Turbinen eignen sich gut für kleine Wassermengen.

el⟩ Οι στρόβιλοι τύπου Pelton είναι κατάλληλοι για μικρές ποσότητες νερού.

es⟩ Las turbinas Pelton son muy apropiadas para pequeñas cantidades de agua.

pl⟩ Turbiny typu Pelton spełniają się przy małych ilościach wody.

ro⟩ Turbinele Pelton sunt adecvate pentru cantități mici de apă.

J34 Wir müssen abschließend noch den Ist-Zustand ermitteln und den Soll-Zustand beschreiben.

el⟩ Θα πρέπει στο τέλος να προσδιορίσουμε την πραγματική κατάσταση και να περιγράψουμε την επιθυμητή κατάσταση.

es⟩ Por último, tenemos que determinar el estado real y describir el estado teórico.

pl⟩ Na koniec musimy jeszcze ustalić stan rzeczywisty i opisać stan wymagany.

ro⟩ În final noi va trebui să stabilim starea reală și să descriem starea nominală.

J35 Was ist aus den Plänen für die neue automatisierte Produktionslinie geworden?

el⟩ Τι απέγινε με τα σχέδια για τη νέα αυτοματοποιημένη γραμμή παραγωγής;

es⟩ ¿Qué ha sido de los planes para la nueva línea de producción automatizada?

pl⟩ Co z planami na zautomatyzowaną linię produkcyjną?

ro⟩ Ce s-a ales din planurile pentru noua linie automată de producție?

J36 **Daraus ist leider noch nichts geworden. Wir müssen erst noch die Einsatzmöglichkeiten prüfen.**

⒠ Δυστυχώς ακόμα τίποτα. Θα πρέπει πρώτα να εξετάσουμε τις δυνατότητες εφαρμογής.

⒫ Niestety nic z tego nie wyszło. Musimy najpierw sprawdzić możliwości zastosowania.

⒠ Por desgracia, aún no se han hecho realidad. Primero tenemos que comprobar las posibilidades de uso.

⒭ Încă nu s-a realizat nimic. Noi trebuie mai întâi să verificăm posibilitățile de aplicare.

J37 **Was denken Sie, sollten wir in unser Angebot auch Leasingmaschinen aufnehmen?**

⒠ Πιστεύετε ότι θα πρέπει να προσφέρουμε και μηχανές με χρηματοδοτική μίσθωση;

⒫ Co pan/pani sądzi o tym, żeby włączyć do naszej oferty również maszyny leasingowe?

⒠ ¿Qué opina, deberíamos incluir también el leasing de máquinas en nuestra oferta?

⒭ Ce credeți, în oferta noastră putem introduce și mașini în Leasing?

J38 **Ich denke, das ist eine gute Alternative zum Gerätekauf.**

⒠ Πιστεύω ότι αυτό είναι μια καλή εναλλακτική σε σχέση με την αγορά των μηχανημάτων.

⒫ Uważam, że jest to dobra alternatywa wobec kupna urządzeń.

⒠ Creo que es una buena alternativa a la compra de equipos.

⒭ Eu cred că nu este o alternativă bună la cumpărarea unui utilaj.

J39 **Bei der Materialauswahl und der Fertigungsgenauigkeit sollten wir Experten hinzuziehen.**

⒠ Για την επιλογή των υλικών και την ακρίβεια της παραγωγής θα πρέπει να συμβουλευτούμε ειδικούς.

⒫ Jeśli chodzi o wybór materiałów i precyzję wykonania, to powinniśmy zasięgnąć porady ekspertów.

⒠ Deberíamos consultar a expertos para seleccionar el material y garantizar la precisión de la producción.

⒭ Pentru selecția materialului și precizia de fabricație va trebui să aducem experți.

J40 Bei der Herstellung der Handbücher für unsere Maschinen dürfen wir die technischen Unterlagen nicht vergessen.

(el) Δεν θα πρέπει να ξεχάσουμε τα τεχνικά έγγραφα κατά την παραγωγή των εγχειριδίων για τις μηχανές μας.

(pl) Przy tworzeniu instrukcji obsługi dla naszych maszyn nie możemy zapomnieć o dokumentacji technicznej.

(es) No podemos olvidarnos de los documentos técnicos para elaborar los manuales de nuestras máquinas.

(ro) La pregătirea manualelor de utilizare pentru mașinile noastre, nu avem voie să uităm documentația tehnică.

J41 Wie können wir das Korrosionsproblem bei unseren Gasturbinen beheben?

(el) Πώς μπορούμε να λύσουμε το πρόβλημα διάβρωσης στους αεριοστροβίλους;

(pl) Jak możemy wyeliminować problem korozji w naszych turbinach gazowych?

(es) ¿Cómo podemos solucionar el problema de corrosión en nuestras turbinas de gas?

(ro) Cum putem să eliminăm problema coroziunii la turbinele noastre de gaz?

J42 Wir sollten die Beschichtung der Schaufeln ersetzen.

(el) Θα πρέπει να αντικαταστήσουμε την επίστρωση των πτερυγίων.

(pl) Powinniśmy zmienić materiał, którym powlekane są łopaty.

(es) Deberíamos cambiar el revestimiento de las paletas.

(ro) Noi am putea înlocui acoperirea de protecție a paletelor.

Informatik

(el) Πληροφορική

(pl) Informatyka

(es) Informática

(ro) Informatica

K01 Unsere Abteilung hat den Auftrag, Softwarebausteine für eine Robotersimulation zu entwickeln.

(el) Το τμήμα μας έχει αναλάβει την ανάπτυξη μερών λογισμικού για προσομοίωση με ρομπότ.

(es) Nuestro departamento se encarga de desarrollar módulos de software para una simulación robótica.

pl⟩ Nasz dział otrzymał zlecenie, aby opracować komponenty oprogramowania do symulacji robotów.

ro⟩ Secția noastră are sarcina să dezvolte unități Software pentru o simulare cu robot.

K02 **Das ist ein interessanter Auftrag. Welche Aufgabe soll ich dabei übernehmen?**

el⟩ Αυτό το έργο είναι πολύ ενδιαφέρον. Ποια εργασία θα θέλατε να αναλάβω;

pl⟩ Brzmi interesująco. Jakie jest przy tym moje zadanie?

es⟩ Es una misión interesante. ¿Cuál es mi cometido?

ro⟩ Aceasta este o comandă interesantă. Ce sarcini îmi revin mie din această lucrare?

K03 **Sie könnten zunächst einmal ein Fachkonzept erstellen und festlegen, welche Operationen der Roboter ausführen soll.**

el⟩ Θα μπορούσατε αρχικά να καταρτίσετε ένα ειδικό σχέδιο και να προσδιορίσετε ποιες λειτουργίες θα εκτελεί το ρομπότ.

pl⟩ Może pan/pani na początek przygotować projekt i określić, jakie operacje powinien wykonywać robot.

es⟩ En primer lugar podría elaborar un concepto especializado y determinar qué operaciones debe ejecutar el robot.

ro⟩ Dumneavoastră ați putea mai întâi să concepeți și să stabiliți un concept referitor la operațiile care vor fi executate de robot.

K04 **Gut, ich werde eine Planungsskizze anfertigen.**

el⟩ Ωραία, θα φτιάξω ένα σχέδιο.

pl⟩ Dobrze, zaraz przygotuję szkic plan.

es⟩ Bien, haré un boceto de planificación.

ro⟩ Bine, eu voi executa o schiță plan.

K05 **Welchen Fenstermanager halten Sie für geeignet?**

el⟩ Ποιο Window-Manager θεωρείτε κατάλληλο για αυτό;

pl⟩ Który Window Manager uważa pan/pani za odpowiedni?

es⟩ ¿Qué gestor de ventanas considera adecuado?

ro⟩ Care administrator ferestre considerați că este adecvat?

K06 **Ich denke, dass der Fenstermanager *BoxOpen* gut geeignet ist.**

el⟩ Πιστεύω ότι το Window-Manager *BoxOpen* είναι κατάλληλο.

es⟩ Creo que el gestor de ventanas *BoxOpen* es apropiado.

pl> Uważam, że Window Manager *BoxOpen* byłby tu wskazany.

ro> Eu cred că administrator ferestre *BoxOpen* este cel mai adecvat.

K07 Sehen Sie Vorteile in grafischen Benutzeroberflächen?

el> Βλέπετε να υπάρχουν πλεονεκτήματα στις γραφικές επιφάνειες χρήστη;

es> ¿Ve ventajas en las interfaces gráficas de usuario?

pl> Czy widzi pan/pani zalety w graficznych interfejsach użytkownika?

ro> Vedeți avantaje în interfețele grafice?

K08 Ja, durchaus. Grafische Benutzeroberflächen sind übersichtlich aufgebaut.

el> Ναι, σίγουρα. Οι γραφικές επιφάνειες χρήστη έχουν μία κατανοητή δομή.

es> Sí, por supuesto. Las interfaces gráficas de usuario tienen una estructura clara.

pl> Tak, jak najbardziej. Uważam graficzne interfejsy użytkownika za przejrzyste.

ro> Da, interfețele grafice sunt structurate clar.

K09 Die Einführung von Touchscreen-Monitoren erleichtert die intuitive Bedienung.

el> Η εισαγωγή οθονών αφής διευκολύνει τον αυθόρμητο χειρισμό.

es> La introducción de monitores con pantalla táctil facilita el manejo intuitivo.

pl> Wprowadzenie monitorów dotykowych ułatwia intuicyjną obsługę urządzenia.

ro> Introducerea monitoarelor Touch-Screen ușurează comanda intuitivă.

K10 Sollten wir neben der zentralen Benutzerverwaltung auch abteilungsspezifische Gruppen einrichten?

el> Μήπως θα έπρεπε, εκτός από την κεντρική διαχείριση χρηστών, να δημιουργήσουμε και ομάδες ανάλογα με το εκάστοτε τμήμα;

es> Además de la gestión de usuarios centralizada, ¿deberíamos crear grupos específicos por departamento?

(pl) Czy powinniśmy oprócz central-
nego zarządzania użytkowni-
kami, utworzyć również specy-
ficzne grupy dla każdego
działu?

(ro) Ar trebui ca pe lângă administra-
rea centralizată pentru utilizator
să amenajăm şi grupe specifice
secțiilor?

K11 Ja, das wäre für unsere Administration eine Erleichterung, da wir
über 100 Benutzer haben.

(el) Ναι, αυτό θα ήταν μια διευκό-
λυνση για τους διαχειριστές
μας, επειδή έχουμε περισσότερους από 100 χρήστες.

(es) Sí, sería de gran ayuda para
nuestra administración, ya que
tenemos más de 100 usuarios.

(pl) Tak, byłoby to dla naszej admi-
nistracji ułatwieniem, ponieważ
mamy ponad 100 użytkowni-
ków.

(ro) Da, aceasta ar fi o uşurare pentru administrația noastră, deoarece noi avem peste 100 de uti-
lizatori.

K12 Standardeinstellungen tragen zur Vereinheitlichung bei.

(el) Τυποποιημένες ρυθμίσεις συμ-
βάλλουν στην ομοιογενοποίηση.

(es) Los ajustes estandarizados faci-
litan la unificación.

(pl) Standardowe ustawienia ujedno-
licają całość.

(ro) Setările standard contribuie la o
administrare mai uşoară.

K13 Woran arbeiten Sie gerade genau, Frau Jakobowski?

(el) Πάνω σε τι δουλεύετε αυτή τη
στιγμή, κυρία Γιακομπόφσκι;

(es) ¿En qué está trabajando ahora
mismo, señora Jakobowski?

(pl) Nad czym pani aktualnie pracuje, pani Jakobowski?

(ro) La ce lucrați momentan doamna
Jakobowski?

K14 Ich bin mit der Entwicklung eines hochmodernen Sensornetzes
beauftragt und habe alles genau dokumentiert.

(el) Ασχολούμαι με την ανάπτυξη
ενός υπερσύγχρονου δικτύου
αισθητήρων και έχω τεκμηριώ-
σει τα πάντα με απόλυτη ακρίβεια.

(es) Me encargo de desarrollar una
red de sensores muy novedosa
y he documentado todo en detalle.

(pl) Zlecono mi opracowanie ultrano-
woczesnej sieci sensorowej i
dlatego wszystko dokładnie
udokumentowałam.

(ro) Eu am fost însărcinată cu dezvoltarea unei rețele ultramo-
derne de senzori şi am docu-
mentat totul exact.

K15 **Haben Sie sich schon Gedanken über die Gestaltung unserer Webseite gemacht?**

> (el) Έχετε ήδη κάνει σκέψεις για τη διαμόρφωση της ιστοσελίδας μας;
>
> (pl) Czy myślała pani już nad tym, jak ma wyglądać nasza strona internetowa?

> (es) ¿Ha pensado ya en algo sobre el diseño de nuestra página web?
>
> (ro) V-ați gândit deja la designul site-ului nostru?

K16 **Die Struktur und Gestaltung der Webseite sollte nutzerfreundlich sein.**

> (el) Η δομή και η διαμόρφωση της ιστοσελίδας θα πρέπει να είναι φιλική προς τον χρήστη.
>
> (pl) Struktura i układ strony internetowej powinny być przyjazne dla użytkownika.

> (es) La estructura y el diseño de la página web deberían ser fáciles de utilizar.
>
> (ro) Structura și designul site-ului trebuie să fie ușor de utilizat.

K17 **Webapplikationen werden in die Prozesse unseres Unternehmens eingebunden.**

> (el) Οι εφαρμογές ιστού εντάσσονται στις διαδικασίες της εταιρείας μας.
>
> (pl) Aplikacje internetowe zostaną zastosowane w procesach naszej firmy.

> (es) Las aplicaciones web están integradas en los procesos de nuestra empresa.
>
> (ro) Aplicațiile web vor fi incluse în procesele firmei noastre.

K18 **Wie kann die Webapplikation bei der Problemlösung helfen?**

> (el) Πως μπορεί να βοηθήσει η εφαρμογή ιστού στη λύση προβλημάτων;
>
> (pl) W jaki sposó aplikacja może być pomocna przy rozwiązywaniu problemów?

> (es) ¿Cómo puede ayudar la aplicación web a solucionar el problema?
>
> (ro) Cum poate ajuta o aplicație web la rezolvarea problemei?

K19 **Unsere Firma verwendet Cloud Computing für eine flexible Datenverarbeitung.**

> (el) Η εταιρεία μας χρησιμοποιεί
>
> (es) Nuestra empresa utiliza la com-

νεφελοειδή υπολογιστικά
συστήματα για μια ευέλικτη επεξεργασία δεδομένων.

putación en la nube para procesar los datos de forma flexible.

pl⟩ Nasza firma stosuje Cloud Computing dla elastycznego przetwarzania danych.

ro⟩ Firma noastră utilizează Cloud
Computing pentru o prelucrare
flexibilă a datelor.

K20 Welche Methode des Softwareengineering setzen Sie ein?

el⟩ Ποια μέθοδο μηχανικής λογισμικού χρησιμοποιείτε;

es⟩ ¿Qué métodos de ingeniería de
software utilizan?

pl⟩ Jaką metodę inżynierii oprogramowania stosujecie państwo?

ro⟩ Ce metode de inginerie Software utilizați?

K21 Wir verwenden die agile Methode *Scrum.*

el⟩ Χρησιμοποιούμε την ευέλικτη
μεθοδολογία *Scrum.*

es⟩ Utilizamos la metodología ágil
Scrum.

pl⟩ Stosujemy metodę *Scrum.*

ro⟩ Noi utilizăm metoda agilă
Scrum.

K22 Können wir bei dem Projekt auf Standardsoftware zurückgreifen?

el⟩ Μπορούμε να χρησιμοποιήσουμε στα πλαίσια του έργου
τυποποιημένο λογισμικό;

es⟩ ¿Podemos recurrir a software
estándar para el proyecto?

pl⟩ Czy możemy w danym projekcie
wykorzystać standardowe
oprogramowanie?

ro⟩ La proiectare vom putea să
revenim la soft-ul standard?

K23 Ja, das geht, aber wir müssen die Software für unsere Anforderungen konfigurieren.

el⟩ Ναι, μπορούμε, αλλά θα πρέπει
να ρυθμίσουμε το λογισμικό
σύμφωνα με τις απαιτήσεις μας.

es⟩ Sí, pero tenemos que configurar
el software según nuestras
necesidades.

pl⟩ Tak, jest to możliwe, ale
musimy skonfigurować to oprogramowanie odpowiednio do
naszych wymagań.

ro⟩ Da, dar noi trebuie să configu-
răm soft-ul pentru cerințele
noastre.

Neu im Unternehmen

(el) Ξεκίνημα στην εταιρεία
(pl) Bycie nowym w firmie
(es) Nuevo/-a en la empresa
(ro) Nou în companie

Reden Sie Ihre Kollegen zunächst mit dem formellen *Sie* an. Der Ranghöhere in der Firma darf das Du anbieten. Auf eine Titelanrede (z. B. *Frau Doktor Berger*) wird nicht immer Wert gelegt, doch es ist empfehlenswert, den Titel zumindest anfangs zu berücksichtigen. Die angesprochene Person kann dann selber signalisieren, ob sie lieber ohne Titel angeredet werden möchte.

Wangenküsse und Umarmungen sind im Arbeitsumfeld von Ingenieuren nicht üblich. Die Körpersprache ist eher ruhig und es wird wenig gestikuliert. Denken Sie daran, dass bestimmte Gesten, wie zum Beispiel ausgestreckte Finger, in verschiedenen Ländern unterschiedliche Dinge bedeuten können.

Kollegen begrüßen

ⓔⓛ Χαιρετισμός συναδέλφων   ⓔⓢ Saludar a los compañeros

ⓟⓛ Witamy się z kolegami   ⓡⓞ Salutarea colegilor

L01 Im Namen unseres Unternehmens darf ich Sie herzlich begrüßen, Herr Radu.

ⓔⓛ Σας καλωσορίζω στο όνομα της εταιρείας μας, κύριε Ραντού.

ⓔⓢ Le doy cordialmente la bienvenida en nombre de nuestra empresa, señor Radu.

ⓟⓛ W imieniu naszej firmy chciałabym pana serdecznie powitać, panie Radu.

ⓡⓞ În numele companiei noastre permiteţi-mi să vă salut din inimă, domnule Radu.

L02 Vielen Dank für den netten Empfang, Frau Steiner.

ⓔⓛ Σας ευχαριστώ για τη θερμή υποδοχή, κυρία Στάινερ.

ⓔⓢ Muchas gracias por la amable bienvenida, señora Steiner.

ⓟⓛ Bardzo dziękuję za to miłe powitanie, pani Steiner.

ⓡⓞ Mulţumesc pentru primirea călduroasă, doamnă Steiner.

L03 Sie sind Herr Radu, nicht wahr? Schön, dass Sie unser Team verstärken.

ⓔⓛ Είστε ο κύριος Ραντού, σωστά;

ⓔⓢ ¿Usted es el señor Radu, no?

Χαίρομαι που θα ενισχύσετε την ομάδα μας.

(pl) Mam przyjemność z panem Radu, prawda? Cieszę się, że dołączy pan do naszego zespołu.

Me alegro de que se una a nuestro equipo.

(ro) Dumneavoastră sunteţi domnul Radu, nu-i aşa? Mă bucur că vă alăturaţi echipei noastre.

L04 Ich freue mich auch sehr darüber.

(el) Και εγώ χαίρομαι πολύ.

(pl) Ja również bardzo się z tego powodu cieszę.

(es) Yo también me alegro mucho.

(ro) Şi eu mă bucur foarte mult.

L05 Auf eine gute Zusammenarbeit!

(el) Στην καλή μας συνεργασία!

(pl) Żeby nam się dobrze razem pracowało!

(es) ¡Espero que trabajemos bien juntos!

(ro) Pentru o bună colaborare!

L06 Herzlichen Dank für den freundlichen Empfang!

(el) Σας ευχαριστώ πολύ για τη θερμή υποδοχή!

(pl) Serdecznie dziękuję za tak miłe przyjęcie!

(es) ¡Muchas gracias por la cálida bienvenida!

(ro) Mulţumesc pentru primirea prietenoasă!

Verständnis sichern

(el) Διασφάλιση κατανόησης

(pl) Upewniamy się, że dobrze zrozumieliśmy

(es) Preguntar y comprender

(ro) Asigurarea înţelegerii

L07 Darf ich hier noch einmal nachfragen?

(el) Θα μπορούσα να σας ρωτήσω κάτι ακόμα;

(pl) Czy mogę tu raz jeszcze zapytać?

(es) ¿Puedo preguntar otra vez al respecto?

(ro) Pot să întreb aici încă o dată?

L08 Würden Sie mir bitte den Vorgang noch einmal erklären?

(el) Θα μπορούσατε να μου εξηγήσετε πάλι τη διαδικασία;

(es) ¿Me explicaría de nuevo el procedimiento, por favor?

ⓟ Czy może mi pan/pani wytłuma-   ⓡ Puteți să-mi explicați procesul
czyć jeszcze raz tę operację?   încă o dată?

L09 Ja, natürlich.

ⓔ Ναι, φυσικά.   ⓔ Sí, por supuesto.
ⓟ Tak, naturalnie.   ⓡ Da, bineînțeles.

L10 Bitte noch einmal von vorne, ich habe das nicht verstanden.

ⓔ 'Άλλη μια φορά από την αρχή   ⓔ Otra vez desde el principio, por
παρακαλώ, δεν το κατάλαβα.   favor, no lo he entendido.
ⓟ Proszę jeszcze raz od początku,   ⓡ Vă rog încă o dată de la înce-
nie zrozumiałem/zrozumiałam   put, eu nu am înțeles.
tego.

L11 Kein Problem, wir gehen alles noch mal durch.

ⓔ Κανένα πρόβλημα, θα τα ξανα-   ⓔ No hay problema, lo repetire-
δούμε όλα.   mos todo otra vez.
ⓟ Nie ma problemu, jeszcze raz   ⓡ Nicio problemă, noi reluăm totul
wszystko omówimy.   încă o dată.

L12 Tut mir leid, diesen Begriff höre ich heute zum ersten Mal. Was ist das?

ⓔ Συγγνώμη, αλλά πρώτη φορά   ⓔ Lo siento, es la primera vez que
ακούω τον όρο αυτό σήμερα. Τι   escucho este término. ¿Qué es?
είναι αυτό;
ⓟ Przykro mi, ale tego rodzaju   ⓡ Îmi pare rău, această noțiune o
słowo słyszę dzisiaj po raz pier-   aud azi pentru prima oară. Ce
wszy. Co to jest?   este asta?

L13 Könnten Sie das bitte buchstabieren?

ⓔ Θα μπορούσατε να μου πείτε   ⓔ ¿Podría deletrearlo, por favor?
πως γράφεται;
ⓟ Czy może mi pan/pani to przeli-   ⓡ Ați putea vă rog să silabisiți
terować?   cuvântul?

L14 Wie spricht man das aus?

ⓔ Πώς προφέρεται;   ⓔ ¿Cómo se pronuncia?
ⓟ Jak to się wymawia?   ⓡ Cum se pronunță asta?

L15 Können Sie mir folgen?

- (el) Με παρακολουθείτε;
- (pl) Czy nadąża pan/pani za mną?
- (es) ¿Puede seguirme?
- (ro) Puteți să mă urmăriți?

L16 Danke, jetzt habe ich alles verstanden.

- (el) Ευχαριστώ, τώρα τα κατάλαβα όλα.
- (pl) Dziękuję, teraz wszystko zrozumiałem/zrozumiałam.
- (es) Gracias, ahora ya lo he entendido todo.
- (ro) Mulțumesc, acum am înțeles totul.

L17 Gut, dann habe ich das also richtig verstanden.

- (el) Ωραία, τότε το κατάλαβα σωστά.
- (pl) Ok, więc dobrze to zrozumiałem/zrozumiałam.
- (es) Bien, entonces lo he entendido correctamente.
- (ro) Bine, atunci am înțeles corect.

L18 Welche Arbeitsaufgaben umfasst mein Tätigkeitsgebiet?

- (el) Ποια καθήκοντα περιλαμβάνει ο τομέας δραστηριοτήτων μου;
- (pl) Jakie zadania należą do moich obowiązków?
- (es) ¿Qué tareas abarca mi ámbito de actividad?
- (ro) Ce sarcini sunt cuprinse în domeniul meu de activitate?

L19 Ihr Aufgabenbereich umfasst vor allem die Projektierung technischer Systeme.

- (el) Ο τομέας των καθηκόντων σας περιλαμβάνει κυρίως την υλοποίηση σχεδίων τεχνικών συστημάτων.
- (pl) Pana/Pani zakres zadań obejmuje przede wszystkim projektowanie systemów technicznych.
- (es) Su área de responsabilidad abarca sobre todo la planificación de sistemas técnicos.
- (ro) Domeniul dumneavoastră de activitate cuprinde înainte de toate proiectarea sistemelor tehnice.

Zuständigkeiten und Ansprechpartner

el⟩ Αρμοδιότητες και αρμόδιοι επικοινωνίας

es⟩ Responsabilidades y personas de contacto

pl⟩ Zakres obowiązków i osoby kontaktowe

ro⟩ Responsabilități și persoana de contact

L20 Wer ist für ... zuständig?

el⟩ Ποιος είναι αρμόδιος για...;

es⟩ ¿Quién es el/la responsable de...?

pl⟩ Kto jest odpowiedzialny za ...?

ro⟩ Cine este responsabil/-ă pentru ...?

L21 Sie können sich an einen Mitarbeiter der Abteilung M088 wenden.

el⟩ Μπορείτε να απευθυνθείτε σε συνάδελφο του τμήματος M088.

es⟩ Puede dirigirse a un empleado del departamento M088.

pl⟩ Może się pan zwrócić do pracownika działu M088.

ro⟩ Puteți să vă adresați unui angajat de la secția M088.

L22 Können Sie mir einen Ansprechpartner für ... nennen?

el⟩ Μπορείτε να μου πείτε ποιος είναι ο αρμόδιος επικοινωνίας για...

es⟩ ¿Puede recomendarme a una persona de contacto para...?

pl⟩ Czy może mi pan/pani podać, kto jest osobą kontaktową dla ...?

ro⟩ Puteți să-mi nominalizați o persoană de contact pentru ...?

L23 An wen kann ich mich wenden, wenn das Internet nicht funktioniert?

el⟩ Σε ποιον μπορώ να απευθυνθώ σε περίπτωση που το διαδίκτυο δεν λειτουργεί;

es⟩ ¿A quién puedo dirigirme si no funciona internet?

pl⟩ Do kogo mogę się zwrócić, kiedy nie działa internet?

ro⟩ La cine mă pot adresa dacă internetul nu funcționează?

L24 Frau Alfaro ist verantwortlich für das Netzwerk.

el⟩ Η κυρία Αλφάρο είναι υπεύθυνη για το δίκτυο.

es⟩ La señora Alfaro es la responsable de la red.

pl⟩ Pani Alfaro jest odpowiedzialna za sieć.

ro⟩ Doamna Alfaro este responsabilă pentru reţea.

L25 Sie können sich an Frau Alfaro wenden.

el⟩ Μπορείτε να απευθυνθείτε στην κυρία Αλφάρο.

pl⟩ Może się pan/pani zwrócić do pani Alfaro.

es⟩ Puede dirigirse a la señora Alfaro.

ro⟩ Puteţi să vă adresaţi doamnei Alfaro.

L26 Ich habe hier ein technisches Problem. Wen frage ich da am besten?

el⟩ Έχω ένα τεχνικό πρόβλημα εδώ. Σε ποιον πρέπει να απευθυνθώ;

pl⟩ Mam tutaj techniczny problem. Kogo mam najlepiej zapytać?

es⟩ Tengo un problema técnico. ¿A quién es mejor que le pregunte?

ro⟩ Eu am aici o problemă tehnică. Cui mă pot adresa?

L27 Die Lösung technischer Probleme übernehmen die Mitarbeiter in der Abteilung T08.

el⟩ Οι συνάδελφοι του τμήματος T08 αναλαμβάνουν τη επίλυση των τεχνικών προβλημάτων.

pl⟩ Rozwiązywanie problemów technicznych należy do pracowników działu T08.

es⟩ Los empleados del departamento T08 se encargan de solucionar los problemas técnicos.

ro⟩ Rezolvarea problemelor tehnice sunt preluate de angajatul din secţia T08.

L28 Wer stellt den Kontakt zu den Zulieferern her?

el⟩ Ποιος έρχεται σε επαφή με τους προμηθευτές;

pl⟩ Kto nawiązuje kontakty z dostawcami?

es⟩ ¿Quién contacta con los proveedores?

ro⟩ Cine stabileşte contactul cu furnizorul?

L29 Am besten fragen Sie in unserem Hauptbüro nach.

el⟩ Ρωτήστε καλύτερα στα κεντρικά μας γραφεία.

pl⟩ Najlepiej, jeśli pan/pani zapyta w naszym głównym biurze.

es⟩ Es mejor que pregunte en nuestra oficina central.

ro⟩ Cel mai bine întrebaţi la biroul nostru principal.

L30 Wer ist Ansprechpartner für die technischen Sicherheitssysteme?

(el) Ποιος είναι αρμόδιος για τα τεχνικά συστήματα ασφαλείας;

(es) ¿Quién es la persona de contacto para los sistemas técnicos de seguridad?

(pl) Kto jest osobą kontaktową, jeśli chodzi o techniczne systemy bezpieczeństwa?

(ro) Cine este persoana de contact pentru sistemele tehnice de securitate?

L31 Hierfür sind die Mitarbeiter der Abteilung TeSi zuständig.

(el) Οι συνάδελφοι του τμήματος TeSi είναι αρμόδιοι για αυτό.

(es) Los responsables de ello son los empleados del departamento TeSi.

(pl) Za to są odpowiedzialni pracownicy działu TeSi.

(ro) Responsabili pentru asta sunt angajații de la secția TeSi.

L32 Für juristische Fragen ist unser Hausjurist, Herr Wollmann, zuständig.

(el) Ο κύριος Βόλμαν είναι ο δικηγόρος της εταιρείας μας και αρμόδιος για νομικά θέματα.

(es) El jurista de la empresa, el señor Wollmann, es el responsable de las cuestiones legales.

(pl) Pytania prawne należy kierować do naszego adwokata, pana Wollmanna.

(ro) Pentru problemele juridice este responsabil juristul nostru, domnul Wollmann.

L33 Welche Abteilung führt Analysen zum Verkauf durch?

(el) Ποιο τμήμα διεξάγει αναλύσεις πωλήσεων;

(es) ¿Qué departamento hace los análisis de ventas?

(pl) Który z działów przeprowadza analizy sprzedaży?

(ro) Care departament efectuează analiza de vânzare?

L34 Welche Aufgabenbereiche werden von der IT-Abteilung übernommen?

(el) Ποιους τομείς αναλαμβάνει το τμήμα τεχνολογίας πληροφοριών;

(es) ¿Cuáles son los ámbitos de responsabilidad del departamento de informática?

(pl) Co wchodzi w zakres zadań działu IT?

(ro) Ce sarcini vor fi preluate de către secția IT?

L35 Die IT übernimmt folgende Aufgaben: ...

el> Το τμήμα IT έχει τα ακόλουθα καθήκοντα:...

es> El departamento de informática se encarga de las siguientes tareas:...

pl> Dział IT przejmuje następujące zadania: ...

ro> Secția IT va prelua următoarele sarcini ...

Wo befindet sich ...?

el> Πού βρίσκεται...;

es> ¿Dónde está...?

pl> Gdzie znajduje się ...?

ro> Unde se găsește ...?

M01 Die Küche befindet sich im Erdgeschoss.

el> Η κουζίνα βρίσκεται στο ισόγειο.

es> La cocina está en la planta baja.

pl> Kuchnia znajduje się na parterze.

ro> Bucătăria se găsește la parter.

M02 Gibt es in der Küche einen Kaffeeautomaten?

el> Υπάρχει στην κουζίνα καφετιέρα;

es> ¿Hay máquina de café en la cocina?

pl> Czy w kuchni jest automat do kawy?

ro> În bucătărie există un automat de cafea?

M03 Ja, ich zeige Ihnen, wie man ihn bedient.

el> Ναι. Θα σας δείξω πώς λειτουργεί.

es> Sí, le enseño cómo servirse.

pl> Tak, pokażę panu/pani, jak się go obsługuje.

ro> Da, eu vă arăt cum trebuie utilizat.

M04 Sie finden die Kantine in dem Anbau aus Glas, gleich neben dem Eingangsbereich.

el> Το εστιατόριο βρίσκεται στην επέκταση με τις τζαμαρίες, ακριβώς δίπλα στον χώρο υποδοχής.

es> El comedor está en el anexo de cristal, justo al lado de la zona de recepción.

89

⟨pl⟩ Stołówkę znajdzie pan/pani w przybudówce ze szkła, zaraz obok wejścia.

⟨ro⟩ Veți găsi cantina în clădirea din sticlă, imediat lângă zona de intrare.

M05 Wann hat die Kantine geöffnet?

⟨el⟩ Πότε είναι ανοιχτό το εστιατόριο;

⟨es⟩ ¿Cuándo abre el comedor?

⟨pl⟩ Jakie są godziny otwarcia stołówki?

⟨ro⟩ Când este deschisă cantina?

M06 Es gibt auch noch eine Cafeteria.

⟨el⟩ Υπάρχει και μια καφετέρια.

⟨es⟩ También hay una cafetería.

⟨pl⟩ Mamy jeszcze też kafeterię.

⟨ro⟩ Există și o cofetărie.

M07 Wo finden die wöchentlichen Besprechungen statt?

⟨el⟩ Που γίνονται οι εβδομαδιαίες συναντήσεις;

⟨es⟩ ¿Dónde se celebran las reuniones semanales?

⟨pl⟩ Gdzie mają miejsce cotygodniowe zebrania?

⟨ro⟩ Unde se desfășoară ședințele săptămânale?

M08 Unsere Besprechungen finden in Raum 232 statt.

⟨el⟩ Οι συναντήσεις μας γίνονται στην αίθουσα 232.

⟨es⟩ Nuestras reuniones se celebran en la sala 232.

⟨pl⟩ Nasze zebrania mają miejsce w pokoju 232.

⟨ro⟩ Ședințele noastre se desfășoară în sala 232.

M09 Wo ist der Kopierraum?

⟨el⟩ Πού είναι ο χώρος του φωτοτυπικού;

⟨es⟩ ¿Dónde está la sala de fotocopias?

⟨pl⟩ Gdzie jest pomieszczenie do kopiowania?

⟨ro⟩ Unde se află camera copiatoarelor?

M10 Im ersten Stock, am Ende des Korridors.

⟨el⟩ Στον πρώτο όροφο, στο τέλος του διαδρόμου.

⟨es⟩ En la primera planta, al final del pasillo.

⟨pl⟩ Na pierwszym piętrze, na końcu korytarza.

⟨ro⟩ La primul etaj, la capătul coridorului.

M11 In welche Abteilung möchten Sie?

el> Σε ποιο τμήμα θέλετε να πάτε;

es> ¿A qué departamento le gustaría ir?

pl> Do jakiego działu się pan/pani wybiera?

ro> În ce secţie doriţi să mergeţi?

M12 Ich möchte zur Personalabteilung.

el> Θέλω να πάω στο τμήμα προσωπικού.

es> Quiero ir al departamento de personal.

pl> Do działu personalnego.

ro> Eu doresc să merg la serviciul personal.

M13 Wo befindet sich die Instandhaltungswerkstatt?

el> Πού βρίσκεται το συνεργείο συντήρησης;

es> ¿Dónde está el taller de mantenimiento?

pl> Gdzie znajduje się warsztat remontowy?

ro> Unde se află atelierul de întreţinere?

M14 Sie finden sie im Seitenbau dieses Gebäudes in der 11. Etage, Raum 1118.

el> Βρίσκεται στην πλαϊνή πτέρυγα του κτηρίου στο 11ο όροφο, αίθουσα 1118.

es> Está en el edificio al lado de este, en la planta 11, sala 1118.

pl> Znajdzie go pan/pani z boku tego budynku na 11 piętrze, pokój 1118.

ro> Aceasta se găseşte în anexa laterală a acestei clădiri la etajul 11, camera 1118.

Fragen zur Ausstattung

el> Ερωτήσεις σχετικά με τον εξοπλισμό

es> Preguntas sobre el equipamiento

pl> Pytania odnośnie wyposażenia

ro> Întrebări despre echipament

M15 Ihren Mantel könnten Sie im Eingangsbereich aufhängen.

el> Μπορείτε να κρεμάσετε το παλτό σας στον χώρο υποδοχής.

es> Puede colgar su abrigo en la zona de recepción.

(pl) Płaszcz może pan/pani powie-
sić przy wejściu.

(ro) Puteţi să vă lăsaţi mantaua în
zona de recepţie.

M16 Gibt es hier Schränke für persönliche Dinge?

(el) Υπάρχουν ερμάρια για την
φύλαξη προσωπικών αντικειμέ-
νων;

(es) ¿Aquí hay taquillas para objetos
personales?

(pl) Czy są tutaj szafki na rzeczy
osobiste?

(ro) Există aici dulapuri pentru
lucruri personale?

M17 Nein, Schränke stehen unseren Mitarbeitern nicht zur Verfügung, Sie können aber ein Schließfach beantragen.

(el) Όχι, δεν υπάρχουν ερμάρια για
τους εργαζόμενούς μας. Μπορείτε όμως να κάνετε αίτηση
για μια θυρίδα.

(es) No, nuestros empleados no disponen de taquillas, pero puede
pedir una caja fuerte.

(pl) Nie, nasi pracownicy nie posiadają szafek. Może pan/pani
wystąpić o przyznanie schowka.

(ro) Nu, angajaţii nu dispun de dulapuri. Dumneavoastră puteţi să
solicitaţi un dulăpior.

M18 Die Schließfächer sind im Erdgeschoss. Einen Schlüssel können Sie beim Hausmeister bekommen.

(el) Οι θυρίδες βρίσκονται στο ισόγειο. Μπορείτε να πάρετε το
κλειδί από τον επιστάτη.

(es) Las cajas fuertes están en la
planta baja. Puede pedirle una
llave al conserje.

(pl) Schowki znajdują się na parterze. Kluczyk jest do odebrania
u dozorcy.

(ro) Dulăpioarele se află la parter.
Puteţi primi o cheie de la îngriji-
tor.

M19 Im Erdgeschoss gibt es auch einen Duschraum für Mitarbeiter.

(el) Στο ισόγειο υπάρχει και χώρος
με ντουζιέρες για τους εργαζόμενους.

(es) En la planta baja también hay
un cuarto de duchas para los
empleados.

(pl) Na parterze znajdują się również prysznice dla pracowników.

(ro) La parter există şi o cameră de
duş pentru angajaţi.

M20 Wie sieht es mit der IT-Ausstattung in der Firma aus?

(el) Πώς είναι ο εξοπλισμός ΙΤ της
εταιρείας;

(es) ¿Qué me puede decir del equipamiento informático de la
empresa?

pl⟩ Jak wygląda wyposażenie IT w tej firmie?

ro⟩ Care este situaţia cu echipamentul IT din companie?

M21 Welche Software steht mir zur Verfügung?

el⟩ Ποιο λογισμικό έχω στη διάθεσή μου;

pl⟩ Z jakiego oprogramowania mogę korzystać?

es⟩ ¿De qué software dispongo?

ro⟩ Ce software mi-a fost pus la dispoziţie?

M22 Unseren Mitarbeitern wird eine aktuelle IT-Arbeitsumgebung zur Verfügung gestellt.

el⟩ Στους εργαζόμενούς μας παρέχεται ένα σύγχρονο περιβάλλον IT.

pl⟩ Nasi pracownicy mogą korzystać z nowoczesnego otoczenia IT.

es⟩ Nuestros empleados disponen de un entorno de trabajo informático actual.

ro⟩ Angajaţii noştrii dispun de echipament IT actual.

M23 Bekomme ich auch ein Tablet oder Laptop für die Arbeit unterwegs?

el⟩ Θα πάρω και τάμπλετ ή κάποιον φορητό υπολογιστή για την εργασία μου εκτός της εταιρείας;

pl⟩ Czy otrzymam tablet albo laptop do pracy w podróży?

es⟩ ¿Me darán también una tableta o un ordenador portátil para trabajar fuera?

ro⟩ Primesc şi eu o tabletă sau laptop pentru a putea lucra pe drum?

M24 Erhalten Mitarbeiter ein Firmenmobilfunkgerät?

el⟩ Παρέχετε στους εργαζόμενους εταιρικό κινητό;

pl⟩ Czy pracownicy otrzymują firmową komórkę?

es⟩ ¿Se da a los empleados un móvil de empresa?

ro⟩ Angajaţii primesc um telefon mobil de firmă?

M25 Ja, wir stellen Mobilfunkgeräte und Tablets zur Verfügung.

el⟩ Ναι, παρέχουμε κινητά και τάμπλετ.

pl⟩ Tak, udostępniamy telefony komórkowe i tablety.

es⟩ Sí, facilitamos móviles y tabletas.

ro⟩ Da, noi punem la dispoziţie telefoane mobile şi tablete.

M26 **Wenn Sie Büromöbel bestellen wollen, müssen Sie mit Ihrem Vorgesetzen reden.**

(el) Σε περίπτωση που θέλετε να παραγγείλετε έπιπλα γραφείου, θα πρέπει να μιλήσετε με τον προϊστάμενό σας.

(es) Si quiere pedir muebles de oficina, tiene que hablar con su superior.

(pl) Jeżeli chce pan/pani zamówić meble biurowe, musi pan/pani porozmawiać z przełożonym.

(ro) Dacă dumneavoastră doriți să comandați mobilă de birou, va trebui să vorbiți cu șefii dumneavoastră.

Nach speziellen Einrichtungen fragen und darüber Auskunft geben

(el) Ερωτήσεις για ειδικές εγκαταστάσεις και χορήγηση πληροφοριών

(es) Preguntar por instalaciones especiales y dar información sobre ellas

(pl) Pytamy o specjalne urządzenia i udzielamy na ten temat informacji

(ro) Informarea asupra echipamentelor speciale și oferirea de informații despre acestea

N01 **Gibt es hier Spezialeinrichtungen zum Testen der Turbinen?**

(el) Υπάρχουν ειδικές εγκαταστάσεις για τις δοκιμές των στροβίλων;

(es) ¿Aquí hay instalaciones especiales para probar las turbinas?

(pl) Czy istnieją tu jakieś specjalne urządzenia do testowania turbin?

(ro) Există dispozitive speciale pentru testarea turbinelor?

N02 **Nein, die Turbinen werden an einem anderen Standort getestet.**

(el) Όχι, οι δοκιμές των στροβίλων διεξάγονται αλλού.

(es) No, las turbinas se prueban en otro lugar.

(pl) Nie, turbiny testuje się w innym miejscu.

(ro) Nu, turbinele vor fi testate într-un alt loc.

N03 Wo werden die Montagen durchgeführt?

el⟩ Πού γίνονται οι συναρμολογή-
σεις;

es⟩ ¿Dónde se realizan los monta-
jes?

pl⟩ Gdzie jest przeprowadzany montaż?

ro⟩ Unde va fi executat montajul?

N04 Auf unserem Firmengelände befinden sich zwei große Montage-hallen.

el⟩ Στην εταιρεία μας υπάρχουν
δύο μεγάλοι χώροι συναρμολόγησης.

es⟩ En las instalaciones de la
empresa hay dos naves de montaje grandes.

pl⟩ Na terenie naszej firmy znajdują
się dwie duże hale montażowe.

ro⟩ Pe teritoriul firmei noastre
există două hale mari de montaj.

N05 Wie viele Transformatoren befinden sich in der Hochspannungs-halle?

el⟩ Πόσοι μετατροπείς βρίσκονται
στον χώρο υψηλής τάσης;

es⟩ ¿Cuántos transformadores hay
en la sala de alta tensión?

pl⟩ Ile transformatorów znajduje się
w hali z wysokim napięciem?

ro⟩ Câte transformatoare există în
hala de înaltă tensiune?

N06 Dort gibt es vier Transformatoren.

el⟩ Υπάρχουν τέσσερεις μετατροπείς.

es⟩ Allí hay cuatro transformadores.

pl⟩ Są tam cztery transformatory.

ro⟩ Acolo există patru transformatoare.

N07 Verfügt Ihre Firma über Standardprüfstände?

el⟩ Διαθέτει η εταιρεία σας τυποποιημένους πάγκους δοκιμών;

es⟩ ¿Tiene la empresa bancos de
pruebas estándares?

pl⟩ Czy państwa firma posiada standardowe stanowiska kontrolne?

ro⟩ Firma dumneavoastră dispune
de standuri de testare standard?

N08 Ja, neben vielen anderen Spezialeinrichtungen haben wir auch Standardprüfstände.

el⟩ Ναι, πέρα από πολλές άλλες

es⟩ Sí, además de muchas otras ins-

ειδικές εγκαταστάσεις διαθέτουμε και τυποποιημένους
πάγκους δοκιμών.

talaciones especiales, también
tenemos bancos de pruebas
estándares.

pl⟩ Tak, obok wielu innych specjal-
nych urządzeń mamy również
standardowe stanowiska kontrolne.

ro⟩ Da, pe lângă alte dispozitive
speciale avem şi standuri de testare.

N09 Gibt es hier Versuchseinrichtungen für elektrochemische Energie-technik?

el⟩ Υπάρχουν εγκαταστάσεις δοκιμών για την ηλεκτροχημική
ενεργειακή τεχνολογία;

es⟩ ¿Aquí hay instalaciones de pruebas para tecnologías electroquí-
micas?

pl⟩ Czy dysponujecie państwo urzą-
dzeniami doświadczalnymi z
zakresu energetyki?

ro⟩ Există aici dispozitive de testare
a tehnologiei energetice electro-
chimice?

N10 Ja, natürlich. Obendrein haben wir noch Versuchseinrichtungen an Standorten in anderen europäischen Ländern.

el⟩ Ναι, φυσικά. Εκτός αυτού διαθέτουμε και εγκαταστάσεις δοκιμών σε διάφορα σημεία σε
άλλες ευρωπαϊκές χώρες.

es⟩ Sí, por supuesto. Además tenemos instalaciones de pruebas
en sedes de otros países euro-
peos.

pl⟩ Tak, naturalnie. Ponadto posiadamy również instalacje
doświadczalne w innych krajach
europejskich.

ro⟩ Desigur. În plus avem dispozitive de testare în locaţiile noastre din alte ţări europene.

N11 Gibt es in Ihrer Firma eine Einrichtung für Biotechnologie?

el⟩ Υπάρχει στην εταιρεία σας εγκατάσταση βιοτεχνολογίας;

es⟩ ¿Hay en su empresa instalaciones para biotecnología?

pl⟩ Czy istnieje w państwa firmie
aparatura z zakresu biotechnolo-
gii?

ro⟩ La firma dumneavoastră există
un dispozitiv pentru biotehnolo-
gie?

N12 Ja, selbstverständlich, wir haben sogar modernste Geräte, etwa einen Genetic Analyser 3880.

el⟩ Ναι, βεβαίως. Διαθέτουμε μάλιστα υπερσύγχρονες συσκευές

es⟩ Sí, desde luego, incluso tenemos los equipos más modernos,

óπως π.χ. το Genetic Analyser 3880.

(pl) Tak, oczywiście, mamy nawet nowoczesne urządzenia takie jak Genetic Analyser 3880.

como un analizador genético 3880.

(ro) Da bineînțeles, noi avem chiar aparate moderne, precum analizorul genetic 3880.

N13 Besitzt Ihr Institut einen betriebseigenen Röntgengenerator?

(el) Διαθέτει το ινστιτούτο σας δική του γεννήτρια ακτινών;

(pl) Czy państwa instytut dysponuje własnym generatorem rentgenowskim?

(es) ¿Tiene su instituto un generador de rayos X propio?

(ro) Institutul dumneavoastră dispune de un generator Röntgen?

N14 Derzeit leider noch nicht, aber wir wollen in absehbarer Zeit einen bestellen.

(el) Προς το παρόν δυστυχώς όχι ακόμα, αλλά θέλουμε να παραγγείλουμε μια σύντομα.

(pl) Niestety na daną chwilę nie, ale chcemy w następnym czasie taki zamówić.

(es) En estos momentos no, pero queremos pedir uno en un futuro próximo.

(ro) Momentan nu, dar noi dorim să comandăm unul în viitorul apropiat.

N15 Wo werden die verbrauchten Materialien entsorgt?

(el) Πού γίνεται η αποκομιδή των χρησιμοποιημένων υλικών;

(pl) Gdzie są wyrzucane zużyte materiały?

(es) ¿Dónde se eliminan los materiales usados?

(ro) Unde vor fi colectate deșeurile?

N16 Die Entsorgung übernimmt eine Spezialfirma.

(el) Μια ειδική εταιρεία έχει αναλάβει την αποκομιδή.

(pl) Wywóz odpadów organizuje specjalna firma.

(es) Una empresa especializada se encarga de la eliminación.

(ro) Colectarea se face de către o firmă specializată.

N17 Wie alt sind die Laboreinrichtungen im Durchschnitt?

(el) Πόσων χρονών είναι οι εγκαταστάσεις των εργαστηρίων κατά μέσο όρο;

(es) ¿Qué antigüedad tienen de media las instalaciones del laboratorio?

pl〉 Ile lat ma przeciętnie wyposażenie laboratoriów?

ro〉 Ce vechime medie au echipamentele de laborator?

N18 Die Laboreinrichtungen sind bei uns immer auf dem modernsten Stand.

el〉 Οι εργαστηριακές εγκαταστάσεις μας είναι πάντα της τελευ-
ταίας τεχνολογίας.

es〉 Nuestras instalaciones de laboratorio siempre cuentan con los
últimos avances.

pl〉 Laboratoria są u nas zawsze
nowocześnie wyposażone.

ro〉 La noi, echipamentele de laborator se află întotdeauna la cel
mai înalt standard.

N19 Entsprechen die technischen Einrichtungen den Anforderungen von Maschinenrichtlinien?

el〉 Πληρούν οι τεχνικές εγκαταστάσεις τις προδιαγραφές των οδη-
γιών περί μηχανών;

es〉 ¿Cumplen las instalaciones técnicas los requisitos de las direc-
tivas de maquinaria?

pl〉 Czy instalacje techniczne odpo-
wiadają wymaganiom stawia-
nym przez dyrektywy do spraw
maszyn?

ro〉 Echipamentele tehnice corespund cerinţelor directivei pentru
maşini?

N20 Voll und ganz.

el〉 Απολύτως.

es〉 Completamente.

pl〉 W pełni.

ro〉 În totalitate.

N21 Haben Sie einen Sicherheitsbeauftragten? – Ja, das ist Herr Molnar.

el〉 Έχετε κάποιον υπεύθυνο ασφαλείας; – Ναι, αυτός είναι ο
κύριος Μόλναρ.

es〉 ¿Tienen un responsable de
seguridad? – Sí, el señor Molnar.

pl〉 Czy zatrudniacie państwo beha-
powca? – Tak, jest nim pan Molnar.

ro〉 Aveţi un responsabil pentru
securitate? – Da, acesta este
domnul Molnar.

Abläufe in der Firma

el> Διαδικασίες εντός της εταιρείας

es> Procesos dentro de la empresa

pl> Procesy w firmie

ro> Procese în cadrul firmei

N22 In welchen Abständen können Bestellungen für Materialien und Geräte aufgegeben werden?

el> Σε ποια χρονικά διαστήματα μπορούν να γίνουν παραγγελίες υλικών και συσκευών;

es> ¿Con qué frecuencia se pueden hacer pedidos de material y dispositivos?

pl> W jakich odstępach można składać zamówienie na materiały i narzędzia?

ro> La ce intervale de timp se pot emite comenzi pentru materiale și aparate?

N23 Zweimal im Jahr können Sie angeben, was Sie an Materialien und Geräten benötigen.

el> Δύο φορές το χρόνο μπορείτε να δηλώσετε, τι υλικά και τι συσκευές χρειάζεστε.

es> Puede pedir el material y los dispositivos que necesite dos veces al año.

pl> Dwa razy w roku może pan/pani zgłosić, jakie materiały i narzędzia są panu/pani potrzebne.

ro> De două ori pe an se pot face comenzi pentru materialele și aparatele de care aveți nevoie.

N24 Die Mitarbeiter können Bestellungen direkt von ihrem Computer aus aufgeben.

el> Οι εργαζόμενοι μπορούν να κάνουν τις παραγγελίες τους άμεσα από τον υπολογιστή τους.

es> Los empleados pueden hacer los pedidos directamente desde su ordenador.

pl> Pracownicy mogą składać zamówienie bezpośrednio za pomocą swojego komputera.

ro> Angajații vor putea expedia comenzile direct de pe calculatorul lor.

N25 Wohin werden die Bestellungen geliefert?

el> Πού παραδίδονται οι παραγγελίες;

es> ¿Dónde se entregan los pedidos?

(pl) Dokąd dostarcza się zamówienia?

(ro) Unde se vor livra comenzile?

N26 Die Materialien oder Waren werden direkt in die Abteilung geliefert.

(el) Τα υλικά ή τα εμπορεύματα παραδίδονται απευθείας στο τμήμα.

(es) Los materiales o las mercancías se entregan directamente en el departamento.

(pl) Materiały lub towary dostarczane są bezpośrednio do działu.

(ro) Materialele sau mărfurile se vor livra direct în secție.

N27 Wo können die Mitarbeiter die Protokolle von Sitzungen finden?

(el) Πού μπορούν οι εργαζόμενοι να βρουν πρακτικά των συναντήσεων;

(es) ¿Dónde pueden encontrar los empleados las actas de las reuniones?

(pl) Gdzie pracownicy mogą znaleźć protokoły posiedzeń?

(ro) Angajații unde vor putea găsi rapoartele ședințelor?

N28 Die Protokolle werden nach den Sitzungen per E-Mail verschickt.

(el) Τα πρακτικά αποστέλλονται μετά τη συνάντηση μέσω ηλεκτρονικού ταχυδρομείου.

(es) Las actas se envían por correo electrónico después de las reuniones.

(pl) Protokoły zostaną wysłane po zebraniach drogą mailową.

(ro) Rapoartele vor fi expediate prin E-Mail imediat după terminarea ședințelor.

N29 Protokolle finden Sie im Austauschordner Ihrer Abteilung.

(el) Τα πρακτικά φυλάσσονται σε κοινό φάκελο στο τμήμα σας.

(es) Encontrará las actas en la carpeta de intercambios de su departamento.

(pl) Protokoły znajdzie pan/pani w segregatorze pana/pani działu.

(ro) Rapoartele se găsec în directorul de schimb al secției dumneavoastră.

N30 Wer koordiniert die Laborbelegung?

(el) Ποιος συντονίζει τη χρήση του εργαστηρίου;

(es) ¿Quién coordina la ocupación del laboratorio?

(pl) Kto koordynuje obsadę laboratoriów?

(ro) Cine coordonează dotarea laboratorului?

N31 Die Koordination wird vom Büro für Raumplanung vorgenommen.

> el ⟩ Ο συντονισμός γίνεται από το γραφείο χωροταξικού σχεδιασμού.

> es ⟩ La coordinación la realiza la oficina de planificación de salas.

> pl ⟩ Koordynacją zajmuje się biuro do spraw rozplanowywania pomieszczeń.

> ro ⟩ Coordonarea se face de către biroul pentru amenajarea teritoriului.

N32 Wer ist für die Organisation der Laborversuche zuständig?

> el ⟩ Ποιος οργανώνει τις δοκιμές του εργαστηρίου;

> es ⟩ ¿Quién es el/la responsable de la organización de los ensayos en laboratorio?

> pl ⟩ Kto zajmuje się organizacją doświadczeń laboratoryjnych?

> ro ⟩ Cine răspunde pentru organizarea încercărilor de laborator?

N33 Bitte wenden Sie sich an die Laborleiterin.

> el ⟩ Απευθυνθείτε παρακαλώ στην προϊσταμένη του εργαστηρίου.

> es ⟩ Por favor, diríjase a la jefa de laboratorio.

> pl ⟩ Proszę zapytać kierowniczkę laboratorium.

> ro ⟩ Vă rugăm să vă adresați șefei laboratorului.

N34 Finden regelmäßig Tagungen mit dem Außendienst statt?

> el ⟩ Γίνονται τακτά ημερίδες με τις εξωτερικές υπηρεσίες;

> es ⟩ ¿Se celebran periódicamente jornadas con el servicio externo?

> pl ⟩ Jak często mają miejsce konferencje poza siedzibą firmy?

> ro ⟩ Se organizează periodic reuniuni cu serviciul extern?

N35 Außendiensttagungen finden zweimal im Jahr statt, immer im Februar und im November.

> el ⟩ Οι ημερίδες με τις εξωτερικές υπηρεσίες γίνονται δύο φορές το χρόνο, πάντα τον Φεβρουάριο και τον Νοέμβριο.

> es ⟩ Las jornadas con el servicio externo se celebran dos veces al año, siempre en febrero y noviembre.

> pl ⟩ Konferencje poza siedzibą firmy odbywają się dwa razy w roku, zawsze w lutym i w listopadzie.

> ro ⟩ Reuniunile cu serviciul extern au loc de două ori pe an, întotdeauna în februarie și în noiembrie.

N36 Der Vertrieb organisiert die Tagungen in Abstimmung mit den Pro-
duktmanagern.

(el) Το τμήμα πωλήσεων διοργανώ-
νει τις ημερίδες σε συνεννόηση
με τους διευθυντές προϊόντων.

(es) El departamento comercial organiza las jornadas en colabora-
ción con los directores de productos.

(pl) Dział sprzedaży organizuje takie
konferencje w porozumieniu z
menedżerami produktu.

(ro) Departamentul vânzări organi-
zează reuniunile în corelare cu
managerii de produs.

N37 Gibt es in Ihrer Firma jemanden, der den Internetauftritt pflegt und
aktualisiert?

(el) Υπάρχει κάποιος στην εταιρεία
που συντηρεί και ενημερώνει
την παρουσία σας στο διαδίκτυο;

(es) ¿Hay en su empresa alguien
que se ocupe de la página web
y la actualice?

(pl) Czy jest ktoś w firmie, kto zaj-
muje się prezentacją w interne-
cie i aktualizuje ją?

(ro) Există cineva în firma dumneavoastră care întreține și actuali-
zează site-ul pe internet?

N38 Ja, wir beschäftigen ein Team von Grafikern und Layoutern.

(el) Ναι, απασχολούμε μια ομάδα
γραφιστών και ατόμων που
ασχολούνται με το lay out.

(es) Sí, tenemos un equipo de dise-
ñadores gráficos y editores.

(pl) Tak, zatrudniamy zespół grafi-
ków und layouterów.

(ro) Da, noi activăm o echipă de gra-
ficieni și editori.

N39 Die Pflege der Webseite wurde an einen externen Dienstleister aus-
gelagert.

(el) Η συντήρηση της ιστοσελίδας
έχει ανατεθεί σε εξωτερικό
πάροχο υπηρεσιών.

(es) El mantenimiento de la página
web lo realiza un proveedor
externo.

(pl) Prowadzenie strony interneto-
wej powierzyliśmy firmie zew-
nętrznej.

(ro) Întreținerea site-ului a fost
repartizată unui operator extern
de servicii.

Nützliches für den Berufsalltag

el> Χρήσιμα για την καθημερινότητα στην εργασία

pl> Sformułowania przydatne na co dzień w firmie

es> Frases útiles para el trabajo cotidiano

ro> Util pentru viaţa profesională

> Hilfreiche Formulierungen, um über spezielle technische Einrichtungen zu sprechen, finden Sie im Kapitel *Nach speziellen Einrichtungen fragen und darüber Auskunft geben* auf S. 94.

Den Aufbau von Geräten, Maschinen und Anlagen beschreiben

(el) Περιγραφή της δομής συσκευών, μηχανημάτων και εγκαταστάσεων

(pl) Opisujemy jak zbudowane są urządzenia, maszyny i instalacje

(es) Describir el montaje de aparatos, máquinas e instalaciones

(ro) Prezentarea componenței aparatelor, mașinilor și instalațiilor

001 Wie ist die Verkabelung der Router angelegt?

(el) Πώς είναι διαμορφωμένη η καλωδίωση των ρούτερ;

(pl) W jaki sposób są położone kable od routerów?

(es) ¿Cómo está instalado el cableado del router?

(ro) Cum este realizată cablarea ruterului?

002 Die Verkabelung der Netzwerkrouter erfolgt mit Multischalter.

(el) Η καλωδίωση των ρούτερ δικτύου γίνεται μέσω πολλαπλού διακόπτη.

(pl) Połączenie kablowe routerów następuje przy pomocy multi-switcha.

(es) El cableado del router de red se hace con un conmutador múltiple.

(ro) Cablarea ruterului se face cu multiswitch.

003 Welche Bestandteile gehören zu dieser Festplatte?

(el) Ποια συστατικά μέρη περιλαμβάνει αυτός ο σκληρός δίσκος;

(pl) Jakie części należą do tego dysku twardego?

(es) ¿Qué componentes son de este disco duro?

(ro) Care sunt componentele care aparțin acestei plăci de bază?

004 In der Mitte gibt es mehrere übereinanderliegende magnetische Scheiben.

el⟩ Στη μέση υπάρχουν διάφοροι μαγνητικοί δίσκοι ο ένας πάνω στον άλλον.

es⟩ En el medio hay varios discos magnéticos superpuestos.

pl⟩ W środku znajduje się kilka leżących jedna na drugiej, magnetycznych tarcz.

ro⟩ În mijloc există mai multe discuri magnetice suprapuse.

005 Könnten Sie mir bitte den Aufbau des Zylinders erklären?

el⟩ Θα μπορούσατε να μου εξηγήσετε τη δομή του κυλίνδρου;

es⟩ ¿Podría explicarme el montaje del cilindro?

pl⟩ Czy mógłby mi pan/mogłaby mi pani objaśnić budowę tego cylindra?

ro⟩ Puteți să-mi explicați componența cilindrului?

006 Selbstverständlich. Dieser doppeltwirkende Zylinder besteht aus ...

el⟩ Βεβαίως. Ο κύλινδρος διπλής κατεύθυνσης αποτελείται από...

es⟩ Por supuesto. Este cilindro de doble efecto está compuesto por...

pl⟩ Oczywiście. Ten podwójnie działający cylinder składa się z ...

ro⟩ Bineînțeles. Acest cilindru cu acționare dublă constă din ...

007 Wie sieht der Grundaufbau dieses Mähdreschers aus?

el⟩ Ποια είναι η βασική δομή της θεριζοαλωνιστικής μηχανής;

es⟩ ¿Cómo es la estructura básica de esta cosechadora?

pl⟩ Jak wygląda budowa kombajnu zbożowego?

ro⟩ Cum arată componența de bază a acestei combine agricole?

008 Der Mähdrescher besteht im Wesentlichen aus folgenden Baugruppen: Motor, Fahrwerk und Schneidwerk.

el⟩ Η θεριζοαλωνιστική μηχανή αποτελείται κατά κύριο λόγο από τα ακόλουθα μέρη: κινητήρα, σύστημα οδήγησης και μονάδα κοπής.

es⟩ La cosechadora está compuesta esencialmente por los siguientes módulos: motor, chasis y sistema de corte.

pl⟩ Kombajn zbożowy składa się zasadniczo z następujących ele-

ro⟩ Combina constă în principiu din următoarele subansamble:

mentów konstrukcyjnych: silnik, podwozie i podzespół tnący.

motor, mecanismul de rulare şi mecanismul de tăiere.

009 Wie ist das Kraftwerk aufgebaut?

(el) Ποια είναι η δομή του σταθμού ηλεκτροπαραγωγής;

(pl) Jak zbudowana jest elektrownia?

(es) ¿Cómo está estructurada la central eléctrica?

(ro) Cum este alcătuită centrala?

010 Die Anlage besteht aus einem Kernreaktor, mit dem heißer Wasserdampf mit einer Temperatur von ca. 285 Grad Celsius erzeugt wird.

(el) Η μονάδα αποτελείται από πυρηνικό αντιδραστήρα, με το οποίον παράγονται θερμοί υδρατμοί θερμοκρασίας περίπου 285 βαθμών Κελσίου.

(pl) W skład aparatury wchodzi reaktor jądrowy, przy pomocy którego wytwarzana jest para wodna o temperaturze ok. 285 stopni.

(es) La planta está compuesta por un reactor nuclear con el que se genera vapor de agua caliente con una temperatura de aprox. 258 grados Celsius.

(ro) Centrala constă dintr-un reactor nuclear, cu care se produce abur la o temperatură de aprox. 285 grade Celsius.

Funktionsweisen erklären

(el) Επεξήγηση λειτουργιών

(pl) Tłumaczymy w jaki sposób coś funkcjonuje

(es) Explicar métodos de funcionamiento

(ro) Explicarea modului de funcţionare

011 Was ist das Besondere an diesem E-Book-Reader?

(el) Τι είναι το ιδιαίτερο σε αυτό το E-Book-Reader;

(pl) Co jest szczególnego w tym czytniku e-booków?

(es) ¿Qué tiene de especial este libro electrónico?

(ro) Ce este special la acest cititor de cărţi electronice?

012 Das Display nutzt eine andere Technologie als das von einem PC.

(el) Η οθόνη χρησιμοποιεί άλλη τεχνολογία από αυτή ενός Η/Υ.

(es) La pantalla utiliza una tecnología diferente a la de un PC.

pl> Ekran wykorzystuje inną technologię aniżeli ta z komputera.

ro> Display-ul utilizează o altă tehnologie decât a unui PC.

013 **Sein sogenanntes elektronisches Papier kommt ohne Hintergrund-
beleuchtung aus.**

el> Το λεγόμενο ηλεκτρονικό χαρτί
δεν χρειάζεται φωτισμό
φόντου.

es> El llamado papel electrónico no
tiene retroiluminación.

pl> Jego tzw. elektroniczny papier
nie wymaga oświetlenia tła.

ro> Aşa numita hârtie electronică se
evidenţiază fără iluminare de
fond.

014 **Wie arbeitet ein Induktionsherd?**

el> Πώς λειτουργεί μια επαγωγική
εστία;

es> ¿Cómo funciona una placa de
inducción?

pl> Jak działa kuchnia indukcyjna?

ro> Cum lucrează un cuptor cu
inducţie?

015 **Ein Induktionsherd arbeitet mit einer stromdurchflossenen Spule,
die ein magnetisches Wechselfeld erzeugt.**

el> Μια επαγωγική εστία λειτουργεί
με πηνίο ροής ρεύματος, το
οποίο δημιουργεί μαγνητικό
εναλλασσόμενο πεδίο.

es> Una placa de inducción funciona con una bobina conduc-
tora que genera un campo mag-
nético alterno.

pl> Kuchnia indukcyjna pracuje przy
pomocy cewki wytwarzającej
szybkozmienne pole magne-
tyczne.

ro> Un cuptor cu inducţie lucrează
cu o bobină parcursă de curent,
care generează special câmp
magnetic alternativ.

016 **Wie funktioniert das Schneidwerk des Mähdreschers?**

el> Πώς λειτουργεί ο μηχανισμός
κοπής της θεριζοαλωνιστικής
μηχανής;

es> ¿Cómo funciona el sistema de
corte de la cosechadora?

pl> Jak funkcjonuje zespół tnący
kombajnu zbożowego?

ro> Cum funcţionează mecanismul
de tăiere al combinei agricole?

017 **Der Ährenheber hebt, falls nötig, liegende Getreidehalme an.**

el> Ο ανυψωτής των σταχιών σηκώ-

es> El levantador de mies levanta,

νει, εφόσον απαιτείται, τις ψάθες από άχυρα δημητριακών.

pl〉 Nagarniacz podnosi, jeśli to konieczne, leżące na ziemi kłosy.

si es necesario, la paja de los cereales.

ro〉 Ridicătorul de spice ridică tulpinile culcate dacă este necesar.

018 Dann schneidet ein Messerbalken die Halme ab.

el〉 Στη συνέχεια η κοπτική ράβδος κόβει τις ψάθες.

pl〉 Następnie kosa tnie kłosy zboża.

es〉 Después, una barra de cuchillas corta las pajas.

ro〉 Apoi un cuțit va reteza tulpinile.

019 Könnten Sie bitte die Funktionsweise des Speicherwasserkraftwerks beschreiben?

el〉 Θα μπορούσατε να περιγράψετε τον τρόπο λειτουργίας του υδροηλεκτρικού σταθμού;

pl〉 Czy mógłby pan/mogłaby pani opisać sposób działania elektrowni szczytowo-pompowej?

es〉 ¿Podría describirme el funcionamiento de la central hidroeléctrica de acumulación?

ro〉 Puteți să descrieți modul de funcționare al hidrocentralei?

020 Die Energie des Wassers wird mit Generatoren in Strom umgewandelt.

el〉 Η ενέργεια του νερού μετατρέπεται με γεννήτριες σε ρεύμα.

pl〉 Energia potencjalna wody przetwarzana jest przy pomocy generatorów na energię elektryczną.

es〉 La energía del agua se transforma en electricidad con generadores.

ro〉 Energia apei va fi transformată de generatoare în energie electrică.

021 Wie wird beim Fracking Erdgas gewonnen?

el〉 Πώς γίνεται η εξόρυξη φυσικού αερίου μέσω φράκινγκ;

pl〉 Jak wygląda wydobycie gazu ziemnego w procesie szczelinowania hydraulicznego?

es〉 ¿Cómo se extrae gas natural mediante fracturación hidráulica?

ro〉 Cum se extrag gazele naturale prin procedeul de fracturare hidraulică?

022 Fracking bezeichnet ein Verfahren, bei dem man Flüssigkeit durch Bohrlöcher in tiefe Gesteinsschichten pumpt und durch hohen Druck Risse im umliegenden Gestein erzeugt.

(el) Το φράκινγκ είναι μια διαδικασία κατά την οποία διοχετεύεται υγρό μέσω της διάτρησης στα κατώτερα πετρώδη στρώματα και δημιουργεί ρωγμές μέσω υψηλής πίεσης.

(es) La fracturación hidráulica es un proceso por el cual se bombea un líquido a través de perforaciones en las capas rocosas profundas y se generan grietas en las rocas circundantes debido a la gran presión.

(pl) Szczelinowanie hydrauliczne jest procesem, w którym poprzez odwierty wpompowuje się w głęboko leżące warstwy skalne płyn szczelinujący i poprzez wysokie ciśnienie uzyskuje się pęknięcia w okolicznej skale.

(ro) Fracturarea hidraulică este un procedeu în care se pompează lichid prin găurile forate în adâncul rocilor şi datorită presiunii înalte a lichidului se provoacă fisuri în roca învecinată.

023 Die Fracking-Flüssigkeit besteht zu 90 % aus Wasser, dem verschiedene Chemikalien hinzugefügt werden.

(el) Το υγρό που χρησιμοποιείται στα πλαίσια του φράκινγκ αποτελείται κατά 90 % από νερό, στο οποίο έχουν προστεθεί διάφορες χημικές ουσίες.

(es) El líquido de la fracturación hidráulica está compuesto en un 90 % de agua, a la que se le añaden distintos productos químicos.

(pl) Płyn szczelinujący składa się w 90 % z wody, do której dodaje się różnego typu chemikalia.

(ro) Lichidul hidraulic utilizat la procedeul de fracturare constă 90 % din apă, la care se adaugă diferite substanțe chimice.

024 Diese sorgen unter anderem dafür, dass die Gesteinsrisse nicht verstopfen.

(el) Χάρη στις ουσίες αυτές οι ρωγμές στο πέτρωμα δεν βουλώνουν.

(es) Estos hacen, entre otras cosas, que las grietas de las rocas no se obstruyan.

(pl) One powodują, że szczeliny w skałach pozostają otwarte.

(ro) Aceste substanțe protejează fisurile să nu se înfunde.

Zusammenhänge, Ursachen und Folgen beschreiben

ⓔⓛ Περιγραφή συσχετισμών, αιτιών και συνεπειών

ⓔⓢ Describir relaciones, causas y consecuencias

ⓟⓛ Związki, przyczyny i skutki

ⓡⓞ Corelații, descrierea cauzelor și urmărilor

025 Könnten Sie den Zusammenhang zwischen … und … erklären?

ⓔⓛ Θα μπορούσατε να εξηγήσετε τη σχέση μεταξύ… και…;

ⓔⓢ ¿Podría explicarme la relación entre… y…?

ⓟⓛ Czy może mi pan/pani wyjaśnić związek między … a …?

ⓡⓞ Puteți explica corelația dintre … și …?

026 In welchem Verhältnis stehen … und … zueinander?

ⓔⓛ Σε ποια σχέση βρίσκονται… και…;

ⓔⓢ ¿En qué proporción se relacionan… y… entre sí?

ⓟⓛ W jakim stosunku znajdują się … i …?

ⓡⓞ În ce raport se află … și …?

027 … korreliert mit …

ⓔⓛ … συσχετίζεται με…

ⓔⓢ … se correlaciona con…

ⓟⓛ … koreluje z …

ⓡⓞ … corelat cu …

028 … wächst proportional zu …

ⓔⓛ … αυξάνεται ανάλογα με…

ⓔⓢ … aumenta proporcionalmente a…

ⓟⓛ … rośnie proporcjonalnie do …

ⓡⓞ … crește proporțional la …

029 … nimmt proportional zu … ab.

ⓔⓛ … μειώνεται ανάλογα με…

ⓔⓢ … disminuye proporcionalmente a…

ⓟⓛ … maleje proporcjonalnie do …

ⓡⓞ … descrește proporțional la …

030 … ist abhängig von …

ⓔⓛ … εξαρτάται από…

ⓔⓢ … depende de…

ⓟⓛ … jest uzależniony od …

ⓡⓞ … este dependent de …

031 ... ist völlig unabhängig von ...

- (el) ... δεν εξαρτάται καθόλου από...
- (es) ... es totalmente independiente de...
- (pl) ... jest całkowicie niezależny od ...
- (ro) ... este complet independent de ...

032 Welche Faktoren spielen die wichtigste Rolle?

- (el) Ποιοι παράγοντες παίζουν τον πιο σημαντικό ρόλο;
- (es) ¿Qué factores desempeñan el papel más importante?
- (pl) Jakie czynniki odgrywają najważniejszą rolę?
- (ro) Care factori joacă rolul cel mai important?

033 Das wirkt sich auf ... aus.

- (el) Αυτό επηρεάζει...
- (es) Esto afecta a...
- (pl) To wpływa na ...
- (ro) Aceasta are efect asupra ...

034 ... würde eine Kettenreaktion auslösen.

- (el) ... θα προκαλούσε μια αλυσιδωτή αντίδραση.
- (es) ... desencadenaría una reacción en cadena.
- (pl) ... zapoczątkowałoby reakcję łańcuchową.
- (ro) ... ar declanșa o reacție în lanț.

035 Das könnte sich unter Umständen auf ... auswirken.

- (el) Αυτό θα μπορούσε υπό συνθήκες να επηρεάσει...
- (es) En ciertas circunstancias, esto podría afectar a...
- (pl) To mogłoby mieć wpływ na ...
- (ro) În anumite condiții ar putea avea efect asupra ...

036 Es besteht das Risiko, dass ...

- (el) Υπάρχει ο κίνδυνος να...
- (es) Existe el riesgo de...
- (pl) Istnieje ryzyko, że ...
- (ro) Există riscul ca ...

037 Das hat keine Auswirkungen auf ...

- (el) Αυτό δεν έχει επιδράσεις σε...
- (es) Esto no afecta a...
- (pl) To nie ma wpływu na ...
- (ro) Aceasta nu are niciun efect asupra ...

038 Was sagen diese Zahlen aus?

(el) Τι λένε αυτοί οι αριθμοί;
(pl) Co mówią liczby?

(es) ¿Qué indican estas cifras?
(ro) Ce zic aceste cifre?

039 Diese Werte beziehen sich auf ...

(el) Οι τιμές αναφέρονται σε...
(pl) Te wartości odnoszą się do ...

(es) Estos valores se refieren a...
(ro) Aceste valori se referă la ...

040 Was ... angeht, haben wir noch keine Erfahrungswerte.

(el) Ως προς..., δεν έχουμε ακόμα κάποιες εμπειρικές τιμές.
(pl) Jeśli chodzi o ..., to nie mamy dotychczas żadnych wartości empirycznych.

(es) En cuanto a..., todavía no tenemos valores experimentales.
(ro) În ceea ce privește ..., noi nu avem nicio valoare empirică.

041 Haben Sie die Ursache gefunden?

(el) Βρήκατε την αιτία;
(pl) Czy znalazł pan/znalazła pani przyczynę?

(es) ¿Ha encontrado las causas?
(ro) Ați identificat cauza?

042 Dieses Problem resultiert aus ...

(el) Το πρόβλημα προκύπτει από...
(pl) Ten problem wynika z ...

(es) Este problema se debe a...
(ro) Această problemă rezultă din ...

043 Das lässt sich durch ... vermeiden.

(el) Αυτό μπορεί να αποφευχθεί μέσω...
(pl) Tego dałoby się uniknąć poprzez ...

(es) Esto se puede evitar mediante...
(ro) Aceasta se poate evita prin ...

Über Projekte und Kapazitäten sprechen

(el) Αναφορά σε έργα και δυνατότητες

(es) Hablar sobre proyectos y capacidades

(pl) Rozmawiamy o projektach i zdolnościach produkcyjnych

(ro) Discuția despre proiecte și capacități

P01 Ich möchte, dass Sie die Projektleitung übernehmen.

(el) Θα ήθελα να αναλάβετε τη διαχείριση του έργου.

(es) Me gustaría que se encargara de dirigir el proyecto.

(pl) Chciałbym/Chciałabym, żeby pokierował pan/pokierowała pani tym projektem.

(ro) Doresc să preluați conducerea acestui proiect.

P02 Gerne. Könnten wir bitte noch über die Zeitplanung sprechen?

(el) Ευχαρίστως. Θα μπορούσαμε να μιλήσουμε και για τον χρονικό σχεδιασμό;

(es) Con mucho gusto. ¿Podríamos hablar del calendario?

(pl) Chętnie. Czy możemy jeszcze porozmawiać o tym, jak rozplanować to czasowo?

(ro) Bucuros. Putem să mai vorbim despre planificare?

P03 Ich arbeite momentan schon an zwei anderen Projekten.

(el) Αυτή τη στιγμή εργάζομαι ήδη σε δύο άλλα έργα.

(es) Ahora mismo ya estoy trabajando en otros dos proyectos.

(pl) Obecnie pracuję już nad dwoma projektami.

(ro) Eu lucrez momentan la alte două proiecte.

P04 Wir haben derzeit keine freien Kapazitäten in der Abteilung.

(el) Δεν έχουμε αυτή τη στιγμή διαθέσιμα άτομα στο τμήμα.

(es) De momento no disponemos de capacidad libre en el departamento.

(pl) Obecnie nie mamy w dziale już żadnych wolnych zasobów.

(ro) Noi nu avem momentan nicio capacitate liberă în secție.

P05 Welches Projekt hat Priorität?

(el) Ποιο έργο έχει προτεραιότητα;

(es) ¿Qué proyecto tiene prioridad?

(pl) Który z projektów ma priorytet?

(ro) Care proiect are prioritate?

P06 Halten Sie die Fertigstellung der neuen Brücke im April für möglich?

el⟩ Πιστεύετε ότι είναι εφικτή η ολοκλήρωση της νέας γέφυρας τον Απρίλιο;

es⟩ ¿Cree que sería posible terminar el nuevo puente en abril?

pl⟩ Czy myśli pan/pani, że zakończenie budowy tego nowego mostu jest możliwe w kwietniu?

ro⟩ Considerați posibilă terminarea noului pod în luna aprilie?

P07 Ich denke, das wird kaum machbar sein.

el⟩ Πιστεύω ότι αυτό είναι σχεδόν αδύνατον.

es⟩ Creo que no será factible.

pl⟩ Myślę, że jest to raczej niewykonalne.

ro⟩ Cred că acest lucru va fi greu de realizat.

P08 Ich glaube, das wird möglich sein.

el⟩ Πιστεύω, ότι είναι εφικτό.

es⟩ Creo que será posible.

pl⟩ Uważam, że jest to możliwe.

ro⟩ Cred că va fi posibil.

P09 Wir müssen bis zum 12. Oktober unsere Webseite neu gestalten. Halten Sie das für machbar?

el⟩ Θα πρέπει να αναδιαμορφώσουμε την ιστοσελίδα μας έως τις 12 Οκτωβρίου. Πιστεύετε ότι αυτό είναι εφικτό;

es⟩ Tenemos que rediseñar nuestra página web hasta el 12 de octubre. ¿Cree que es factible?

pl⟩ Musimy do 12 października odnowić naszą stronę internetową. Myśli pan/pani, że da się to zrobić?

ro⟩ Noi va trebui ca până la 12 octombrie să proiectăm pagina noastră web. Considerați că este posibil de realizat?

P10 Das ist eine komplexe Aufgabe. Der Zeitrahmen ist nicht wirklich realistisch.

el⟩ Αυτό είναι ένα σύνθετο έργο. Το χρονικό πλαίσιο δεν είναι και πολύ ρεαλιστικό.

es⟩ Es una tarea compleja. El plazo no es realista.

pl⟩ To kompleksowe zadanie. Tak naprawdę nie da się tego zrealizować w wyznaczonym czasie.

ro⟩ Aceasta este o sarcină complexă. Termenul de execuție nu este real.

P11 Mit einem größeren Budget wäre das möglich.

el> Με μεγαλύτερο προϋπολογισμό θα ήταν εφικτό.

pl> Byłoby to możliwe, jeśli budżet byłby większy.

es> Sería posible con más presupuesto.

ro> Cu un buget mai mare ar fi posibil de realizat.

P12 Ich brauche mehr Zeit.

el> Χρειάζομαι περισσότερο χρόνο.

pl> Potrzebuję więcej czasu.

es> Necesito más tiempo.

ro> Am nevoie de mai mult timp.

P13 Dazu brauche ich mehr Ressourcen.

el> Για αυτό θα χρειαστώ περισσότερους πόρους.

pl> Do tego potrzebuję więcej środków.

es> Para ello necesito más recursos.

ro> Prin urmare am nevoie de mai multe resurse.

P14 Dazu benötige ich die Unterstützung von einem Spezialisten.

el> Για αυτό χρειάζομαι την υποστήριξη ενός ειδικού.

pl> Do tego potrzebuję pomocy ze strony specjalisty.

es> Para ello necesito la ayuda de un especialista.

ro> Prin urmare am nevoie de susținerea unui specialist.

P15 Es wäre gut, wenn wir hierzu einen externen Spezialisten befragen könnten.

el> Θα ήταν καλό, εάν θα μπορούσαμε να συμβουλευτούμε έναν εξωτερικό συνεργάτη.

pl> Byłoby dobrze, gdybyśmy zapytali w tej sprawie specjalistę z zewnątrz.

es> Estaría bien si pudiéramos preguntarle a un especialista externo.

ro> Ar fi bine dacă noi am întreba un specialist extern.

115

Spezifikation, Test und Zulassung

el⟩ Προδιαγραφές, δοκιμές
και έγκριση

pl⟩ Specyfikacja, test i
pozwolenie

es⟩ Especificaciones, ensayos
y homologaciones

ro⟩ Specificația, testul și
autorizarea

P16 Das Lastenheft enthält eine detaillierte Spezifikation.

el⟩ Η συγγραφή υποχρεώσεων περιλαμβάνει λεπτομερείς προδιαγραφές.

pl⟩ Spis wymagań stawianych przez
zleceniodawcę zawiera
dokładną specyfikację.

es⟩ El pliego de condiciones con-
tiene una especificación deta-
llada.

ro⟩ Caietul de sarcini conține o spe-
cificație detaliată.

**P17 Der Auftragnehmer legt das Pflichtenheft mit seiner Umsetzungsspe-
zifikation vor.**

el⟩ Ο εργολάβος καταθέτει τη συγγραφή υποχρεώσεων με τις
δικές του προδιαγραφές υλοποίησης.

pl⟩ Zleceniobiorca przedstawia spis
wymagań ze swoją specyfikacją
wykonania.

es⟩ El contratista presenta el pliego
de condiciones con sus especificaciones de aplicación.

ro⟩ Angajatul prezintă caietul de sarcini cu specificația de punere în
aplicare.

P18 Können Sie mir bitte den Testablauf erklären?

el⟩ Θα μπορούσατε να μου εξηγήσετε την διαδικασία της δοκιμής;

pl⟩ Czy może mi pan/pani objaśnić,
jak przebiega test?

es⟩ ¿Puede explicarme el procedimiento de pruebas, por favor?

ro⟩ Puteți să-mi explicați desfășurarea testului?

P19 Gerne. Zum Testprogramm gehören zwei Phasen.

el⟩ Ευχαρίστως. Το πρόγραμμα των
δοκιμών αποτελείται από δυο
φάσεις.

pl⟩ Chętnie. Test składa się z
dwóch etapów.

es⟩ Con mucho gusto. El programa
de pruebas tiene dos fases.

ro⟩ Cu plăcere, programul de testare se desfășoară în două faze.

P20 Insgesamt werden 5 Maschinen getestet.

⟨el⟩ Συνολικά γίνονται δοκιμές σε πέντε μηχανές.

⟨pl⟩ W sumie testowanych jest 5 maszyn.

⟨es⟩ En total se prueban 5 máquinas.

⟨ro⟩ În total se vor testa 5 mașini.

P21 Wenn die erste Testphase durchlaufen ist, werten wir die Ergebnisse aus.

⟨el⟩ Μετά την πρώτη φάση της δοκιμής γίνεται η αξιολόγηση των αποτελεσμάτων.

⟨pl⟩ Kiedy pierwsza faza testu dobiegnie końcowi, analizujemy wyniki.

⟨es⟩ Cuando se completa la primera fase de pruebas, analizamos los resultados.

⟨ro⟩ Dacă prima fază de testare va fi parcursă, vom evalua rezultatele.

P22 Für aufgetretene Fehler gibt es spezielle Nachtests.

⟨el⟩ Για σφάλματα που προκύπτουν υπάρχουν ειδικές δοκιμές μεταγενέστερα.

⟨pl⟩ Jeśli występują błędy, przeprowadzane są specjalne dodatkowe testy.

⟨es⟩ Hay una prueba especial posterior si se produce algún error.

⟨ro⟩ Pentru erorile apărute există teste suplimentare speciale.

P23 Die zweite Testphase beginnt im August und dauert ca. zwei Wochen.

⟨el⟩ Η δεύτερη φάση των δοκιμών ξεκινά τον Αύγουστο και διαρκεί περίπου δύο εβδομάδες.

⟨pl⟩ Drugi etap testu zaczyna się w sierpniu i trwa ok. dwa tygodnie.

⟨es⟩ La segunda fase de pruebas comienza en agosto y dura aproximadamente dos semanas.

⟨ro⟩ Cea de-a doua fază de testare începe în august şi durează aproximativ 2 săptămâni.

P24 Wir führen auch Tests an den elektronischen Bauteilen und am Gesamtsystem durch.

⟨el⟩ Διεξάγουμε και δοκιμές στα ηλεκτρονικά κατασκευαστικά μέρη και στο συνολικό σύστημα.

⟨es⟩ También hacemos pruebas a los componentes electrónicos y al sistema completo.

ⓟⓛ Przeprowadzamy również testy na częściach elektronicznych i w całym systemie.

ⓡⓞ Noi facem şi teste la componentele electronice şi la sistemul general.

P25 In der letzten Testphase erproben wir die Kundenfunktionen.

ⓔⓛ Στην τελευταία φάση των δοκιμών δοκιμάζουμε τις λειτουργίες του πελάτη.

ⓔⓢ En la última fase de pruebas, comprobamos las funciones de cliente.

ⓟⓛ W ostatniej fazie testowej wyprobujemy funkcje ustanowione przez klienta.

ⓡⓞ În ultima fază de testare vor fi verificate funcţiile personalizate.

P26 Wenn die letzte Testphase erfolgreich war, erhält die Maschine eine Zulassung.

ⓔⓛ Εάν η τελευταία φάση των δοκιμών ήταν επιτυχής, εγκρίνεται η μηχανή.

ⓔⓢ Si la última fase de pruebas concluye con éxito, la máquina obtiene una homologación.

ⓟⓛ Jeśli ostatnia faza testu przebiegła pomyślnie, maszyna otrzymuje pozwolenie.

ⓡⓞ În cazul în care faza de testare finală a fost de succes, atunci maşina va obţine autorizarea.

P27 Die Zulassung erfolgt durch den TÜV®.

ⓔⓛ Η έγκριση εκδίδεται από το TÜV®.

ⓔⓢ La homologación la realiza TÜV®.

ⓟⓛ Pozwolenie wystawiane jest przez TÜV®.

ⓡⓞ Autorizarea se va face de către TÜV®.

P28 Zusätzlich braucht die Maschine noch ein CE-Zertifikat.

ⓔⓛ Επιπλέον η μηχανή χρειάζεται και ένα πιστοποιητικό CE.

ⓔⓢ La máquina también necesita un certificado CE.

ⓟⓛ Dodatkowo każda maszyna musi mieć jeszcze certyfikat CE.

ⓡⓞ Suplimentar, maşina are nevoie de un certificat CE.

Rund um das Produkt

(el) Σχετικά με το προϊόν

(es) Aspectos relacionados con el producto

(pl) Informacje o produkcie

(ro) Despre produs

Q01 Mit diesem Produkt wollen wir unsere Produktpalette erweitern.

(el) Με τον προϊόν αυτό θέλουμε να επεκτείνουμε τη γκάμα προϊόντων μας.

(es) Con este producto queremos ampliar nuestra gama de productos.

(pl) Przy pomocy tego produktu chcielibyśmy poszerzyć naszą paletę produktów.

(ro) Cu acest produs dorim să ne extindem sortimentul de produse.

Q02 Wir würden gerne unseren Sortimentsbereich für chemisch-technische Produkte erweitern. Was schlagen Sie vor?

(el) Θα θέλαμε να επεκτείνουμε τη γκάμα των χημικοτεχνικών προϊόντων. Τι θα μας προτείνατε;

(es) Nos gustaría ampliar nuestro surtido de productos químicos técnicos. ¿Qué propone?

(pl) Chcielibyśmy powiększyć nasz sortyment o produkty chemiczno-techniczne. Co pan/pani proponuje?

(ro) Noi am dori să extindem sortimentul nostru de produse chimice. Ce propunere aveți?

Q03 Ich würde schnellhärtende Klebstoffe in das Sortiment aufnehmen.

(el) Θα έβαζα και κόλλες ταχείας σκλήρυνσης στη γκάμα.

(es) Yo incluiría adhesivos de endurecimiento rápido en el surtido.

(pl) Dołączyłbym/Dołączyłabym do sortymentu szybkoschnące kleje.

(ro) Eu aș adăuga în sortiment adeziv cu întărire rapidă.

Q04 Wie soll das Produkt heißen?

(el) Πως θα λέγεται το προϊόν;

(es) ¿Cómo se debe llamar el producto?

(pl) Jaką nazwę ma nosić ten produkt?

(ro) Cum va fi denumit produsul?

Q05 Wir könnten einen intelligenten Namensgenerator benutzen.

- (el) Θα μπορούσαμε να χρησιμοποιήσουμε μια έξυπνη μηχανή εύρεσης ονομάτων.
- (pl) Moglibyśmy skorzystać z inteligentnego generatora nazw.
- (es) Podríamos utilizar un generador inteligente de nombres.
- (ro) Am putea folosi un generator inteligent de nume.

Q06 Wie wäre es mit ...?

- (el) Τι θα λέγατε για...;
- (pl) Co by pan powiedział/pani powiedziała na ...?
- (es) ¿Qué tal...?
- (ro) Ce zici de ...?

Q07 Welche Vorzüge hat dieses Produkt?

- (el) Ποια πλεονεκτήματα έχει αυτό το προϊόν;
- (pl) Co przemawia za tym produktem?
- (es) ¿Qué ventajas tiene este producto?
- (ro) Ce avantaje are acest produs?

Q08 Fassen Sie bitte die wichtigsten Produktmerkmale zusammen.

- (el) Συνοψίστε παρακαλώ τα κύρια χαρακτηριστικά του προϊόντος.
- (pl) Proszę streścić najważniejsze cechy produktu.
- (es) Por favor, resuma las características más importantes del producto.
- (ro) Rezumați vă rog cele mai importante caracteristici ale produsului.

Q09 ... ist ein echter USP.

- (el) ... είναι μια πραγματική πρόταση πώλησης.
- (pl) ... posiada prawdziwie unikatowe cechy wyróżniające go spośród konkurencji.
- (es) ... ofrece una auténtica ventaja diferencial.
- (ro) ... este un punct de vânzare unic autentic.

Q10 Das Produkt ist vor allem anwenderfreundlich.

- (el) Το προϊόν είναι κυρίως φιλικό προς τον χρήστη.
- (pl) Produkt jest przede wszystkim przyjazny dla użytkownika.
- (es) Sobre todo, el producto es muy fácil de usar.
- (ro) Produsul este deosebit de ușor de utilizat.

Q11 Das Produkt zeichnet sich durch seine Nachhaltigkeit aus.

(el) Το προϊόν διακρίνεται για την αειφορία του.

(pl) Produkt wyróżnia się poprzez swój długi okres użytkowania.

(es) El producto destaca por su sostenibilidad.

(ro) Produsul se caracterizează prin durabilitate.

Q12 Die wichtigsten Produktmerkmale sind die geringen Schallemissionen.

(el) Τα σημαντικότερα χαρακτηριστικά του προϊόντος είναι οι χαμηλές ακουστικές εκπομπές.

(pl) Do najważniejszych cech produktu należą niskie emisje dźwięku.

(es) Las características más importantes del producto son sus escasas emisiones de ruido.

(ro) Cele mai importante caracteristici ale produsului sunt emisiile reduse de zgomot.

Q13 Es verbraucht wenig Energie und ist emissionsarm.

(el) Έχει χαμηλή κατανάλωση ενέργειας και χαμηλές εκπομπές.

(pl) Zużywa mało energii i jest ubogi w emisje.

(es) Consume poca energía y no emite ruido.

(ro) Consumă puțină energie și are o emisie redusă.

Q14 Wie sieht es mit der Haltbarkeit des Produkts aus?

(el) Τι γίνεται με τη διάρκεια ζωής του προϊόντος;

(pl) Jak wygląda kwestia przydatności produktu?

(es) ¿Qué hay de la durabilidad del producto?

(ro) Cum se prezintă perioada de valabilitate a produsului?

Q15 Das müssen wir erst noch testen.

(el) Για αυτό θα πρέπει να κάνουμε αρχικά κάποιες δοκιμές.

(pl) Musimy to jeszcze przetestować.

(es) Primero tenemos que probarlo.

(ro) Va trebui mai întâi să-l testăm.

Q16 Sehen Sie ein großes Potenzial für dieses Produkt?

(el) Βλέπετε να έχει μεγάλες δυνατότητες αυτό το προϊόν;

(pl) Czy widzi pan/pani w tym produkcie duży potencjał?

(es) ¿Le ve mucho potencial a este producto?

(ro) Preconizați un mare potențial pentru acest produs?

Q17 Ja, durchaus. Vor allem bei Privatkunden.

- el⟩ Ναι, όντως. Ιδιαίτερα στους ιδιώτες πελάτες.
- pl⟩ Tak, jak najbardziej. Przede wszystkim u klientów indywidualnych.
- es⟩ Sí, absolutamente. Sobre todo para clientes particulares.
- ro⟩ Da absolut. Mai întâi la clienții privați.

Q18 Das ist ein interessantes Produkt für unsere Firmenkunden.

- el⟩ Αυτό είναι ένα ενδιαφέρον προϊόν για τους εταιρικούς μας πελάτες.
- pl⟩ Jest to interesujący produkt dla naszych klientów firmowych.
- es⟩ Es un producto interesante para nuestros clientes de empresa.
- ro⟩ Acesta este un produs interesant pentru clienții firmei noastre.

Q19 Welche Vertriebswege bieten sich an?

- el⟩ Ποιοι δίαυλοι διανομής προσφέρονται;
- pl⟩ Jakie środki dystrybucji wchodzą w grę?
- es⟩ ¿Qué canales de distribución puede haber?
- ro⟩ Ce căi de distribuție sunt disponibile?

Q20 Wo können wir unsere Produkte am besten vertreiben?

- el⟩ Πού μπορούμε να διαθέσουμε τα προϊόντα μας με τον καλύτερο τρόπο;
- pl⟩ Gdzie możemy najlepiej sprzedawać nasze produkty?
- es⟩ ¿Dónde podemos vender mejor nuestros productos?
- ro⟩ Unde putem vinde produsele noastre cel mai bine?

Q21 Wir müssen neue Vertriebskanäle erschließen.

- el⟩ Θα πρέπει να αναπτύξουμε νέους διαύλους διανομής.
- pl⟩ Musimy pozyskać nowe kanały dystrybucji.
- es⟩ Debemos abrir nuevos canales de distribución.
- ro⟩ Trebuie să căutăm noi canale de distribuție.

Q22 Eignet sich das Produkt zur Weiterentwicklung?

- el⟩ Είναι το προϊόν κατάλληλο για περαιτέρω ανάπτυξη;
- es⟩ ¿Este producto se puede perfeccionar?

[pl] Czy ten produkt nadaje się do dalszego rozwoju?

[ro] Produsul este adecvat pentru o dezvoltare în continuare?

Q23 Das kann ich derzeit noch nicht sagen.

[el] Δεν μπορώ να πω ακόμα.

[es] Ahora mismo todavía no lo puedo decir.

[pl] Nie mogę tego na tę chwilę jeszcze powiedzieć.

[ro] Nu pot să afirm în prezent.

Q24 Können wir das Produkt auch umweltfreundlich herstellen?

[el] Μπορούμε να παράγουμε το προϊόν και με φιλικό τρόπο προς το περιβάλλον;

[es] ¿Podemos fabricar el producto también de forma ecológica?

[pl] Czy możemy produkować dany produkt przy pomocy metod przyjaznych środowisku?

[ro] Putem să fabricăm produsul astfel încât să fie favorabil mediului?

Q25 Eine umweltfreundliche Herstellung könnte sehr teuer werden.

[el] Μια παραγωγή φιλική προς το περιβάλλον θα μπορούσε να είναι πολύ ακριβή.

[es] Una fabricación ecológica podría ser muy cara.

[pl] Produkcja przyjazna dla środowiska może być bardzo droga.

[ro] O fabricație favorabilă mediului ar putea fi foarte costisitoare.

Q26 Gibt es für dieses Produkt Ersatzteile?

[el] Υπάρχουν ανταλλακτικά για το προϊόν;

[es] ¿Hay piezas de repuesto para este producto?

[pl] Czy istnieją dla tego produktu części zamienne?

[ro] Există piese de schimb pentru acest proiect?

Q27 Es gibt eine Ersatzteilgarantie bis Ende 2025.

[el] Υπάρχει εγγύηση ανταλλακτικών έως το τέλος του 2025.

[es] Hay una garantía para piezas de repuesto hasta finales de 2025.

[pl] Jest gwarancja na części zamienne do roku 2025.

[ro] Există o garanție a pieselor de schimb până în anul 2025.

Q28 Wie hoch sind die Herstellungskosten?

[el] Πόσο μεγάλο είναι το κόστος παραγωγής;

[es] ¿A cuánto ascienden los costes de fabricación?

pl〉 Jak wysokie są koszty produkcji?

ro〉 Cât de mari sunt costurile de
fabricaţie?

Q29 **Das können wir derzeit noch nicht genau abschätzen.**

el〉 Δεν μπορούμε να το εκτιμήσουμε προς το παρόν.

pl〉 Nie możemy tego na dany
moment jeszcze dokładnie oszacować.

es〉 Todavía no lo podemos calcular
con exactitud.

ro〉 Momentan noi nu putem estima
cu precizie.

Q30 **Wir möchten die neue Produktreihe auf der Messe vorstellen.**

el〉 Θέλουμε να παρουσιάσουμε τη
νέα σειρά προϊόντων στην
έκθεση.

pl〉 Chcielibyśmy przedstawić nową
serię produktów na targach.

es〉 Nos gustaría presentar la nueva
serie de productos en la feria.

ro〉 Noi dorim să prezentăm noua
serie de produse la expoziţie.

Q31 **Können wir den Verkaufserfolg abschätzen?**

el〉 Μπορούμε να εκτιμήσουμε την
επιτυχία των πωλήσεων;

pl〉 Czy możemy oszacować, jak
duże będą sukcesy w sprzedaży?

es〉 ¿Podemos calcular el éxito de
ventas?

ro〉 Putem estima succesul de vânzări?

Q32 **Ich bin überzeugt, dass sich das Produkt auf dem Markt etablieren
wird.**

el〉 Είμαι σίγουρος/-η ότι το προϊόν
θα καθιερωθεί στην αγορά.

pl〉 Jestem przekonany/przekonana,
że dany produkt znajdzie swoje
miejsce na rynku.

es〉 Estoy convencido/-a de que el
producto se establecerá en el
mercado.

ro〉 Eu sunt convins/-ă că produsul
se va impune pe piaţă.

Qualitätsanforderungen formulieren

el〉 Διατύπωση
προδιαγραφών ποιότητας

es〉 Formular requisitos de
calidad

pl〉 Formułujemy wymagania
odnośnie jakości

ro〉 Formularea cerințelor de
calitate

R01 Welche Qualitätsanforderungen müssen erfüllt werden?

el〉 Ποιες ποιοτικές προδιαγραφές
θα πρέπει να πληρούνται;

pl〉 Jakie wymagania względem
jakości muszą zostać spełnione?

es〉 ¿Qué requisitos de calidad se
deben cumplir?

ro〉 Care cerințe de calitate trebu-
iesc îndeplinite?

R02 Es müssen vor allem Kratzfestigkeit und Korrosionsbeständigkeit
gewährleistet sein.

el〉 Θα πρέπει να εξασφαλίζεται
κυρίως η ανθεκτικότητα στις
γρατσουνιές και στη διάβρωση.

pl〉 Musi zostać zapewniona odpor-
ność na zarysowania i rdzę.

es〉 Sobre todo hay que garantizar
la resistencia a los arañazos y a
la corrosión.

ro〉 În primul rând trebuie să fie
garantată rezistența la zgâriere
și la coroziune.

R03 Das Kriterium der Nachhaltigkeit muss erfüllt sein.

el〉 Το κριτήριο της αειφορίας θα
πρέπει να πληρείται.

pl〉 Musi zostać spełnione kryterium
długotrwałego użytkowania.

es〉 Hay que cumplir el criterio de
sostenibilidad.

ro〉 Va trebui să fie îndeplinit crite-
riul de durabilitate.

R04 Die Tragsicherheit, Haltbarkeit und Gebrauchstauglichkeit sind
wesentliche Gütekriterien.

el〉 Η ικανότητα φόρτωσης, η διάρκεια ζωής και η καταλληλότητα
για χρήση αποτελούν σημαντικά
κριτήρια ποιότητας.

pl〉 Wytrzymałość i przydatność do
użytku to najważniejsze kryteria
którymi odznacza się dobry produkt.

es〉 La seguridad de carga, la durabilidad y la idoneidad para el uso
previsto son criterios de calidad
esenciales.

ro〉 Siguranța portantă, timpul de
valabilitate și utilizabilitatea
sunt criterii esențiale de calitate.

R05 Welche Aspekte müssen wir besonders berücksichtigen?

- **el** Ποιους παράγοντες θα πρέπει να λάβουμε ιδιαίτερα υπόψη;
- **pl** Na jakie aspekty powinniśmy zwrócić szczególną uwagę?
- **es** ¿Qué aspectos debemos tener especialmente en cuenta?
- **ro** Ce aspecte trebuie să luăm în considerare în mod deosebit?

R06 Das können Sie auf der Checkliste nachsehen.

- **el** Αυτό μπορείτε να το δείτε στη λίστα ελέγχου.
- **pl** Można to sprawdzić na liście.
- **es** Puede consultarlos en la lista de comprobación.
- **ro** Aceast lucru puteţi să-l vedeţi pe lista de verificări.

R07 Unsere Produkte müssen internationalen Normen entsprechen.

- **el** Τα προϊόντα μας πρέπει να ανταποκρίνονται σε διεθνή πρότυπα.
- **pl** Nasze produkty muszą odpowiadać międzynarodowym normom.
- **es** Nuestros productos deben cumplir normas internacionales.
- **ro** Produsele noastre trebuie să corespundă normelor internaţionale.

R08 Unser Qualitätsmanagement sieht folgende Qualitätskontrollen vor: ...

- **el** Η διαχείριση ποιότητας προβλέπει τους ακόλουθους ελέγχους ποιότητας:...
- **pl** Nasz dział zarządzania jakością przewiduje następujące kontrole jakości: ...
- **es** Nuestra gestión de calidad prevé los siguientes controles de calidad:...
- **ro** Managementul calităţii prevede următoarele controale de calitate: ...

R09 Alle drei Jahre erfolgt eine Qualitätsprüfung durch eine unabhängige Zertifizierungsstelle.

- **el** Κάθε τρία χρόνια πραγματοποιείται έλεγχος ποιότητας από ανεξάρτητο φορέα πιστοποίησης.
- **pl** Co trzy lata ma miejsce kontrola jakości przeprowadzana przez niezawisły urząd wydający certyfikaty.
- **es** Cada tres años, un organismo de certificación independiente realiza un control de calidad.
- **ro** La fiecare trei ani se efectuează un control de calitate de către o autoritate independentă de certificare.

R10 Wir achten bei der Vergabe eines Auftrags darauf, dass wir nur qualifizierte Ingenieure beschäftigen.

el⟩ Κατά την ανάθεση ενός έργου δίνουμε προσοχή στο να απασχολούμε μόνο μηχανικούς με τα ανάλογα προσόντα.

pl⟩ Przy wydawaniu zleceń staramy się uważać, aby zatrudniać tylko wykwalifikowanych inżynierów.

es⟩ A la hora de adjudicar un contrato, procuramos que solo se encarguen de ello ingenieros cualificados.

ro⟩ La atribuirea unui contract avem grijă să mandatăm numai ingineri calificați.

R11 Gibt es in Ihrer Firma einen Beauftragten für Produktsicherheit?

el⟩ Υπάρχει στην εταιρεία σας υπεύθυνος για την ασφάλεια προϊόντων;

pl⟩ Czy jest u państwa osoba odpowiedzialna za bezpieczeństwo produktu?

es⟩ ¿En su empresa hay un encargado de seguridad de los productos?

ro⟩ Există în firma dumneavoastră un responsabil pentru siguranța produselor?

R12 Selbstverständlich. Wir beschäftigten einen Beauftragten an jedem Produktionsstandort.

el⟩ Βεβαίως. Απασχολούμε έναν υπεύθυνο σε κάθε μονάδα παραγωγής.

pl⟩ Oczywiście. Zatrudniamy taką osobę w każdym zakładzie produkcyjnym.

es⟩ Por supuesto. Tenemos un encargado en cada sede de producción.

ro⟩ Bineînțeles. Noi am mandatat un reprezentat în fiecare punct de producție.

> Für das sprachliche Meistern von allgemeineren beruflichen Szenarien wie Besprechungen, Jahresgespräche, Lob und Kritik, Konfliktsituationen und vieles mehr, möchten wir Ihnen den Berufssprachführer *Deutsch in der Firma* (ISBN 978-3-19-007475-4) empfehlen, der schon in unserer Reihe *Hueber Beruf* erschienen ist.

Forschung und Entwicklung

(el) Έρευνα και ανάπτυξη

(es) Investigación y desarrollo

(pl) Badania i prace naukowe

(ro) Cercetare și dezvoltare

Über die Forschung sprechen

ⓔⓛ Αναφορά στην έρευνα   ⓔⓢ Hablar sobre investigación

ⓟⓛ Rozmawiamy o badaniach naukowych   ⓡⓞ Discuţii despre cercetare

S01 An was forschen Sie aktuell?

ⓔⓛ Ποιο είναι το αντικείμενο της έρευνάς σας αυτή τη στιγμή;

ⓟⓛ Nad czym pan/pani aktualnie pracuje?

ⓔⓢ ¿Qué está investigando actualmente?

ⓡⓞ Ce anume cercetaţi în prezent?

S02 Ich forsche derzeit im Bereich der Optik.

ⓔⓛ Αυτή τη στιγμή διεξάγω έρευνες στον τομέα της οπτικής.

ⓟⓛ Obecnie prowadzę badania z zakresu optyki.

ⓔⓢ Ahora estoy investigando en el campo de la óptica.

ⓡⓞ În prezent eu cercetez în domeniul optic.

S03 Was genau? Können Sie etwas über Ihr Thema berichten?

ⓔⓛ Τι ακριβώς; Θα μπορούσατε να μας πείτε κάτι σχετικά με αυτό;

ⓟⓛ A dokładnie? Czy może mi pan/pani coś więcej na ten temat powiedzieć?

ⓔⓢ ¿Qué exactamente? ¿Puede contarme algo sobre el tema?

ⓡⓞ Ce anume? Puteţi să ne relataţi ceva despre tema dumneavoastră?

S04 Ja, gerne. Es geht um die Funktionsweise der wichtigsten Lasertypen.

ⓔⓛ Ναι, ευχαρίστως. Πρόκειται για τον τρόπο λειτουργίας των σημαντικότερων τύπων λέιζερ.

ⓟⓛ Tak, chętnie. Chodzi o sposób funkcjonowania najważniejszych modeli lasera.

ⓔⓢ Sí, con mucho gusto. Se trata del funcionamiento de los tipos de láser más importantes.

ⓡⓞ Da, bucuros. Este vorba de modul de funcţionare al celor mai importante tipuri de laser.

S05 Gibt es schon aussagekräftige Erkenntnisse?

ⓔⓛ Υπάρχουν ήδη έγκυρα πορίσματα;

ⓔⓢ ¿Hay ya datos significativos?

pl⟩ Czy dysponujemy już jakąś konkretną wiedzą?

ro⟩ Există deja concluzii semnificative?

S06 Ja, die Ergebnisse waren bisher ganz vielversprechend.

el⟩ Ναι, τα αποτελέσματα ήταν ήδη πολλά υποσχόμενα.

es⟩ Sí, hasta el momento los resultados fueron muy prometedores.

pl⟩ Tak, dotychczasowe wyniki były całkiem obiecujące.

ro⟩ Da, rezultatele au fost până acum foarte promiţătoare.

S07 Wir rechnen in circa zwei Monaten mit den ersten verwertbaren Ergebnissen.

el⟩ Υπολογίζουμε να έχουμε τα πρώτα αξιοποιήσιμα αποτελέσματα σε περίπου δυο μήνες.

es⟩ Calculamos que en unos dos meses tendremos los primeros resultados aprovechables.

pl⟩ Liczymy na to, że w ciągu następnych dwóch miesięcy będziemy mogli przedstawić pierwsze konkretne wyniki.

ro⟩ Noi sperăm ca în aproximativ două luni să obţinem primele rezultate.

S08 Wie sieht es mit der Umsetzung Ihrer Forschungserkenntnisse in die Praxis aus?

el⟩ Τι γίνεται με την εφαρμογή της έρευνάς σας στην πράξη;

es⟩ ¿Qué hay de la aplicación a la práctica de los descubrimientos de su investigación?

pl⟩ Co z możliwością zastosowania pańskich/pani wyników badań w praktyce?

ro⟩ Cum se prezintă punerea în aplicare a cunoştinţelor dumneavoastră de cercetare în practică?

S09 Ich denke, es bestehen gute Möglichkeiten für eine Umsetzung in praxistaugliche Produkte.

el⟩ Πιστεύω ότι υπάρχουν καλές προοπτικές για την εφαρμογή της σε πρακτικά χρήσιμα προϊόντα.

es⟩ Creo que hay buenas posibilidades de aplicarlos a productos útiles en la práctica.

pl⟩ Uważam, że istnieją duże szanse na przekształcenie w produkty znajdujące zastosowanie w praktyce.

ro⟩ Eu cred, că există posibilităţi favorabile pentru punerea în aplicare în produse practice.

S10 **Wie schätzen Sie das Entwicklungspotenzial für erneuerbare Energien ein?**

el⟩ Πώς εκτιμάτε τις δυνατότητες ανάπτυξης των ανανεώσιμων πηγών ενέργειας;

es⟩ ¿Cómo ve el potencial de desarrollo de las energías renovables?

pl⟩ Jak pan/pani widzi potencjał rozwojowy w zakresie źródeł energii odnawialnej?

ro⟩ Cum apreciați potențialul de dezvoltare pentru energia regenerabilă?

S11 **Die neuesten Erkenntnisse legen nahe, dass ...**

el⟩ Τα πιο πρόσφατα αποτελέσματα δείχνουν, ότι...

es⟩ Los datos más recientes sugieren que...

pl⟩ Najnowsze wyniki sugerują, że ...

ro⟩ Ultimele descoperiri sugerează, că ...

S12 **Wir konnten folgende Schlüsse ziehen: ...**

el⟩ Μπορέσαμε να βγάλουμε τα ακόλουθα συμπεράσματα:...

es⟩ Pudimos sacar las siguientes conclusiones:...

pl⟩ Możemy wyciągnąć następujące wnioski: ...

ro⟩ Putem trage următoarele concluzii: ...

S13 **Die Forschungsergebnisse haben zu einer völligen Neudeutung in diesem Bereich geführt.**

el⟩ Τα αποτελέσματα της έρευνας οδήγησαν σε μια εντελώς καινούρια ερμηνεία σε αυτόν τον τομέα.

es⟩ Los resultados de la investigación han conducido a una interpretación totalmente nueva en este campo.

pl⟩ Wyniki badań naukowych doprowadziły do całkiem nowego punktu widzenia w tym zakresie.

ro⟩ Rezultatele cercetărilor au condus la o semnificație complet nouă în acest domeniu.

Fakten vermitteln

- (el) Αναφορά σε δεδομένα
- (es) Proporcionar datos
- (pl) Przekazujemy fakty
- (ro) Evaluarea datelor

S14 Könnten Sie bitte die Kennzahlen für die Leistungsfähigkeit der technischen Anlagen zusammenstellen?

(el) Θα μπορούσατε να συγκεντρώσετε τους δείκτες αποδοτικότητας των τεχνικών εγκαταστάσεων;

(pl) Czy może mi pan/pani zestawić wskaźniki dotyczące wydajności urządzeń technicznych?

(es) ¿Podría compilar los indicadores del rendimiento de las instalaciones técnicas?

(ro) Puteţi să alcătuiţi indicatorii pentru productivitatea echipamentului tehnic?

S15 Gerne. Folgende Kennzahlen spielen eine wichtige Rolle: ...

(el) Ευχαρίστως. Οι ακόλουθοι δείκτες παίζουν σημαντικό ρόλο:...

(pl) Chętnie. Następujące wskaźniki odgrywają ważną rolę: ...

(es) Con mucho gusto. Los siguientes indicadores desempeñan un papel importante:...

(ro) Următorii indicatori joacă un rol important: ...

S16 Die Leistungsfähigkeit ist in erster Linie abhängig von ...

(el) Η αποδοτικότητα εξαρτάται κατά κύριο λόγο από...

(pl) Wydajność jest w pierwszej linii uzależniona od ...

(es) El rendimiento depende en primer lugar de...

(ro) Productivitatea este dependentă în primul rând de ...

S17 Welche Ausgaben müssen wir berücksichtigen?

(el) Ποια έξοδα θα πρέπει να λάβουμε υπόψη;

(pl) Z jakimi wydatkami musimy się liczyć?

(es) ¿Qué gastos debemos tener en cuenta?

(ro) Ce cheltuieli trebuie să luăm în considerare?

S18 Wir sollten vor allem Investitionskosten und Betriebskosten beachten.

(el) Θα πρέπει να προσέξουμε κυρίως το επενδυτικό και το λειτουργικό κόστος.

(es) Deberíamos prestar atención sobre todo a los costes de inversión y de explotación.

pl⟩ Musimy przede wszystkim zwrócić uwagę na koszty inwesty-
cyjne i koszty eksploatacji.

ro⟩ Noi trebuie să urmărim în primul
rând costurile de investiţii şi de
funcţionare.

S19 Was könnte hohe Kosten verursachen?

el⟩ Τι θα μπορούσε να προκαλέσει
υψηλό κόστος;

es⟩ ¿Qué podría originar unos costes elevados?

pl⟩ Co może zwiększyć koszty?

ro⟩ Ce ar putea provoca costuri ridicate?

S20 Meiner Meinung nach entstehen erhöhte Kosten vor allem durch ...

el⟩ Κατά την άποψή μου ένα υψηλό-
τερο κόστος προκύπτει κυρίως
από...

es⟩ En mi opinión, el aumento de
los costes se produce sobre
todo debido a...

pl⟩ Moim zdaniem podwyższone
koszty mogą powstawać przede
wszystkim poprzez ...

ro⟩ După părerea mea se produc
costuri ridicate datorită ...

S21 Gibt es neue Erkenntnisse über den Bedarf an ...?

el⟩ Υπάρχουν νέα στοιχεία για τη
ζήτηση σε...;

es⟩ ¿Hay nuevos datos sobre la
demanda de...?

pl⟩ Czy wiemy coś na temat zapo-
trzebowania na ...?

ro⟩ Există dovezi noi despre necesi-
tatea de ...?

S22 Leider haben wir noch keine aktuellen Zahlen vorliegen.

el⟩ Δυστυχώς δεν διαθέτουμε
ακόμα κάποια πρόσφατα στοιχεία.

es⟩ Lamentablemente, todavía no
disponemos de cifras actuales.

pl⟩ Nie dysponujemy jeszcze niestety aktualnymi liczbami.

ro⟩ Din păcate noi nu avem încă la
dispoziţie cifre actuale.

S23 Es ist zu erwarten, dass der Bedarf ansteigt.

el⟩ Αναμένουμε ότι η ζήτηση θα
αυξηθεί.

es⟩ Se espera que la demanda
aumente.

pl⟩ Oczekujemy, że zapotrzebowanie wzrośnie.

ro⟩ Este de aşteptat ca cererea să
crească.

S24 Laut der Statistik sinkt der Bedarf seit zwei Jahren.

el⟩ Σύμφωνα με τη στατιστική η ζήτηση μειώνεται εδώ και δύο χρόνια.

es⟩ Según las estadísticas, la demanda baja cada dos años.

pl⟩ Jak pokazują statystyki, zapotrzebowanie spada od dwóch lat.

ro⟩ Conform statisticii cererea scade de doi ani.

S25 Der Bedarf ist in diesem Monat im Vergleich zum Vorjahr um 3 % gestiegen.

el⟩ Η ζήτηση αυξήθηκε αυτόν τον μήνα κατά 3 % σε σχέση με το προηγούμενο έτος.

es⟩ En comparación con el año anterior, este mes la demanda aumentó un 3 %.

pl⟩ W porównaniu do poprzedniego roku zapotrzebowanie wzrosło w tym miesiącu o 3 %.

ro⟩ Cererea a crescut în această lună cu 3 % în comparaţie cu anul trecut.

S26 Die Messungen ergaben Folgendes: ...

el⟩ Από τις μετρήσεις προέκυψαν τα εξής:...

es⟩ Las mediciones revelaron lo siguiente:...

pl⟩ Pomiary pokazały następujący wynik: ...

ro⟩ Din aceste măsurători rezultă următoarele: ...

S27 Dies ist ein Überblick über die Testergebnisse.

el⟩ Αυτή είναι η επισκόπηση των αποτελεσμάτων των δοκιμών.

es⟩ Esto es un resumen de los resultados de la prueba.

pl⟩ Oto ogólny zarys wyników testu.

ro⟩ Aceasta este o privire de ansamblu asupra rezultatelor testelor.

S28 Der Energieverbrauch ist um 5 % gestiegen.

el⟩ Η κατανάλωση ενέργειας αυξήθηκε κατά 5 %.

es⟩ El consumo de energía aumentó un 5 %.

pl⟩ Zużycie energii wzrosło o 5 %.

ro⟩ Consumul de energie a crescut cu 5 %.

S29 Die Produktionskosten konnten um ein Viertel gesenkt werden.

el⟩ Το κόστος παραγωγής μπόρεσε να μειωθεί κατά ένα τέταρτο.

es⟩ Los costes de producción disminuyeron una cuarta parte.

pl> Koszty produkcji mogły zostać obniżone o jedną czwartą.

ro> Costurile de producţie ar putea să scadă cu un sfert.

S30 Bitte schicken Sie mir alle Informationen zu, inklusive der Auswertungsergebnisse.

el> Στείλτε μου παρακαλώ όλες τις πληροφορίες, συμπεριλαμβανομένων των αποτελεσμάτων της αξιολόγησης.

pl> Proszę, niech mi pan/pani prześle wszystkie informacje, łącznie z wynikami.

es> Por favor, envíeme toda la información, incluidos los resultados de la evaluación.

ro> Vă rugăm să-mi trimite-ţi toate informaţiile, inclusiv rezultatele evaluării.

Technische Innovationen besprechen

el> Αναφορά σε τεχνικές καινοτομίες

pl> Omawiamy techniczne inowacje

es> Hablar sobre innovaciones técnicas

ro> Discutarea inovaţiilor tehnice

T01 Welche Innovationen gibt es auf dem Gebiet der Unterhaltungselektronik?

el> Ποιες καινοτομίες υπάρχουν στον τομέα της ηλεκτρονικής ψυχαγωγίας;

pl> Jakie nowości możemy znaleźć w dziedzinie elektroniki fonotechnicznej?

es> ¿Qué innovaciones hay en el campo de la electrónica de consumo?

ro> Ce fel de inovaţii există în domeniul electronicii de larg consum?

T02 Wirklich innovativ ist das Smart TV.

el> Πραγματικά καινοτόμα είναι η Smart TV.

pl> Naprawdę inowacyjne jest Smart TV.

es> La Smart TV es realmente innovadora.

ro> Cu adevărat inovativ este televizorul de tip Smart.

T03 Was ist das Neuartige an der Gestaltung dieser Keramikoberfläche?

el> Ποια είναι η καινοτομία σχετικά

es> ¿Cuál es el aspecto más nove-

με τη διαμόρφωση της κεραμι-
κής επιφάνειας;

pl> Co jest nowatorskiego w procesie kształtowania tej
powierzchni ceramicznej?

doso del diseño de esta superfi-
cie cerámica?

ro> Care este noutatea la proiectarea acestei suprafeţe ceramice?

T04 Eine geeignete Laserbehandlung verbessert die Qualität der Verbundteile.

el> Μια κατάλληλη επεξεργασία με
λέιζερ βελτιώνει την ποιότητα
των συστατικών μερών.

pl> Odpowiednie zabiegi laserem
poprawiają jakość kompozytów.

es> Un tratamiento de láser adecuado mejora la calidad de las
piezas compuestas.

ro> Un tratament adecvat cu laser
îmbunătăţeşte calitatea pieselor
compozit.

T05 Welche Brennstoffe werden in Zukunft verstärkt verlangt werden?

el> Για ποια καύσιμα θα υπάρχει
μεγαλύτερη ζήτηση στο μέλ-
λον;

pl> Na jakie paliwa wzrośnie w
przyszłości zapotrzebowanie?

es> ¿Qué combustibles se demanda-
rán más en el futuro?

ro> Ce combustibili vor fi solicitaţi
cel mai mult în viitor?

T06 Ich meine, dass die Erzeugung von synthetischem Brenngas wichtig sein wird.

el> Πιστεύω ότι η παραγωγή συνθε-
τικού καύσιμου αερίου θα είναι
ιδιαίτερα σημαντική.

pl> Uważam, że wytwarzanie synte-
tycznego paliwa gazowego stanie się ważne.

es> Creo que la generación de gas
de combustión sintético será
importante.

ro> Eu cred că producerea gazului
sintetic va fi importantă.

T07 Werden in Ihrer Firma neue Entwicklungen vorangetrieben?

el> Προωθούνται νέες εξελίξεις
στην εταιρεία σας;

pl> Czy rozwój techniczny w państwa firmie jest ważny?

es> ¿Impulsan en su empresa los
nuevos avances?

ro> Vor fi promovate în firma dumneavoastră noi evoluţii?

T08 Ja, vor allem im Bereich hochwertiger Elektrowerkzeuge.

el> Ναι, ιδίως στον τομέα των

es> Sí, sobre todo en el campo de

ηλεκτρικών εργαλείων υψηλής
αξίας.

pl〉 Tak, przede wszystkim w zakresie wysokogatunkowych elektro-
narzędzi.

las herramientas eléctricas de
alta calidad.

ro〉 Da, înainte de toate în domeniul
sculelor electromagnetice de
valoare.

T09 **Wie können wir Innovationshemmnisse beseitigen?**

el〉 Πώς μπορούμε να καταργή-
σουμε τα εμπόδια στην καινοτομία;

pl〉 W jaki sposób możemy pozbyć
się barier inowacyjnych?

es〉 ¿Cómo podemos eliminar los
obstáculos a la innovación?

ro〉 Cum putem elimina barierele din
calea inovațiilor?

T10 **Ein vereinfachter Einführungsprozess hilft, die Innovationshürden zu reduzieren.**

el〉 Μια απλοποιημένη διαδικασία
εισαγωγής βοηθά στη μείωση
των εμποδίων στην καινοτομία.

pl〉 Uproszczone procesy wdraża-
jące pomagają redukować
bariery inowacyjne.

es〉 Un proceso de introducción sim-
plificado ayuda a reducir los
obstáculos a la innovación.

ro〉 Un proces simplificat de punere
în aplicare contribuie la reducerea obstacolelor.

Weiterentwicklungen vorschlagen

el〉 Προτάσεις σχετικά με την
περαιτέρω ανάπτυξη

pl〉 Pokazujemy
zainteresowanie dalszym
rozwojem

es〉 Proponer avances

ro〉 Sugerarea evoluțiilor

T11 **Ich würde gerne einen Vorschlag machen.**

el〉 Θα ήθελα να κάνω μια πρόταση.

pl〉 Chciałbym/Chciałabym złożyć
panu/pani propozycję.

es〉 Me gustaría hacer una propuesta.

ro〉 Eu aș dori să fac o propunere.

T12 **Wir sollten neue Methoden für ... entwickeln.**

el〉 Θα ήταν καλό να αναπτύξουμε
νέες μεθόδους για...

es〉 Deberíamos desarrollar nuevos
métodos para...

pl⟩ Powinniśmy opracować nowe metody dla …

ro⟩ Noi am putea dezvolta noi metode pentru …

T13 Wie wäre es, wenn wir diese Technologie in reduzierter Form auch den Privatkunden anbieten würden?

el⟩ Πώς θα ήταν, εάν προσφέραμε την τεχνολογία αυτή σε περιορισμένη μορφή και σε ιδιώτες πελάτες;

pl⟩ Co by było, gdybyśmy udostępnili tę technologię również prywatnym klientom?

es⟩ ¿Qué tal si ofreciéramos esta tecnología de forma reducida también a clientes particulares?

ro⟩ Cum ar fi dacă, noi am oferi și clienților privați această tehnologie într-o formă redusă?

T14 Was halten Sie von der Idee, das Design zu modernisieren?

el⟩ Πώς σας φαίνεται η ιδέα να εκσυγχρονιστεί το ντιζάιν;

pl⟩ Co pan/pani myśli o tym, ażeby zmodernizować design?

es⟩ ¿Qué opina de la idea de modernizar el diseño?

ro⟩ Ce părere aveți despre ideea de a moderniza Design-ul?

T15 Durch ein paar zusätzliche Funktionen könnten wir daraus ein neues Produkt mit einigem Mehrwert entwickeln.

el⟩ Με κάποιες πρόσθετες λειτουργίες θα μπορούσαμε από αυτό να αναπτύξουμε ένα νέο προϊόν με μεγαλύτερη προστιθέμενη αξία.

pl⟩ Poprzez wprowadzenie kilku dodatkowych funkcji, moglibyśmy opracować nowy produkt, ulepszony o kilka dodatków.

es⟩ Mediante un par de funciones adicionales, podríamos desarrollar un nuevo producto con algo de valor añadido.

ro⟩ Printr-o serie de funcții suplimentare vom putea dezvolta un produs nou cu o anumită valoare adăugată.

T16 Wir müssen neue Automatisierungsansätze für die Produktion von … finden.

el⟩ Πρέπει να βρούμε νέες προσεγγίσεις αυτοματοποίησης για την παραγωγή των…

es⟩ Tenemos que encontrar nuevos enfoques de automatización para la producción de…

(pl) Musimy poszukać nowych rozwiązań, aby zautomatyzować produkcję ...

(ro) Noi trebuie să găsim noi soluții de automatizare pentru producția de ...

T17 Wir können die Wettbewerbsfähigkeit verbessern, wenn wir ...

(el) Μπορούμε να βελτιώσουμε την ανταγωνιστικότητα, εάν ...

(es) Podemos mejorar la competitividad si...

(pl) Moglibyśmy być bardziej konkurencyjni, jeżeli ...

(ro) Putem să îmbunătățim capacitatea de concurență, dacă noi ...

T18 Wir könnten die Kosten reduzieren, indem wir ...

(el) Μπορούμε να μειώσουμε το κόστος μέσω...

(es) Podríamos reducir los costes si...

(pl) Moglibyśmy zredukować koszty poprzez ...

(ro) Putem reduce costurile dacă noi ...

T19 Was halten Sie von diesem Vorschlag?

(el) Πώς σας φαίνεται αυτή η πρόταση;

(es) ¿Qué opina de esta propuesta?

(pl) Co pan/pani myśli o tej propozycji?

(ro) Ce părere aveți despre această propunere?

T20 Das ist ein ausgezeichneter Vorschlag!

(el) Αυτή είναι μια εξαιρετική πρόταση!

(es) ¡Es una propuesta excelente!

(pl) To jest bardzo dobry pomysł!

(ro) Aceasta este o propunere excelentă!

T21 Ich bin mir nicht sicher, ob der Vorschlag gut umzusetzen ist.

(el) Δεν είμαι σίγουρος/-η ότι η πρόταση αυτή μπορεί να πραγματοποιηθεί εύκολα.

(es) No estoy seguro/-a de si la propuesta se puede aplicar bien.

(pl) Nie jestem pewien/pewna, czy ten pomysł da się w stu procentach zrealizować.

(ro) Eu nu sunt sigur/-ă că propunerea se poate pune bine în aplicare.

T22 Ich habe da meine Bedenken: ...

(el) Έχω τους ενδοιασμούς μου:...

(es) Tengo mis dudas al respecto:...

(pl) Mam co do tego swoje obawy: ...

(ro) Eu am îndoielile mele: ...

In der IT-Abteilung

ⓔⓛ Στο τμήμα IT

ⓟⓛ W dziale IT

ⓔⓢ En el departamento de informática

ⓡⓞ În secția de informatică

Computer und Netzwerke

el⟩ Υπολογιστές και δίκτυα

es⟩ Ordenadores y redes

pl⟩ Komputer i sieci

ro⟩ Computerul şi reţelele

U01 Es gab einen Virenangriff.

el⟩ Δεχθήκαμε επίθεση από ιό.

es⟩ Hubo un ataque de virus.

pl⟩ Mieliśmy atak wirusa.

ro⟩ A fost un atac cu viruşi.

U02 Einige Rechner wurden von einem Trojaner infiziert.

el⟩ Μερικοί υπολογιστές μολύνθηκαν από Δούρειο Ίππο.

es⟩ Algunos ordenadores fueron infectados por un troyano.

pl⟩ Kilka komputerów zostało zainfekowanych koniem trojańskim.

ro⟩ Unele calculatoare au fost infectate de către Trojeni.

U03 Wie können wir überprüfen, ob unsere PCs von Viren befallen sind?

el⟩ Πώς μπορούμε να ελέγξουμε εάν οι υπολογιστές μας έχουν κολλήσει ιό;

es⟩ ¿Cómo podemos comprobar si nuestros PC han sido atacados por virus?

pl⟩ W jaki sposób możemy sprawdzić, czy nasze komputery zostały zaatakowane przez wirusy?

ro⟩ Cum putem să verificăm dacă PC-ul nostru a fost atacat de viruşi?

U04 Am besten über das XY Boot-Medium.

el⟩ Καλύτερα μέσω του XY Boot-Medium.

es⟩ Lo mejor es utilizar la unidad de arranque XY.

pl⟩ Najlepiej poprzez XY Boot-Medium.

ro⟩ Cel mai bine prin intermediul XY Boot Medium.

U05 Der Softwarefehler wird von einem Virus verursacht.

el⟩ Το σφάλμα του λογισμικού προκαλείται από ιό.

es⟩ El error de software lo ha causado un virus.

pl⟩ Przyczyną błędu w oprogramowaniu jest wirus.

ro⟩ Eroarea de soft a fost cauzată de un virus.

U06 Es gibt ein Hardwareproblem. Die Festplatte ist defekt.

el⟩ Υπάρχει πρόβλημα στο υλι-

es⟩ Hay un problema con el

σμικό. Ο σκληρός δίσκος παρου-
σιάζει βλάβη.

hardware. El disco duro está
averiado.

pl Pojawił się problem ze sprzę-
tem. Twardy dysk jest uszko-
dzony.

ro Există o problemă de hard.
Placa de bază este defectă.

U07 Die Festplatte ist voll.

el Ο σκληρός δίσκος γέμισε.

es El disco duro está lleno.

pl Twardy dysk jest pełny.

ro Placa de bază este plină.

U08 Welches Betriebssystem läuft auf dem Rechner?

el Ποιο λειτουργικό σύστημα έχει
ο υπολογιστής;

es ¿Con qué sistema operativo tra-
baja el ordenador?

pl Jaki system operacyjny znajduje
się na komputerze?

ro Ce sistem de operare se află
instalat pe calculator?

U09 Das Betriebssystem sollte aktualisiert werden.

el Το λειτουργικό σύστημα πρέπει
να ενημερωθεί.

es El sistema operativo debería
actualizarse.

pl System operacyjny powinien
zostać zaktualizowany.

ro Sistemul de operare trebuie să
fie actualizat.

U10 Ich fahre den Rechner jetzt runter und dann gleich wieder hoch.

el Κάνω επανεκκίνηση στον υπολογιστή.

es Ahora voy a apagar el ordenador y reiniciarlo.

pl Wyłączę teraz komputer i zaraz
potem ponownie go uruchomię.

ro Eu voi deconecta acum calculatorul iar apoi îl voi conecta din
nou.

U11 Der Server ist leider abgestürzt.

el Δυστυχώς έπεσε ο σέρβερ.

es Por desgracia, el servidor se ha
caído.

pl Serwer niestety siadł.

ro Din păcate, serverul a căzut.

U12 Der Server wird am Freitag von 15.30 Uhr bis 18.00 Uhr herunterge-
fahren und gewartet.

el Ο σέρβερ θα βρίσκεται την

es El servidor se desconectará el

Παρασκευή μεταξύ 15.30 και 18.00 εκτός λειτουργίας για λόγους συντήρησης.

pl W piątek między 15.30 a 18.00 serwer zostanie wyłączony i poddany konserwacji.

viernes de 15.30 a 18.00 h y entrará en mantenimiento.

ro Serverul va fi deconectat şi reparat vineri de la orele 15.30 până la 18.00.

U13 **Der Server ist nun wieder verfügbar.**

el Ο σέρβερ είναι και πάλι διαθέσιμος.

pl Serwer jest znów dostępny.

es El servidor ya vuelve a estar disponible.

ro Serverul este disponibil din nou.

U14 **Ich installiere Ihnen ein Programm für ...**

el Θα σας εγκαταστήσω πρόγραμμα για...

pl Zainstaluję panu/pani program do ...

es Le estoy instalando un programa para...

ro Vă instalez un program pentru ...

U15 **Die Vorgängerversion muss erst deinstalliert werden.**

el Θα πρέπει πρώτα να απεγκατασταθεί η προηγούμενη έκδοση.

pl Poprzednia wersja musi najpierw zostać odinstalowana.

es Primero hay que desinstalar la versión anterior.

ro Va trebui mai întâi să deinstalăm versiunea precedentă.

U16 **Das Update wird gleich eingespielt.**

el Η ενημέρωση θα εγκατασταθεί άμεσα.

pl Aktualizacja zaraz się zainstaluje.

es La actualización se descargará enseguida.

ro Actualizarea se va face imediat.

U17 **Um das Update zu installieren, brauchen Sie Administratorenrechte.**

el Για την εγκατάσταση της ενημέρωσης χρειάζεστε δικαιώματα του διαχειριστή.

pl Aby zainstalować aktualizację, potrzebne są prawa administratorskie.

es Para instalar la actualización, necesita derechos de administrador.

ro Pentru a instala actualizarea programului aveți nevoie de drepturi de administrare.

Programmieren

ⓔⓛ Προγραμματισμός   ⓔⓢ Programación

ⓟⓛ Programowanie   ⓡⓞ Programarea

U18 **Kennen Sie sich mit formalen Sprachen aus?**

ⓔⓛ Γνωρίζετε τις τυπικές γλώσσες;

ⓟⓛ Czy zna się pan/pani na formalnych językach programowania?

ⓔⓢ ¿Está familiarizado/-a con los lenguajes formales?

ⓡⓞ Cunoașteți limbajele formale?

U19 **Ja, zum Beispiel mit C++ und Java.**

ⓔⓛ Ναι για παράδειγμα C++ και Java.

ⓟⓛ Tak, na przykład C++ i Java.

ⓔⓢ Sí, por ejemplo con C++ y Java.

ⓡⓞ Da de ex. cu C++ și Java.

U20 **Das kann man leicht mit regulären Ausdrücken lösen.**

ⓔⓛ Αυτό μπορεί να λυθεί εύκολα με κανονικούς όρους.

ⓟⓛ To można łatwo rozwiązać przy pomocy regularnych wyrażeń.

ⓔⓢ Eso se puede solucionar fácilmente con expresiones regulares.

ⓡⓞ Acest lucru este ușor de rezolvat , folosind expresii regulate.

U21 **Ich schreibe Ihnen ein Stylesheet, mit dem Sie eine HTML-Ansicht generieren können.**

ⓔⓛ Θα σας φτιάξω ένα stylesheet με το οποίο μπορείτε να δημιουργήσετε προβολή HTML.

ⓟⓛ Napiszę panu/pani arkusz stylów, przy pomocy którego może pan/pani wygenerować widok w HTMLu.

ⓔⓢ Le estoy haciendo una hoja de estilo con la que podrá generar una vista HTML.

ⓡⓞ Vă scriu un Stylesheet cu care puteți genera o imagine HTML.

U22 **Womit beschäftigen Sie sich gerade?**

ⓔⓛ Με τι ασχολείστε αυτή τη στιγμή;

ⓟⓛ Nad czym pan/pani obecnie pracuje?

ⓔⓢ ¿En qué está trabajando ahora mismo?

ⓡⓞ Cu ce vă ocupați în prezent?

U23 Ich beschäftige mich mit dem Entwurf und der Entwicklung neuartiger Algorithmen.

el⟩ Ασχολούμαι με τον σχεδιασμό και την ανάπτυξη νέων αλγορίθμων.

pl⟩ Zajmuję się projektowaniem i opracowywaniem algorytmów nowej generacji.

es⟩ Estoy trabajando en el diseño y desarrollo de nuevos algoritmos.

ro⟩ Eu mă ocup cu proiectarea şi dezvoltarea noilor algoritmi.

U24 Ich entwickle eine neue Software für …

el⟩ Αναπτύσσω νέο λογισμικό για…

pl⟩ Opracowuję nowe oprogramowanie dla …

es⟩ Estoy desarrollando un nuevo software para…

ro⟩ Eu dezvolt un nou Software pentru …

U25 Ich will diese neue Funktion/ein neues Modul in das Script einbinden.

el⟩ Θέλω να εντάξω αυτή τη νέα λειτουργία/ένα νέο στοιχείο στο script.

pl⟩ Chciałbym/Chciałabym wprowadzić do skryptu tę nową funkcję/nowy moduł.

es⟩ Quiero integrar esta nueva función/un nuevo módulo en el archivo de comandos.

ro⟩ Eu doresc să includ în script această nouă funcţie/un nou modul.

U26 Im oberen Teil des Scripts wird eine Subroutine aufgerufen.

el⟩ Στο άνω μέρος του script εμφανίζεται μια υπορουτίνα.

pl⟩ W górnej części skryptu trzeba uruchomić podprogram.

es⟩ En la parte superior del archivo de comandos se abre una subrutina.

ro⟩ În partea superioară a noului script se va apela subrutine.

U27 Gibt es eine Open-Source-Umgebung, mit der ich arbeiten könnte?

el⟩ Υπάρχει περιβάλλον open-source με το οποίο θα μπορούσα να δουλέψω;

pl⟩ Czy istnieje otoczenie open-source, na którym mógłbym/mogłabym pracować?

es⟩ ¿Hay un entorno de código abierto con el que pueda trabajar?

ro⟩ Există un mediu open-source, cu care eu aş putea lucra?

U28 Ich verwende Linux, eine kostenlose Entwicklerumgebung, die weit verbreitet ist.

el> Χρησιμοποιώ το Linux, το οποίο είναι ένα δωρεάν περιβάλλον ανάπτυξης και ευρέως διαδεδομένο.

es> Yo utilizo Linux, un entorno de desarrollo gratuito muy extendido.

pl> Ja stosuję Linux, który jest darmowy i z którego korzysta bardzo wiele osób.

ro> Eu utilizez Linux, un mediu de dezvoltare gratuit, răspândit larg.

U29 Haben Sie die Schnittstelle zu ... schon programmiert?

el> Ολοκληρώσατε τον προγραμματισμό της διασύνδεσης με...;

es> ¿Ha programado ya la interfaz para...?

pl> Czy zaprogramował pan/zaprogramowała pani już interfejs do ...?

ro> Ați programat deja interfața pentru ...?

U30 Ich bin fast fertig. Ich brauche noch ungefähr eine Stunde.

el> Έχω σχεδόν τελειώσει. Χρειάζομαι ακόμα περίπου μία ώρα.

es> Estoy casi terminando. Me queda aproximadamente una hora.

pl> Jestem prawie gotowy/gotowa. Potrzebuję jeszcze około godziny.

ro> Eu sunt aproape gata. Am nevoie încă de o oră.

U31 Können Sie sich vorstellen, Datenmodelle zu entwerfen?

el> Μπορείτε να φανταστείτε να σχεδιάζετε μοντέλα δεδομένων;

es> ¿Cree que podría crear modelos de datos?

pl> Czy może pan/pani sobie wyobrazić, żeby projektować modele danych?

ro> Vă puteți imagina proiectarea modelelor de date?

U32 Schon. Vorab bräuchte ich aber vielleicht eine Fortbildung.

el> Ναι, μπορώ. Αλλά θα χρειαζόμουν ίσως κάποια μετεκπαίδευση.

es> Sí, pero antes quizás necesitaría hacer un cursillo de formación.

pl> Naturalnie. Przedtem ale potrzebowałbym/potrzebowałabym może jakieś szkolenie.

ro> Posibil. În prealabil eu am nevoie de o specializare.

Daten

el> Δεδομένα   es> Datos

pl> Dane   ro> Date

U33 **Die Daten wurden aus Versehen gelöscht.**

el> Τα δεδομένα διαγράφηκαν κατά λάθος.

es> Los datos se han borrado de manera accidental.

pl> Dane zostały przez przypadek usunięte.

ro> Datele au fost şterse din negli-jenţă.

U34 **Können die Daten wiederhergestellt werden?**

el> Μπορείτε να επαναφέρετε τα δεδομένα;

es> ¿Puede recuperar los datos?

pl> Czy można te dane przywrócić?

ro> Datele vor putea fi regenerate?

U35 **Zum Glück gibt es eine Sicherheitskopie.**

el> Ευτυχώς υπάρχει αντίγραφο ασφαλείας.

es> Por suerte hay una copia de seguridad.

pl> Na szczęście istnieje kopia bez-pieczeństwa.

ro> Din fericire există o copie de siguranţă.

U36 **Die Daten müssen aktualisiert werden.**

el> Τα δεδομένα πρέπει να ενημε-ρώνονται.

es> Los datos se tienen que actuali-zar.

pl> Dane muszą zostać zaktualizo-wane.

ro> Datele vor trebui să fie actuali-zate.

U37 **Wie sind die Daten aufgebaut?**

el> Ποια είναι η δομή των δεδομέ-νων;

es> ¿Cómo están estructurados los datos?

pl> Jaką formę mają te dane?

ro> Cum sunt construite datele?

U38 **Um die Metadaten gut durchsuchen zu können, müssen sie einheit-lich strukturiert sein.**

el> Για να μπορεί να γίνει μια σωστή αναζήτηση των μεταδε-δομένων θα πρέπει να έχουν μια ενιαία δομή.

es> Para poder buscar bien los metadatos, tienen que tener una estructura homogénea.

> (pl) Aby móc przeszukać dane,
> muszę one posiadać jednakową
> strukturę.

> (ro) Pentru a putea parcurge bine
> Metadatele, trebuie să fie struc-
> turate unitar.

U39 Die Daten sind gemäß dem Standard ISO 19115 aufgebaut.

> (el) Η δομή των δεδομένων αντι-
> στοιχεί στο πρότυπο ISO 19115.

> (es) Los datos están estructurados
> según la norma ISO 19115.

> (pl) Forma danych odpowiada nor-
> mie ISO 19115.

> (ro) Datele sunt întocmite conform
> standardului ISO 19115.

U40 Durchsuchen Sie die Daten nach ...

> (el) Αναζήτηση των δεδομένων
> για...

> (es) Busque los datos por...

> (pl) Proszę przeszukać dane pod
> kątem ...

> (ro) Cercetaţi datele conform ...

U41 Was hat die Abfrage der Datenbank ergeben?

> (el) Τι προέκυψε από την αναζή-
> τηση στην τράπεζα δεδομένων;

> (es) ¿Cuál ha sido el resultado de la
> consulta del banco de datos?

> (pl) Co wyszło po przeszukaniu
> banku danych?

> (ro) Ce a rezultat după consultarea
> băncii de date?

U42 Welche Dateiformate können verarbeitet werden?

> (el) Ποιοι μορφότυποι δεδομένων
> μπορούν να υποστούν επεξερ-
> γασία;

> (es) ¿Qué formatos de archivo se
> pueden tratar?

> (pl) Jakie formaty plików mogą być
> przerabiane?

> (ro) Ce formate de fişiere pot fi pre-
> lucrate?

U43 Mit dem Editor kann man XML-Dateien bearbeiten.

> (el) Με το Editor γίνεται η επεξεργα-
> σία αρχείων XML.

> (es) Con el editor se pueden editar
> archivos XML.

> (pl) Z pomocą edytora można obra-
> biać pliki XML.

> (ro) Cu editorul pot fi prelucrate
> fişiere XML.

U44 Mithilfe eines Stylesheets kann ein beliebiger Output generiert wer-
den.

> (el) Με τη βοήθεια ενός stylesheet

> (es) Con ayuda de una hoja de

μπορεί να δημιουργηθεί οποιο-
δήποτε αποτέλεσμα.

pl⟩ Przy pomocy arkusza stylów
można wygenerować dowolny
plik wyjściowy.

estilo se puede generar cual-
quier salida.

ro⟩ Cu ajutorul unui Stylesheet se
poate genera un Output preferat.

U45 Ist das Datenformat kompatibel mit ...?

el⟩ Είναι ο μορφότυπος δεδομένων
συμβατός με...;

pl⟩ Czy ten format pliku jest kompa-
tybilny z ...?

es⟩ ¿El formato de los datos es
compatible con...?

ro⟩ Formatul de date este compati-
bil cu ...?

U46 Wer hat Zugang zu diesen sensiblen Daten?

el⟩ Ποιος έχει πρόσβαση σε αυτά
τα ευαίσθητα δεδομένα;

pl⟩ Kto ma dostęp do tych wrażli-
wych danych?

es⟩ ¿Quién tiene acceso a los datos
confidenciales?

ro⟩ Cine are acces la aceste date
sensibile?

U47 Das ist ein Thema für unsere Datenschutzbeauftragte.

el⟩ Αυτό είναι ένα θέμα για την
υπεύθυνη προστασίας δεδομένων.

pl⟩ To jest zadanie dla naszych
fachowców zajmujących się
ochroną danych.

es⟩ De ese tema se ocupa nuestro
encargado de protección de
datos.

ro⟩ Aceasta este o temă pentru persoana mandatată cu protecția
datelor.

U48 Wir nehmen den Datenschutz sehr ernst.

el⟩ Παίρνουμε την προστασία δεδομένων πολύ σοβαρά.

pl⟩ Ochrona danych jest dla nas
bardzo ważnym zagadnieniem.

es⟩ Nos tomamos la protección de
los datos muy en serio.

ro⟩ Noi tratăm foarte serios protecția datelor.

Im Planungsbüro und auf der Baustelle

el ⊳ Στο μελετητικό γραφείο και στο εργοτάξιο

pl ⊳ W biurze projektów i na budowie.

es ⊳ En la oficina de planificación y en la obra

ro ⊳ În biroul de planificare și pe șantier

Über ein Bauprojekt sprechen

el⟩ Αναφορά σε
κατασκευαστικό έργο

es⟩ Hablar sobre un proyecto
de construcción

pl⟩ Rozmawiamy na temat
projektu budowlanego

ro⟩ Discuția despre un proiect
de construcții

V01 Worauf sollten wir bei dem Neubauprojekt besonders achten, was
meinen Sie?

el⟩ Τι πιστεύετε ότι θα πρέπει να
προσέξουμε σε αυτό το νέο
κατασκευαστικό έργο;

es⟩ ¿Qué deberíamos tener especialmente en cuenta para el
nuevo proyecto de construcción, qué opina?

pl⟩ Jak pan/pani myśli, na co
musimy zwracać szczególną
uwagę przy projekcie tych
nowych budynków?

ro⟩ Ce părere aveți, la ce ar trebui
să fim atenți în mod deosebit la
proiectarea noii construcții?

V02 Wir sollten die Lage der Wohnhäuser genau prüfen.

el⟩ Θα πρέπει να εξετάσουμε ακριβώς τη θέση των κατοικιών.

es⟩ Deberíamos estudiar detalladamente la ubicación de las vivien-
das.

pl⟩ Musimy dokładnie sprawdzić
położenie budynków mieszkal-
nych.

ro⟩ Noi ar trebui să verificăm locul
de amplasare al caselor.

V03 Was denken Sie über die Bebaubarkeit des Grundstücks?

el⟩ Τι σκέφτεστε για την οικοδομη-
σιμότητα του οικοπέδου;

es⟩ ¿Qué piensa sobre la edificabili-
dad del terreno?

pl⟩ Co pan/pani myśli o możliwoś-
ciach zabudowy tej działki?

ro⟩ Ce părere aveți despre construc-
tabilitatea terenului imobiliar?

V04 Das Grundstück ist bestens geeignet.

el⟩ Το οικόπεδο είναι ιδανικό.

es⟩ El terreno es muy apropiado.

pl⟩ Ta działka doskonale się nadaje.

ro⟩ Proprietatea este adecvată.

V05 Der Bauplan ist fast fertig.

el⟩ Το σχέδιο κατασκευής είναι σχεδόν έτοιμο.

es⟩ El plano de la obra está casi
listo.

pl⟩ Plan budowy jest gotowy.

ro⟩ Planul de construcţie este aproape terminat.

V06 Die Baugenehmigung ist erteilt.

el⟩ Η άδεια οικοδομής έχει εκδοθεί.

es⟩ Nos han concedido el permiso de construcción.

pl⟩ Pozwolenie na budowę zostało wydane.

ro⟩ Autorizaţia de construcţie a fost emisă.

V07 Brauchen wir für die neue Umgehungsstraße eine Umweltverträglichkeitsstudie?

el⟩ Χρειαζόμαστε για τη νέα παράκαμψη μελέτη περιβαλλοντικών επιπτώσεων;

es⟩ ¿Necesitamos una evaluación de impacto medioambiental para la nueva circunvalación?

pl⟩ Czy potrzebujemy dla tej nowej obwodnicy badania na temat dostosowania się do środowiska?

ro⟩ Pentru noua stradă ocolitoare avem nevoie de un studiu de impact asupra mediului?

V08 Das könnte gut sein, ich werde bei den zuständigen Behörden nachfragen.

el⟩ Μπορεί. Θα ρωτήσω στις αρμόδιες υπηρεσίες.

es⟩ Podría ser, le preguntaré a las autoridades pertinentes.

pl⟩ Być może, zapytam o to w odpowiednich urzędach.

ro⟩ Se prea poate, eu voi întreba autorităţile competente.

Fragen nach den Vorschriften stellen

el⟩ Ερωτήσεις σχετικά με διατάξεις

es⟩ Hacer preguntas sobre la normativa

pl⟩ Zadajemy pytania na temat przepisów

ro⟩ Întrebări referitoare la reglementări

V09 Das verstößt gegen die Vorschiften!

el⟩ Αυτό είναι παράνομο!

es⟩ ¡Eso va contra las normas!

pl⟩ To jest wbrew przepisom!

ro⟩ Aceasta încalcă reglementările!

V10 Welche Vorschriften muss ich beachten?

- (el) Ποιες διατάξεις θα πρέπει να προσέξω;
- (es) ¿Qué normas debo tener en cuenta?
- (pl) Na jakie przepisy powinienem/ powinnam zwracać uwagę?
- (ro) Ce reglementări trebuie să respect?

V11 Gibt es Vorschriften für den Umgang mit Abfall?

- (el) Υπάρχουν διατάξεις σχετικά με τη διαχείριση των απορριμμά- των;
- (es) ¿Hay alguna normativa sobre la manipulación de residuos?
- (pl) Czy istnieją przepisy dotyczące obchodzenia się z odpadami?
- (ro) Există reglementări pentru mani- pularea deșeurilor?

V12 Ja, es gibt seit kurzem sogar eine neue Verordnung.

- (el) Ναι, μάλιστα βγήκε πρόσφατα ένας καινούριος κανονισμός.
- (es) Sí, desde hace poco hay incluso un nuevo decreto.
- (pl) Tak, od niedawna istnieje nawet nowe rozporządzenie.
- (ro) Da, de câtva timp există chiar o nouă dispoziție.

V13 Ab wann gelten die neuen Regelungen?

- (el) Από πότε ισχύουν οι νέες ρυθμί- σεις;
- (es) ¿A partir de cuándo se aplican las nuevas normas?
- (pl) Od kiedy obowiązują nowe regu- lacje?
- (ro) De când sunt valabile noile reguli?

V14 Am 1.1. treten die neuen Regelungen und Vorschriften in Kraft.

- (el) Οι νέες ρυθμίσεις και διατάξεις μπαίνουν σε ισχύ από 1.1.
- (es) El uno de enero entran en vigor las nuevas normas y directrices.
- (pl) Od 1.1. zaczną obowiązywać nowe regulacje i przepisy.
- (ro) De la data de 1.1. se vor aplica noile reglementări și reguli.

V15 Ab sofort. Sie sind schon in Kraft.

- (el) Άμεσα. Έχουν ήδη τεθεί σε ισχύ.
- (es) Desde ya. Ya están en vigor.
- (pl) Od zaraz. Już obowiązują.
- (ro) De îndată. Acestea sunt deja în vigoare.

153

V16 Wer trägt die Verantwortung auf der Baustelle?

el> Ποιος φέρει την ευθύνη στο εργοτάξιο;

es> ¿Quién asume la responsabilidad en la obra?

pl> Kto ponosi odpowiedzialność na budowie?

ro> Cine poartă răspunderea pe şantier?

V17 Die Verantwortung tragen der Unternehmer, der Bauleiter, der Architekt und der Bauherr.

el> Ο επιχειρηματίας, ο διαχειριστής του έργου, ο αρχιτέκτονας και ο κύριος του έργου φέρουν την ευθύνη.

es> La responsabilidad recae sobre la empresa, el director de obra, el arquitecto y el contratista.

pl> Odpowiedzialność spoczywa na przedsiębiorcy, kierowniku budowy, architekcie i inwestorze.

ro> Responsabilitatea se află în sarcina contractantului, dirigintelui de şantier, arhitectului şi constructorului.

V18 Haben Sie ein Handbuch für alle Bestimmungen und Vorschriften auf der Baustelle?

el> Έχετε κάποιο εγχειρίδιο για όλους τους κανόνες και τις διατάξεις που ισχύουν για το εργοτάξιο;

es> ¿Tiene un manual con todas las disposiciones y normas en la obra?

pl> Czy posiadają państwo książkę z przepisami obowiązującymi na placu budowy?

ro> Aveţi un manual de utilizare a normelor şi prevederilor pe şantier?

V19 Ja. Unser Baustellenkoordinator wird Ihnen gerne ein Exemplar geben.

el> Ναι. Ο συντονιστής του εργοταξίου θα σας δώσει ευχαρίστως ένα αντίτυπο.

es> Sí. Nuestro coordinador de obras le facilitará un ejemplar.

pl> Tak. Nasz koordynator prac budowlanych chętnie udostępni panu/pani egzemplarz.

ro> Da. Coordonatorul de şantier poate să vă dea un exemplar.

V20 Worauf muss ich beim Bedienen der Maschine achten?

el> Τι θα πρέπει να προσέξω κατά τον χειρισμό της μηχανής;

es> ¿Qué tengo que tener en cuenta para manejar la máquina?

(pl) Na co muszę zwracać uwagę przy obsługiwaniu tej maszyny?

(ro) Ce trebuie să urmăresc la deservirea maşinii?

V21 Bitte achten Sie darauf, dass Sie die Warnleuchten eingeschaltet haben.

(el) Φροντίστε να έχετε ενεργοποιήσει τις λυχνίες ασφαλείας.

(es) Procure encender las luces de aviso.

(pl) Proszę uważać, żeby były włączone światła awaryjne.

(ro) Vă rugăm să urmăriți dacă ați conectat luminile de avertizare.

Sicherheitskonzepte entwickeln und konkrete Maßnahmen ergreifen

(el) Ανάπτυξη σχεδίων ασφαλείας και λήψη συγκεκριμένων μέτρων

(es) Desarrollar conceptos de seguridad y tomar medidas concretas

(pl) Opracowujemy systemy bezpieczeństwa i podejmujemy konkretne środki zaradcze

(ro) Dezvoltarea conceptelor de siguranță şi luarea unor măsuri concrete

W01 Wie können wir die Baustelle effektiv sichern?

(el) Πώς μπορούμε να ασφαλίσουμε αποτελεσματικά το εργοτάξιο;

(es) ¿Cómo podemos asegurar la obra eficazmente?

(pl) Jak możemy efektywnie zabezpieczyć plac budowy?

(ro) Cum putem să asigurăm efectiv şantierul?

W02 Wir führen zuerst eine Gefährdungsanalyse durch, danach wählen wir Schutzmaßnahmen aus und überprüfen sie.

(el) Αρχικά κάνουμε ανάλυση κινδύνου και στη συνέχεια επιλέγουμε μέτρα προστασίας και τα ελέγχουμε.

(es) Primero hacemos un análisis de peligros y después elegimos la medidas preventivas y las comprobamos.

(pl) Najpierw przeprowadzimy analizę zagrożeń, potem wybierzemy odpowiednie środki zaradcze i przetestujemy je.

(ro) Efectuăm mai întâi o analiză a riscurilor, apoi selectăm măsurile de protecție şi le analizăm.

W03 Wie oft muss die Baustellensicherung kontrolliert werden?

- (el) Πόσο συχνά θα πρέπει να ελέγχεται η ασφάλεια του εργοταξίου;
- (es) ¿Con qué frecuencia se revisan las medidas de seguridad de las obras?
- (pl) Jak często musi być przeprowadzana kontrola placu budowy?
- (ro) Cât de des trebuie controlată siguranța șantierului?

W04 Sie wird zweimal täglich kontrolliert.

- (el) Ελέγχεται δύο φορές την ημέρα.
- (es) Se comprueban dos veces al día.
- (pl) Jest przeprowadzana dwa razy na dzień.
- (ro) Aceasta va fi controlată de două ori pe zi.

W05 Was muss ich tun, wenn Sicherheitsmängel festgestellt werden?

- (el) Τι θα πρέπει να κάνω εάν διαπιστωθούν ελλείψεις ασφαλείας;
- (es) ¿Qué debo hacer si se detecta un fallo de seguridad?
- (pl) Co muszę zrobić, kiedy zostaną stwierdzone jakieś braki odnośnie kwestii bezpieczeństwa?
- (ro) Ce trebuie să fac când se constată lipsa de siguranță?

W06 Sie sollten umgehend der Baustellenleitung Bescheid geben.

- (el) Θα πρέπει να ειδοποιήσετε άμεσα τον εργοταξιάρχη.
- (es) Debería informar inmediatamente a los jefes de obra.
- (pl) Powinien pan/Powinna pani natychmiast poinformować kierownictwo budowy.
- (ro) Va trebui să informați imediat conducerea șantierului.

W07 Während der Bauarbeiten wird der Verkehr umgeleitet.

- (el) Κατά τη διάρκεια των έργων γίνεται παράκαμψη της κυκλοφορίας.
- (es) El tráfico se desvía durante las obras.
- (pl) Podczas robót budowlanych ruch zostanie przekierunkowany.
- (ro) Pe perioada lucrărilor de construcție va fi deviată circulația.

W08 Es wird eine sichere Verkehrsführung und eine ordnungsgemäße Beschilderung veranlasst.

- (el) Η κυκλοφορία διεξάγεται με
- (es) Esto conlleva una regulación del

ασφάλεια και υπάρχει κατάλληλη σήμανση.

(pl) Zostanie zlecone kierowanie
ruchem i odpowiednie oznakowanie.

tráfico con seguridad y una
señalización reglamentaria.

(ro) Se va dispune o gestionare a tra-
ficului în condiții de siguranță și
o semnalizare corespunzătoare.

W09 Ein Bauzaun wurde schon errichtet.

(el) Έχει ήδη τοποθετηθεί εργοτα-
ξιάκη περίφραξη.

(pl) Płot ogradzający plac budowy
już powstał.

(es) Ya se han puesto unas vallas de
obra.

(ro) S-a amenajat deja un gard de
șantier.

W10 Wir müssen im Gebäude noch zusätzliche Schutzkontaktsteckdosen installieren.

(el) Θα πρέπει να εγκαταστήσουμε
στο κτήριο και επιπρόσθετες
πρίζες Schuko.

(pl) Musimy zamontować w
budynku jeszcze dodatkowe
gniazdka ze stykiem ochron-
nym.

(es) Tenemos que instalar en el edificio más enchufes con toma de
tierra.

(ro) Va trebui să instalăm suplimentar în clădiri prize de împământ-
tare.

W11 Sollten wir nicht besser die Hochspannungskabel ersetzen?

(el) Μήπως θα ήταν καλύτερα να
αντικαταστήσουμε τα καλώδια
υψηλής τάσης;

(pl) Nie powinniśmy lepiej zmienić
kabli wysokiego napięcia?

(es) ¿No sería mejor que cambiára-
mos los cables de alta tensión?

(ro) Nu ar trebui mai bine să înlo-
cuim cablul de înaltă tensiune?

W12 Mit wie viel Ampere muss ich den Stromkreis absichern?

(el) Με πόσα Αμπέρ θα πρέπει να
ασφαλίσω το κύκλωμα;

(pl) Iloma amperami muszę zabezpieczyć obwód elektryczny?

(es) ¿Con cuántos amperios tengo
que proteger el circuito?

(ro) Cu câți amperi trebuie să asigur
circuitul electric?

W13 Am besten, Sie schauen noch einmal auf die Leistungsschilder der Geräte.

(el) Κοιτάξτε καλύτερα και πάλι

(es) Lo mejor es que vuelva a mirar

τους πίνακες τεχνικών προδιαγραφών των συσκευών.

(pl) Najlepiej będzie, jeśli spojrzy
pan/pani raz jeszcze na tab-
liczki znamionowe urządzeń.

la placa de características de
los aparatos.

(ro) Cel mai bine, vedeţi încă o dată
plăcile indicatoare ale aparatelor.

W14 **Ein automatisches Warnsystem soll vor herannahenden Zügen
warnen.**

(el) Ένα αυτόματο σύστημα προει-
δοποίησης ειδοποιεί για διερχό-
μενους συρμούς.

(pl) Automatyczny system ostrzega-
jący powinien ostrzegać przed
zbliżającymi się pociągami.

(es) Un sistema de alarma automá-
tico tiene que avisar antes de
que se aproxime un tren.

(ro) Un sistem de avertizare automat trebuie să avertizeze apro-
pierea trenurilor.

W15 **Im Gefahrenfall müssen Hilfspersonen herbeigerufen werden
können.**

(el) Σε περίπτωση κινδύνου θα πρέπει να καλούνται άτομα για βοή-
θεια.

(pl) W przypadku zagrożenia musi
istnieć możliwość przywołania
pomocników.

(es) En caso de peligro, hay que
poder llamar a los ayudantes.

(ro) În caz de pericol vor trebui să
fie convocate persoane ajutăto-
are.

W16 **Ich schlage die Einrichtung eines zeitlich abgestimmten Melde-
systems vor.**

(el) Προτείνω την εγκατάσταση
ενός χρονικά εναρμονισμένου
συστήματος ειδοποίησης.

(pl) Proponuję założenie czasowego
systemu sygnalizacyjnego.

(es) Propongo instalar un sistema de
aviso sincronizado.

(ro) Propun instituirea unui sistem
de alarmă temporizat.

W17 **Bei gefährlichen Arbeiten sollten mindestens zwei Personen vor Ort
sein.**

(el) Κατά την εκτέλεση επικίνδυνων
εργασιών θα πρέπει να παρευρί-
σκονται τουλάχιστον δυο άτομα
επί τόπου.

(es) Durante los trabajos peligrosos,
deberían estar presentes al
menos dos personas.

pl> Podczas wykonywania niebez-
piecznych prac, na miejscu
muszą znajdować się minimum
dwie osoby.

ro> În cazul unor lucrări periculoase
va trebui să existe cel puţin
două persoane la faţa locului.

W18 Alle Sprechfunkgeräte müssen eine Notruftaste haben.

el> Όλοι οι ασύρματοι θα πρέπει να
διαθέτουν πλήκτρο έκτακτης
ανάγκης.

es> Todos los walkie-talkies tienen
que tener una tecla de emergencia.

pl> Wszystkie aparaty radiotelefo-
niczne muszą posiadać klawisz
alarmowy.

ro> Toate aparatele de comunicare
radio trebuie să dispună de un
buton de urgenţă.

Brandschutz und Sicherheitskleidung

el> Πυροπροστασία και μέσα
ατομικής προστασίας

es> Protección contra
incendios y ropa de
seguridad

pl> Ochrona przeciwpożarowa
i odzież ochronna

ro> Protecţia contra
incendiilor şi echipamentul
de siguranţă

W19 Welche Sicherheitsvorkehrungen gibt es für den Brandfall?

el> Ποια μέτρα ασφαλείας υπάρχουν για την περίπτωση πυρκα-
γιάς;

es> ¿Qué medidas de seguridad hay
para casos de incendio?

pl> Jakie środki bezpieczeństwa stosuje się w razie pożaru?

ro> Ce măsuri de siguranţă există în
cazul unui incendiu?

W20 Ist eine Gefährdungsbeurteilung dokumentiert worden?

el> Έχει τεκμηριωθεί μια αξιολόγηση κινδύνου;

es> ¿Se ha documentado una evaluación de riesgos?

pl> Czy istnieje jakaś dokumentacja
na temat występującego zagrożenia?

ro> S-a efectuat o documentare a
evaluării riscurilor?

W21 Wir haben alle grundsätzlichen Maßnahmen getroffen.

el> Έχουμε λάβει όλα τα βασικά
μέτρα.

es> Hemos tomado todas las medidas básicas.

pl〉 Podjęliśmy wszelkie podstawowe kroki.

ro〉 Noi am luat toate măsurile de
bază.

W22 Gibt es ein Alarmsystem?

el〉 Υπάρχει σύστημα συναγερμού;

es〉 ¿Hay un sistema de alarma?

pl〉 Czy istnieje system alarmowy?

ro〉 Există un sistem de alarmă?

W23 Eine Brandmeldeanlage wurde installiert.

el〉 Εγκαταστάθηκε σύστημα πυρα-
νίχνευσης.

es〉 Se instaló un dispositivo de
detección de incendios.

pl〉 Została zainstalowana sygnali-
zacja pożarowa.

ro〉 A fost instalată o instalaţie de
avertizare în caz de incendiu.

W24 Die Notausgänge befinden sich immer am Ende der Gänge.

el〉 Οι έξοδοι κινδύνου βρίσκονται
πάντα στο τέλος των διαδρό-
μων.

es〉 Las salidas de emergencia siempre están al final de los pasi-
llos.

pl〉 Wyjścia awaryjne znajdują się
zawsze na końcu korytarza.

ro〉 Ieşirile de urgenţă se găsesc
întotdeauna la capătul coridoa-
relor.

W25 Wie viele Sprinkleranlagen sind im Gebäude installiert?

el〉 Πόσοι καταιονητήρες έχουν
εγκατασταθεί στο κτήριο;

es〉 ¿Cuántos aspersores contra
incendios hay instalados en el
edificio?

pl〉 Ile tryskaczy przeciwpożaro-
wych zostało zamontowanych
w budynku?

ro〉 Câte instalaţii aspersoare sunt
instalate în clădire?

W26 Auf jeder Etage gibt es zwei Sprinkleranlagen.

el〉 Σε κάθε όροφο υπάρχουν δύο
καταιονητήρες.

es〉 Hay dos aspersores contra
incendios en cada piso.

pl〉 Na każdym piętrze znajdują się
dwa tryskacze.

ro〉 La fiecare etaj există două instalaţii aspersoare.

W27 Jedes Stockwerk ist mit zwei Feuerlöschern ausgestattet.

el〉 Κάθε όροφος είναι εξοπλισμέ-
νος με δύο πυροσβεστήρες.

es〉 Cada planta cuenta con dos
extintores.

(pl) Każde piętro jest wyposażone w dwie gaśnice.

(ro) Fiecare etaj este dotat cu două extinctoare.

W28 Welche Sicherheitskleidung muss auf der Baustelle getragen werden?

(el) Ποια μέσα ατομικής προστασίας θα πρέπει να φοριούνται στο εργοτάξιο;

(es) ¿Qué ropa de seguridad hay que llevar en la obra?

(pl) Jakiego typu odzież ochronna musi być noszona na budowie?

(ro) Care echipament de siguranţă este obligatorie pe şantier?

W29 Die persönliche Schutzausrüstung besteht aus Warnweste oder Warnschutzjacke, Sicherheitshelm und Sicherheitsstiefeln.

(el) Ο ατομικός εξοπλισμός ασφαλείας αποτελείται από ανακλαστικό γιλέκο ή μπουφάν, κράνος και παπούτσια ασφαλείας.

(es) El equipo de protección personal está compuesto por un chaleco o chaqueta reflectante, casco protector y botas de seguridad.

(pl) Osobista odzież ochronna składa się z kamizelki odblaskowej lub kurtki ochronnej, kasku i obuwia ochronnego.

(ro) Echipamentul personal de protecţie constă dintr-o vestă avertizoare sau jachetă de protecţie cu avertizor, cască şi bocanci de siguranţă.

W30 Die Arbeiter benötigen Arbeitshandschuhe.

(el) Οι εργάτες χρειάζονται γάντια εργασίας.

(es) Los trabajadores necesitan guantes de trabajo.

(pl) Pracownicy fizyczni potrzebują rękawice robocze.

(ro) Muncitorii au nevoie de mănuşi de lucru.

W31 Einige Kollegen brauchen einen Chemie-Schutzoverall.

(el) Μερικοί συνάδελφοι χρειάζονται ολόσωμη στολή προστασίας από χημικές ουσίες.

(es) Algunos compañeros necesitan un mono de protección química.

(pl) Niektórzy pracownicy potrzebują kombinezon ochronny.

(ro) Unii colegi au nevoie de şalopete de protecţie chimică.

W32 Für bestimmte Kollegen ist zusätzlich ein Gehörschutz vorgeschrieben.

(el) Για μερικούς συναδέλφους

(es) Algunos compañeros tienen que

161

απαιτείται επιπλέον και προστασία ακοής.

pl⟩ Niektórzy koledzy muszą otrzymać dodatkowo słuchawki ochronne.

llevar además un protector auditivo.

ro⟩ Pentru unii colegi a fost prevăzut suplimentar echipament de protecție fonică.

Zwischenfälle schildern

el⟩ Περιγραφή περιστατικών

pl⟩ Wypadki

es⟩ Explicar incidentes

ro⟩ Prezentarea unor incidente posibile

W33 Auf der Baustelle ist Erde abgesackt.

el⟩ Στο εργοτάξιο υποχώρησε το έδαφος.

pl⟩ Na budowie obsunęła się ziemia.

es⟩ Ha habido un hundimiento de tierra en la obra.

ro⟩ Pe șantier există pământ surpat.

W34 Wie können wir den Schaden beheben?

el⟩ Πώς μπορούμε να αποκαταστήσουμε τη ζημιά;

pl⟩ Jak możemy zlikwidować szkodę?

es⟩ ¿Cómo podemos reparar el daño?

ro⟩ Cum putem să remediem deficiența?

W35 Wir müssen den Schaden erst begutachten.

el⟩ Θα πρέπει πρώτα να επιθεωρήσουμε τη ζημιά.

pl⟩ Musimy najpierw ocenić tę szkodę.

es⟩ Primero tenemos que examinar el daño.

ro⟩ Noi trebuie să examinăm prejudiciul.

W36 Bei der Arbeit am Hochbau gab es einen Unfall.

el⟩ Έγινε ατύχημα κατά την εργασία στο κτήριο.

pl⟩ Przy pracy w budynkach wielokondygnacyjnych wydarzył się wypadek.

es⟩ Hubo un accidente mientras trabajábamos en el edificio.

ro⟩ La lucrările de la construcția înaltă s-a produs un accident.

W37 Beim Aufbau des Gerüsts sind Stahlteile heruntergefallen.

(el) Κατά το στήσιμο της σκαλωσιάς έπεσαν μεταλλικά μέρη.

(pl) Przy stawianiu rusztowań pospadały metalowe części.

(es) Al montar los andamios se cayeron piezas de acero.

(ro) La construcţia schelei au căzut componente din oţel.

W38 Die Verankerung hat sich gelöst.

(el) Η αγκύρωση έχει αποκολληθεί.

(pl) Mocowanie się poluźniło.

(es) El anclaje se ha soltado.

(ro) Ancora sa desprins.

W39 Wurde jemand verletzt?

(el) Τραυματίστηκε κανείς;

(pl) Czy ktoś ucierpiał?

(es) ¿Alguien resultó herido?

(ro) A fost cineva accidentat?

W40 Einer der Maurer hat sich den Finger gebrochen und musste gehen.

(el) Ένας οικοδόμος έσπασε το δάχτυλο και έπρεπε να να φύγει.

(pl) Jeden z murarzy złamał sobie palec i musiał odejść.

(es) Uno de los albañiles se rompió el dedo y se tuvo que ir.

(ro) Un zidar şi-a rupt degetul şi a trebuit să plece.

W41 Es wäre gut, die Verkabelung zu überprüfen, kürzlich gab es einen Stromausfall.

(el) Θα ήταν καλό να ελέγξουμε την καλωδίωση επειδή έγινε πρόσφατα διακοπή ρεύματος.

(pl) Byłoby dobrze, sprawdzić okablowanie, niedawno miał miejsce zanik prądu.

(es) Estaría bien comprobar el cableado, hace poco hubo un apagón.

(ro) Ar fi bine să se verifice cablajul deoarece înainte s-a produs o cădere de tensiune.

W42 Wir brauchen einen Bericht über die Störung der Generatoren.

(el) Χρειαζόμαστε μια έκθεση για τη βλάβη των γεννητριών.

(pl) Potrzebny jest raport o awarii generatorów.

(es) Necesitamos un informe sobre la avería de los generadores.

(ro) Noi avem nevoie de un raport despre defectul generatoarelor.

W43 Warum gab es einen Ausfall in der Maschinenhalle?

ⓔⓛ Γιατί έγινε διακοπή ρεύματος στον χώρο των μηχανών;

ⓟⓛ Dlaczego była awaria w hali maszyn?

ⓔⓢ ¿Por qué hubo un parón en la sala de máquinas?

ⓡⓞ De ce s-a produs o întrerupere în hala de maşini?

W44 Es gab einen Kurzschluss.

ⓔⓛ Έγινε βραχυκύκλωμα.

ⓟⓛ Doszło do zwarcia.

ⓔⓢ Se produjo un cortocircuito.

ⓡⓞ S-a produs un scurtcircuit.

W45 Ein Bagger fällt wegen Motorschaden aus.

ⓔⓛ Ένας εκσκαφέας δε λειτουργεί λόγω βλάβης του κινητήρα.

ⓟⓛ Jedna z koparek nie pracuje z powodu awarii silnika.

ⓔⓢ Una excavadora falla porque tiene el motor dañado.

ⓡⓞ Un escavator este scos din funcţiune datorită unui defect la motor.

W46 Die Betriebsanlage ist ausgefallen.

ⓔⓛ Διακόπηκε η λειτουργία της εγκατάστασης.

ⓟⓛ Instalacja przestała pracować.

ⓔⓢ La instalación se ha averiado.

ⓡⓞ A căzut instalaţia de exploatare.

Produktionsstätten

el⟩ Μονάδες παραγωγής
pl⟩ Zakłady produkcyjne
es⟩ Plantas de producción
ro⟩ Unități de producție

Produktionskapazitäten besprechen

(el) Αναφορά σε δυνατότητες παραγωγής

(pl) Omawiamy zdolności produkcyjne

(es) Hablar de capacidades de producción

(ro) Discutarea capacităților de producție

X01 Wir müssen die Produktivität dringend verbessern.

(el) Πρέπει να βελτιώσουμε την παραγωγικότητα άμεσα.

(pl) Musimy koniecznie zwiększyć produktywność.

(es) Tenemos que mejorar la productividad inmediatamente.

(ro) Va trebui urgent să îmbunătățim productivitatea.

X02 Unsere Firma wird in neue Produktionsanlagen investieren.

(el) Οι εταιρεία μας θα επενδύσει σε νέες εγκαταστάσεις παραγωγής.

(pl) Nasza firma zainwestuje w nowe zakłady produkcyjne.

(es) Nuestra empresa va a invertir en nuevas instalaciones de producción.

(ro) Firma noastră va investi în instalații de producție noi.

X03 Wir werden neben dem Stammwerk eine neue Produktionsstätte errichten.

(el) Θα φτιάξουμε δίπλα από το κύριο εργοστάσιο μια νέα μονάδα παραγωγής.

(pl) Oprócz głównego zakładu stworzymy jeszcze nowy zakład produkcyjny.

(es) Construiremos una nueva planta de producción junto a la fábrica central.

(ro) Pe lângă fabrica de bază vom înființa o nouă unitate de producție.

X04 Wir planen eine weitere Produktionsstraße.

(el) Σχεδιάζουμε μια επιπλέον γραμμή παραγωγής.

(pl) Planujemy nową linię produkcyjną.

(es) Estamos planeando otra línea de producción.

(ro) Planificăm o nouă linie de producție.

X05 Mit welcher Investitionssumme müssen wir rechnen?

(el) Πόσο μεγάλο θα είναι το επενδυτικό κόστος;

(es) ¿Con qué volumen de inversión tenemos que contar?

pl> Z jakimi kosztami inwestycyjnymi należy się liczyć?

ro> La ce sumă de investiţii trebuie să ne aşteptăm?

X06 Wir rechnen mit Kosten von … Euro.

el> Υπολογίζουμε ένα κόστος ύψους… ευρώ.

es> Contamos con unos gastos de… euros.

pl> Liczymy się z kosztami w wysokości … euro.

ro> Noi ne aşteptăm la costuri de … euro.

Abläufe prüfen

el> Έλεγχος διαδικασιών

es> Comprobar procesos

pl> Kontrola procesów produkcyjnych

ro> Verificarea proceselor

X07 Wie können die Produktionsabläufe optimiert werden?

el> Πώς μπορούν να βελτιωθούν οι διαδικασίες παραγωγής;

es> ¿Cómo podemos optimizar los procesos de producción?

pl> W jaki sposób można zoptymalizować procesy produkcyjne?

ro> Cum putem optimiza procesul de producţie?

X08 Der Materialfluss sollte analysiert werden.

el> Θα πρέπει να αναλυθεί η ροή των υλικών.

es> Se debería analizar el flujo de materiales.

pl> Dostęp do materiałów musi zostać przeanalizowany.

ro> Fluxul de material trebuie să fie analizat.

X09 Die Prozessanalyse hat Folgendes ergeben: …

el> Από την ανάλυση της διαδικασίας προέκυψαν τα ακόλουθα:…

es> Los análisis del proceso han dado el siguiente resultado:…

pl> Analiza procesu produkcyjnego wykazała: …

ro> Din analiza procesului au rezultat următoarele: …

X10 Einige Schwachstellen haben sich herauskristallisiert.

el> Έχουν φανεί κάποιες αδυναμίες.

es> Se han identificado algunos puntos débiles.

pl> Ujawniło się kilka słabych punktów.

ro> S-au cristalizat unele vulnerabilităţi.

167

X11 **Eine unterbrechungsfreie Versorgung mit Energie muss gewährleistet werden.**

- el〉 Θα πρέπει να εξασφαλιστεί η συνεχής παροχή ενέργειας.
- pl〉 Musi zostać zapewniony nieprzerwany dostęp do energii elektrycznej.
- es〉 Hay que garantizar un suministro de energía ininterrumpido.
- ro〉 Trebuie garantată o alimentare neîntreruptă cu energie.

X12 **Unsere Firma möchte daher ein Energiemanagement einführen.**

- el〉 Η εταιρεία μας θέλει γι' αυτό να εισάγει τη διαχείριση ενέργειας.
- pl〉 Nasza firma chce zatem wprowadzić zarządzanie energią.
- es〉 Por eso, a nuestra empresa le gustaría introducir una gestión energética.
- ro〉 Prin urmare, firma noastră dorește să introducă un management energetic.

X13 **Ein Austausch zwischen den Fachabteilungen ist zur Optimierung der Abläufe unumgänglich.**

- el〉 Η ανταλλαγή πληροφοριών μεταξύ των ειδικών τμημάτων είναι αναπόφευκτη για τη βελτιστοποίηση των διαδικασιών.
- pl〉 Współpraca między działami jest niezbędna dla zoptymalizowania procesów.
- es〉 El intercambio entre los departamentos especializados es imprescindible para optimizar los procesos.
- ro〉 Un schimb între secțiile de specialitate este inevitabil pentru optimizarea procesului.

X14 **Ich denke, wir müssen insgesamt straffer organisieren.**

- el〉 Πιστεύω ότι χρειάζεται μια συνολικά πιο αυστηρή οργάνωση.
- pl〉 Myślę, że musimy się w całości lepiej zorganizować.
- es〉 Creo que tenemos que organizar todo con más rigor.
- ro〉 Eu cred că, în ansamblu trebuie să organizăm mai strict.

X15 **Definieren Sie Meilensteine, die terminnah kontrolliert werden.**

- el〉 Προσδιορίστε τα ορόσημα, τα οποία πρέπει να ελέγχονται κοντά στην ημερομηνία.
- es〉 Defina metas que se comprueben inmediatamente.

pl〉 Proszę zdefiniować etapy, które będą podlegać kontroli na krótko przed upływem terminu.

ro〉 Definiţi reperele care vor trebui să fie controlate la termen.

Über Expansion sprechen

el〉 Αναφορά σε επέκταση

es〉 Hablar sobre expansión

pl〉 Rozmawiamy o ekspansji

ro〉 Discuţia despre extindere

X16 **Unsere Firma wird eine weitere Niederlassung eröffnen.**

el〉 Η εταιρεία μας θα ανοίξει άλλο ένα παράρτημα.

pl〉 Nasza firma otworzy dodatkową placówkę.

es〉 Nuestra empresa va a abrir otra sucursal.

ro〉 Firma noastră doreşte să deschidă un nou sector de producţie.

X17 **Die Produktionsstätte wird ins Ausland verlegt.**

el〉 Η μονάδα παραγωγής μεταφέρεται στο εξωτερικό.

pl〉 Zakład produkcyjny zostanie przeniesiony na Węgry.

es〉 La planta de producción se va a trasladar al extranjero.

ro〉 Unitatea de producţie va fi transferată în străinătate.

X18 **Was müssen wir beachten, wenn wir expandieren?**

el〉 Τι θα πρέπει να προσέξουμε αν επεκταθούμε;

pl〉 Na co musimy zwracać uwagę, jeśli chcemy rozszerzyć działalność?

es〉 ¿Qué debemos tener en cuenta si nos expandemos?

ro〉 Ce trebuie să luăm în considerare dacă ne extindem?

X19 **Es müssen neue Mitarbeiter eingestellt werden.**

el〉 Θα πρέπει να προσληφθούν νέοι εργαζόμενοι.

pl〉 Trzeba zatrudnić nowych pracowników.

es〉 Hay que contratar a nuevos empleados.

ro〉 Vor trebui să fie angajaţi noi muncitori.

X20 **Woher sollen die Fachkräfte kommen?**

el〉 Από πού θα προέρχεται το εξειδικευμένο προσωπικό;

es〉 ¿De dónde debe proceder el personal especializado?

pl⟩ Skąd mamy wziąć fachowców?　　ro⟩ De unde vor putea veni specialiştii?

x21 Wer soll die Werksleitung übernehmen?

el⟩ Ποιος θα πρέπει να αναλάβει τη διαχείριση του εργοστασίου;

es⟩ ¿Quién se debe encargar de dirigir la fábrica?

pl⟩ Kto ma pokierować zakładem?

ro⟩ Cine va prelua conducerea firmei?

x22 Woher beziehen wir die Rohstoffe?

el⟩ Από πού θα προμηθευόμαστε τις πρώτες ύλες;

es⟩ ¿Dónde compramos las materias primas?

pl⟩ Skąd będziemy czerpać surowce?

ro⟩ De unde vom procura materia primă?

x23 Wie stabil ist die politische Situation in diesem Land?

el⟩ Πόσο σταθερή είναι η πολιτική κατάσταση σε αυτή τη χώρα;

es⟩ ¿Hasta qué punto es estable la situación política en este país?

pl⟩ Jak stabilna jest sytuacja polityczna w tym kraju?

ro⟩ Cât de stabilă ese situaţia politică din acea ţară?

x24 Ist eine gute Infrastruktur vorhanden?

el⟩ Υπάρχει καλή υποδομή;

es⟩ ¿Hay una buena infraestructura?

pl⟩ Czy istnieje tam dobra infrastruktura?

ro⟩ Există o infrastructură bună?

x25 Wir sollten vor allem an die Kosten denken.

el⟩ Θα πρέπει να σκεφτούμε κυρίως το κόστος.

es⟩ Deberíamos pensar sobre todo en los costes.

pl⟩ Powinniśmy przede wszystkim pomyśleć o kosztach.

ro⟩ Înainte de toate ne vom gândi la costuri.

x26 Wir müssen mit massivem Widerstand von der Belegschaft rechnen.

el⟩ Πρέπει να περιμένουμε την έντονη αντίδραση του προσωπικού.

es⟩ Tenemos que contar con la oposición masiva de la plantilla.

170

(pl)▷ Musimy liczyć się z dużym sprzeciwem załogi.

(ro)▷ Va trebui să luăm în calcul o opoziţie puternică a personalului.

X27 **Der Betriebsrat muss an Bord geholt werden.**

(el)▷ Θα πρέπει να πάρουμε με το μέρος μας το συμβούλιο προσωπικού.

(es)▷ El comité de empresa tiene que colaborar.

(pl)▷ Powinniśmy podjąć rozmowy z radą zakładową.

(ro)▷ Trebuie să fie convocat comitetul de intreprindere.

Über Umstrukturierung sprechen

(el)▷ Αναφορά σε αναδιοργάνωση

(es)▷ Hablar sobre reestructuración

(pl)▷ Rozmawiamy na temat restrukturyzacji

(ro)▷ Discuţia despre restructurare

X28 **Damit das Unternehmen besser aufgestellt ist, müssen wir umstrukturieren.**

(el)▷ Για να είναι καλύτερα στημένη η εταιρεία πρέπει να αναδιοργανωθούμε.

(es)▷ Tenemos que reestructurar la empresa para que esté mejor posicionada.

(pl)▷ Tak aby przedsiębiorstwo miało lepszą pozycję na rynku, musimy przeprowadzić restrukturyzację.

(ro)▷ Pentru ca compania să fie mai bine poziţionată, va trebui să o restructurăm.

X29 **Die Unternehmenshierarchie soll flacher werden.**

(el)▷ Η ιεραρχία της επιχείρησης θα πρέπει να γίνει πιο επίπεδη.

(es)▷ La jerarquía de la empresa debe ser más horizontal.

(pl)▷ Hierarchia w firmie musi zostać spłycona.

(ro)▷ Ierarhia companiei trebuie să fie mai plată.

X30 **Diese beiden Abteilungen werden zusammengefasst.**

(el)▷ Αυτά τα δυο τμήματα θα συγχωνευθούν.

(es)▷ Estos dos departamentos se van a juntar.

(pl) Te dwa działy zostaną połą-
czone.

(ro) Aceste două secţii vor fi cumu-
late.

X31 Neue Abteilungsleiterin der Fertigung wird Frau …

(el) Νέα προϊσταμένη του τμήματος
παραγωγής θα είναι η κυρία …

(es) La nueva directora del departamento de producción será la
señora…

(pl) Kierownikiem działu produkcyjnego zostanie pani …

(ro) Noua şefă a secţiei de producţie
va fi doamna …

X32 Forschung und Entwicklung übernimmt Herr …

(el) Την έρευνα και την ανάπτυξη
θα την αναλάβει ο κύριος…

(es) El señor… se encargará de la
investigación y el desarrollo.

(pl) Dział badawczy przejmie pan …

(ro) Cercetarea şi dezvoltarea va fi
preluată de domnul …

X33 Es wird eine neue Abteilung für … geben.

(el) Θα δημιουργηθεί ένα νέο τμήμα
για…

(es) Habrá un nuevo departamento
para…

(pl) Zostanie powołany w życie
nowy dział …

(ro) Se va deschide o nouă secţie
pentru …

X34 Teilbereiche der IT werden ausgelagert.

(el) Κάποιοι υποτομείς του IT θα
ανατεθούν εξωτερικά.

(es) Una parte de TI se va a externa-
lizar.

(pl) Części działu IT zostaną przeka-
zane na zewnątrz.

(ro) Anumite sectoare de informatică
vor fi externalizate.

Ein wenig Grammatik

Nomen

GROSSSCHREIBUNG

Nomen und Eigennamen werden immer groß geschrieben.

| das Büro | Frau Schuhmacher | Berlin |

GENUS

Nomen sind entweder maskulin (männlich), feminin (weiblich) oder neutral (sächlich). Es gibt einige hilfreiche Regeln, um das Genus vieler Nomen zu bestimmen:

maskulin	feminin	neutral
männliche Personen: der Kollege, der Chef, der Direktor	weibliche Personen: die Kollegin, die Chefin, die Direktorin	Nomen auf **-chen**: das Mäd**chen**, das Bröt**chen**
die Jahreszeiten, Tage und Monate: der Sommer, der Freitag, der Januar	Nomen auf **-heit**, **-keit** und **-tät**: die Gelegen**heit**, die Freundlich**keit**, die Universi**tät**	Nomen auf **-lein**: das Männ**lein**, das Kind**lein**
viele Nomen auf **-er** und **-ant**: der Drucker, der Liefer**ant**	Nomen auf **-ion** und **-ie**: die Organisat**ion**, die Ökonom**ie**	nominalisierte Infinitive: drucken → das Drucken
nominalisierte Verbstämme: **kauf**en → der Kauf	Nomen auf **-ung** und **-schaft**: die Rech**nung**, die Wirt**schaft**	Nomen aus dem Englischen auf **-ing**: das Market**ing**
Nomen auf **-ismus**: der Tour**ismus**, der Kapital**ismus**	viele Nomen auf **-ei**: die Bäcker**ei**, die Drucker**ei**	viele Nomen, die mit **Ge-** beginnen: das **Ge**birge, das **Ge**tränk

ARTIKEL

Bestimmter Artikel

Im Singular gibt es drei bestimmte Artikel: *der* (maskulin), *die* (feminin) und *das* (neutral). Im Plural lautet der bestimmte Artikel immer *die*.

	Singular	Plural
m.	der Kollege	die Kollegen
f.	die Kollegin	die Kolleginnen
n.	das Büro	die Büros

Unbestimmter Artikel

Im Singular gibt es folgende unbestimmte Artikel: *ein* (maskulin), *eine* (feminin), *ein* (neutral). Bei der Pluralform entfällt der unbestimmte Artikel.

	Singular	Plural
m.	ein Kollege	Kollegen
f.	eine Kollegin	Kolleginnen
n.	ein Büro	Büros

Nullartikel

In manchen Fällen benutzt man vor dem Nomen keinen Artikel; das wird Nullartikel genannt. Dabei handelt es sich um nicht näher bestimmte Nomen. Eine **nähere Bestimmung** erfordert einen **Artikel**: *Sie hat Durchsetzungsvermögen und Führungsstärke. – Sie hat **ein gutes** Durchsetzungsvermögen und **die** Führungsstärke, **um das Projekt erfolgreich zu leiten***.

Kein Artikel	
vor Eigennamen, Anreden und Titeln	Kennst du **Meryem** schon? / **Frau Wessling** hat angerufen. / Guten Tag, **Herr Dr. Schulte**!
vor den Pluralformen beim unbestimmten Artikel	Haben Sie **Kinder**?

vor Städte-, Länder- und Kontinentennamen	in **Köln** / aus **Deutschland** / **Europa** ist ein wichtiger Markt.*
vor Berufen und Stellungen	Ich möchte **Grafikerin** werden. / Ich bin **Produktionsleiter**.
vor Eigenschaften und Gefühlen	Er hat **Charakterstärke** und **Mut**.
nach Mengenangaben	250 Gramm **Butter** / ein Päckchen **Büroklammern**
vor Stoffen, Flüssigkeiten, Substanzen	aus **Kunststoff** / reine **Seide** / Ich trinke **Wasser**. / Er tankt **Erdgas**.
Nationalitätsangaben, die Personen bezeichnen	Sind Sie **Koreanerin**?
vor Nomen in vielen feststehenden Wendungen	**Krach** machen / **Alarm** schlagen / in **Lohn** und **Brot** sein
vor abstrakten Begriffen	Die Demonstranten forderten **Freiheit** und **Demokratie**.

*Ausnahmen sind: *die Mongolei/Niederlande (Pl.)/Schweiz/Slowakei/Tschechei/Türkei/USA (Pl.)* und *der Irak/Iran/Jemen/Libanon/Sudan*

PLURAL

In der Pluralbildung von deutschen Nomen sucht man feste, umfassende und einfache Regeln vergeblich, doch ein paar nützliche Hilfestellungen gibt es. Bei der Pluralbildung kann man fünf Endungstypen unterscheiden.

Gruppe 1: Keine Pluralendung

Zu dieser Gruppe gehören maskuline oder neutrale Nomen auf **-er**, **-el**, **-sel**, neutrale Nomen auf **-chen** und nominalisierte Infinitive.

Singular	Plural
der Mitarbeit**er**	die Mitarbeit**er**
der Mant**el**	die Mänt**el***

der Pin**sel**	die Pin**sel**
das Dös**chen**	die Dös**chen**
das Treff**en**	die Treff**en**

*Einige maskuline Nomen auf **-el** bilden den Plural mit Umlaut.

Gruppe 2: Pluralendung –e

Zu dieser Gruppe gehören viele maskuline und neutrale Nomen sowie einige einsilbige feminine Nomen.

Singular	Plural
der Termin	die Termin**e**
das Papier	die Papier**e**
das Arbeitszeugnis	die Arbeitszeugnis**se***
der Briefumschlag	die Briefumschl**ä**g**e****
die Wand	die W**ä**nd**e*****

*Achten Sie auf die Konsonantenverdopplung bei Nomen auf **-nis**.
**Maskuline Nomen haben in der Pluralform oft einen Umlaut.
***Einsilbige feminine Nomen haben in der Pluralform einen Umlaut.

Gruppe 3: Pluralendung -en/-n/-nen

Zu dieser Gruppe gehören die meisten femininen Nomen, insbesondere Fremdwörter auf **-tät**, **-ion** und alle Nomen auf **-ung**, **-heit** und **-keit**. Maskuline Nomen auf **-ent**, **-ant** oder **-or** bekommen in der Pluralform die Endung **-en**.

Singular	Plural
die Fakultät	die Fakultät**en**
die Organisation	die Organisation**en**
die Abteilung	die Abteilung**en**
die Schwierigkeit	die Schwierigkeit**en**
die Datei	die Datei**en**
die Einheit	die Einheit**en**

die Kopie	die Kopie**n**
die Vorgesetzte	die Vorgesetzte**n**
die Berufsschule	die Berufsschule**n**
die Mitarbeiterin	die Mitarbeiterin**nen***
der Student	die Student**en**
der Praktikant	die Praktikant**en**
der Direktor	die Direktor**en**

*Bei femininen Formen auf **-in** verdoppelt sich der Schlusskonsonant **-n**.

Gruppe 4: Pluralendung auf -s

Zu dieser Gruppe gehören Fremdwörter auf **-a**, **-i**, **-o**, **-u** und **-ing** (insbesondere aus dem Englischen) sowie Abkürzungen.

Singular	Plural
die Kamera	die Kamera**s**
der Radiergummi	die Radiergummi**s**
das Büro	die Büro**s**
das Iglu	die Iglu**s**
das Meeting	die Meeting**s**
der PC	die PC**s**

Gruppe 5: Pluralendung auf -er

Zu dieser Gruppe gehören einsilbige neutrale Nomen und einige männliche Nomen.

Singular	Plural
das Bild	die Bild**er**
das Amt	die **Ä**mt**er***
der Geist	die Geist**er**
der Mann	die M**ä**nn**er***

*Wo immer möglich (**a**, **o**, **u**) wird die Pluralform mit einem Umlaut gebildet (**ä**, **ö**, **ü**).

KASUS

Es gibt vier Kasus (Fälle). Der Kasus signalisiert, welche Funktion ein Nomen oder Pronomen im Satz übernimmt.

Kasus	Frage	Funktion
Nominativ	wer?, was?	Subjekt
Akkusativ	wen?, was?	direktes Objekt und nach bestimmten Präpositionen u. Verben*
Dativ	wem?	indirektes Objekt und nach bestimmten Präpositionen u. Verben
Genitiv	wessen?	Zugehörigkeit und nach bestimmten Präpositionen

*Bei Verben, an die ein Objekt angeschlossen wird, handelt es sich zumeist um ein Akkusativobjekt. Nur an eine kleine Anzahl von Verben wird ein Dativobjekt angeschlossen. Es ist sinnvoll, diese Verben zu lernen. Dazu gehören *antworten, danken, gratulieren, nützen, passen, widersprechen* und *zustimmen*.

Das Nomen oder sein Stellvertreter, das Pronomen, und seine Begleiter (zumeist Artikelwörter und Adjektive) werden dem Kasus entsprechend dekliniert.

Die Assistentin		schreibt.	
Subjekt: Nominativ		Verb	

Die Assistentin	schreibt		einen Brief.
Subjekt: Nominativ	Verb		direktes Objekt: Akkusativ

Die Assistentin	schreibt	dem Anwalt	einen Brief.
Subjekt: Nominativ	Verb	indirektes Objekt: Dativ	direktes Objekt: Akkusativ

Die Assisten-tin	schreibt	dem Anwalt	des Klägers	einen Brief.
Subjekt: Nominativ	Verb	indirektes Objekt: Dativ	Zugehörig-keit: Genitiv	direktes Objekt: Akkusativ

Egal ob männlich, weiblich oder sächlich – im Plural bleibt der Artikel gleich.

Genitiv

Der Genitiv zeigt an, wer etwas besitzt und zu welcher Person, welchem Objekt oder welchem Umstand etwas gehört:

der Kopierer **unserer Abteilung**
die Aufgabe **des/eines Kollegen**

Bei vorangestellten Eigennamen hängt man an diese ein **-s** an:

bei Sybille**s** Projekt	Frankreich**s** Wirtschaft

DEKLINATION DES NOMENS

Es gibt im Wesentlichen zwei Deklinationstypen: Typ 1 und Typ n-Deklination. Typ 1 richtet sich nach folgendem Schema:

Singular			
	maskulin	**feminin**	**neutral**
Nominativ	der Chef	die Leiterin	das Budget
Akkusativ	den Chef	die Leiterin	das Budget
Dativ	dem Chef	der Leiterin	dem Budget
Genitiv	des Chefs	der Leiterin	des Budgets
Plural			
Nominativ	die Chefs	die Leiterinnen	die Budgets
Akkusativ	die Chefs	die Leiterinnen	die Budgets
Dativ	den Chefs	den Leiterinnen	den Budgets
Genitiv	der Chefs	der Leiterinnen	der Budgets

Typ n-Deklination

Nomen der **n**-Deklination sind immer männlich und erhalten im Akkusativ, Dativ und Genitiv Singular und Plural ein **-n**. Im Plural bekommen sie nie einen Umlaut.

Singular		
Nominativ	der Kunde	ein Kunde
Akkusativ	den Kunde**n**	einen Kunde**n**
Dativ	dem Kunde**n**	einem Kunde**n**
Genitiv	des Kunde**n**	eines Kunde**n**

Die Deklination mit angehängtem **-n** entspricht auch der Pluralform:

Plural	
Nominativ	die Kunden
Akkusativ	die Kunden
Dativ	den Kunden
Genitiv	der Kunden

Die n-Deklination gilt für folgende Nomen:

Nomen auf -e, die männliche Personen bezeichnen	der Türke, der Schwabe, der Experte, der Kunde, der Kollege, der Bote
Nomen auf -e, die männliche Tiere bezeichnen	der Affe, der Löwe, der Rüde
weitere männliche Nomen	der Automat, der Bär, der Bauer, der Christ, der Herr, der Mensch, der Nachbar, der Satellit
Nomen aus dem Lateinischen und Griechischen auf die Endungen -and, -ant, -at, -ent, -et, -ist, -oge, -nom, -soph, -graf.	der Doktorand, der Praktikant, der Kandidat, der Produzent, der Interpret, der Journalist, der Philologe, der Ökonom, der Philosoph, der Fotograf

Außerdem gibt es eine Gruppe von Nomen, die im Genitiv Singular zusätzlich ein **-s** erhalten:

Singular		
Nominativ	der Name	ein Name
Akkusativ	den Namen	einen Namen
Dativ	dem Namen	einem Namen
Genitiv	des Namen**s**	eines Namen**s**

Dies gilt auch für *der Buchstabe, der Friede, der Gedanke, der Glaube* und *der Wille*.

Pronomen und Begleiter

PERSONALPRONOMEN

	Nominativ	Akkusativ	Dativ
Singular	ich	mich	mir
	du*	dich*	dir*
	(m.) er	(m.) ihn	(m.) ihm
	(f.) sie	(f.) sie	(f.) ihr
	(n.) es	(n.) es	(n.) ihm
Plural	wir	uns	uns
	ihr	euch	euch
	sie	ihnen	ihnen
Singular/Plural	Sie**	Ihnen**	Ihnen**

* Mit *du, dich* und *dir* wendet man sich an Kinder, Freunde und Familienangehörige. Immer häufiger duzen sich auch Kollegen und hin und wieder bietet sogar der Vorgesetzte das Du an. Der Ältere oder Höhergestellte bietet in der Regel das Du an.

** *Sie* und *Ihnen* gehören zur höflichen Anrede. Man verwendet sie immer für unbekannte, erwachsene Personen.

POSSESSIVARTIKEL UND -PRONOMEN

Possessivartikel

Possessivartikel stehen vor dem Nomen: *mein* Kunde, *meine* Kundin, *mein* Produkt. Die Endung des Possessivartikels richtet sich in Kasus, Genus und Numerus nach dem Nomen, das er begleitet: *Mein Produkt ist ein Erfolg. – Das freut meine Chefin. – Die Zufriedenheit meiner Kunden ist mir wichtig.*

Nominativ				
	m.	**f.**	**n.**	**Pl.**
Singular	mein	meine	mein	meine
	dein	deine	dein	deine
	(m.) sein	seine	sein	seine
	(f.) ihr	ihre	ihr	ihre
	(n.) sein	seine	sein	seine
Plural	unser	unsere	unser	unsere
	euer	eure	euer	eure
	ihr	ihre	ihr	ihre
Singular/ Plural	Ihr	Ihre	Ihr	Ihre

Akkusativ				
	m.	**f.**	**n.**	**Pl.**
Singular	meinen	meine	mein	meine
	deinen	deine	dein	deine
	(m.) seinen	seine	sein	seine
	(f.) ihren	ihre	ihr	ihre
	(n.) seinen	seine	sein	seine
Plural	unseren	unsere	unser	unsere

	euren	eure	euer	eure
	ihren	ihre	ihr	ihre
Singular/ Plural	Ihren	Ihre	Ihr	Ihre

Dativ

	m.	**f.**	**n.**	**Pl.**
Singular	meinem	meiner	meinem	meinen
	deinem	deiner	deinem	deinen
	(m.) seinem	seiner	seinem	seinen
	(f.) ihrem	ihrer	ihrem	ihren
	(n.) seinem	seiner	seinem	seinen
Plural	unserem	unserer	unserem	unseren
	eurem	eurer	eurem	euren
	ihrem	ihrer	ihrem	ihren
Singular/ Plural	Ihrem	Ihrer	Ihrem	Ihren

Genitiv

	m.	**f.**	**n.**	**Pl.**
Singular	meines	meiner	meines	meiner
	deines	deiner	deines	deiner
	(m.) seines	seiner	seines	seiner
	(f.) ihres	ihrer	ihres	ihrer
	(n.) seines	seiner	seines	seiner
Plural	unseres	unserer	unseres	unserer
	eures	eurer	eures	eurer
	ihres	ihrer	ihres	ihrer
Singular/ Plural	Ihres	Ihres	Ihres	Ihrer

Possessivpronomen

Possessivpronomen werden anstelle des Nomens verwendet, wenn dieses vorher genannt wurde oder der Gegenstand oder die Person, die es bezeichnet, z. B. durch Zeigen identifiziert wurde. *Wem gehört das Handy hier? Ist das dein(e)s?*

Nominativ				
	m.	**f.**	**n.**	**Pl.**
Singular	meiner	meine	mein(e)s	meine
	deiner	deine	dein(e)s	deine
	(m.) seiner	seine	sein(e)s	seine
	(f.) ihrer	ihre	ihr(e)s	ihre
	(n.) seiner	seine	sein(e)s	seine
Plural	unserer	unsere	unser(e)s	unsere
	eurer	eure	eures	eure
	ihrer	ihre	ihr(e)s	ihre
Singular/ Plural	Ihrer	Ihre	Ihr(e)s	Ihre

Akkusativ				
	m.	**f.**	**n.**	**Pl.**
Singular	meinen	meine	mein(e)s	meine
	deinen	deine	dein(e)s	deine
	(m.) seinen	seine	sein(e)s	seine
	(f.) ihren	ihre	ihr(e)s	ihre
	(n.) seinen	seine	sein(e)s	seine
Plural	unseren	unsere	unser(e)s	unsere
	euren	eure	eures	eure
	ihren	ihre	ihr(e)s	ihre
Singular/ Plural	Ihren	Ihre	Ihr(e)s	Ihren

Dativ				
	m.	**f.**	**n.**	**Pl.**
Singular	meinem	meiner	meinem	meinen
	deinem	deiner	deinem	deinen
	(m.) seinem	seiner	seinem	seinen
	(f.) ihrem	ihrer	ihrem	ihren
	(n.) seinem	seiner	seinem	seinen
Plural	unserem	unserer	unserem	unseren
	eurem	eurer	eurem	euren
	ihrem	ihrem	ihrem	ihren
Singular/ Plural	Ihrem	Ihrem	Ihrem	Ihren

Adjektive

Vor dem Nomen benötigt das Adjektiv eine Endung, die sich nach dessen Genus, Numerus und Kasus sowie dem dem Adjektiv vorausgehenden Artikelwort richtet: *der kaputte Drucker*.

In Verbindung mit Verben, insbesondere im Gebrauch mit *sein*, *bleiben* und *werden*, braucht das Adjektiv keine Endung: *Der Drucker ist kaputt.*

Adjektive werden in der unveränderten Grundform auch adverbial verwendet, können also auch Verben beschreiben: *Er arbeitet **schnell** und **gründlich**.*

ADJEKTIVE VOR DEM NOMEN (ATTRIBUTIVER GEBRAUCH)

Mit bestimmtem Artikel		
	Singular	
	m.	**f.**	**n.**
Nominativ	der neue Drucker	die neue Lampe	das neue Konzept
Akkusativ	den neuen Drucker	die neue Lampe	das neue Konzept

Dativ	dem neuen Drucker	der neuen Lampe	dem neuen Konzept
Gentiv	des neuen Druckers	der neuen Lampe	des neuen Konzepts
	Plural		
Nominativ	die neuen Drucker/Lampen/Konzepte		
Akkusativ	den neuen Druckern/Lampen/Konzepten		
Dativ	dem neuen Druckern/Lampen/Konzepten		
Genitiv	der neuen Drucker/Lampen/Konzepte		

Ebenso mit: *dieser, folgender, jeder, jener, mancher, solcher, welcher, derselbe, alle* (nur Pl.) und *sämtliche* (nur Pl.).

Mit unbestimmtem Artikel			
	Singular		
	m.	**f.**	**n.**
Nominativ	ein neuer Drucker	eine neue Lampe	ein neues Konzept
Akkusativ	einen neuen Drucker	eine neue Lampe	ein neues Konzept
Dativ	einem neuen Drucker	einer neuen Lampe	einem neuen Konzept
Genitiv	eines neuen Druckers	einer neuen Lampe	eines neuen Konzepts
	Plural		
Nominativ	neue Drucker/Lampen/Konzepte		
Akkusativ	neue Drucker/Lampen/Konzepte		
Dativ	neuen Druckern/Lampen/Konzepten		
Genitiv	neuer Drucker/Lampen/Konzepte		

Bei der Verwendung mit *kein* bleiben die Endungen im Singular gleich; im Plural ist die Endung immer **-en**.

Mit Possessivbegleiter			
	Singular		
	m.	f.	n.
Nominativ	Ihr neuer Drucker	Ihre neue Lampe	Ihr neues Konzept
Akkusativ	Ihren neuen Drucker	Ihre neue Lampe	Ihr neues Konzept
Dativ	Ihrem neuen Drucker	Ihrer neuen Lampe	Ihrem neuen Konzept
Genitiv	Ihres neuen Druckers	Ihrer neuen Lampe	Ihres neuen Konzepts
	Plural		
Nominativ	Ihre neuen Drucker/Lampen/Konzepte		
Akkusativ	Ihre neuen Drucker/Lampen/Konzepte		
Dativ	Ihren neuen Druckern/Lampen/Konzepten		
Genitiv	Ihrer neuen Drucker/Lampen/Konzepte		

Bei der Verwendung mit Possessivartikeln bleiben die Endungen im Singular gleich, doch im Plural ist die Endung überall **-en**.

Verwendet man keinen Artikel, trägt das Adjektiv das Signal, in welchem Kasus das Nomen steht. Ausnahmen sind der Genitiv Singular maskulin und neutral:

Mit Nullartikel			
	Singular		
	m.	f.	n.
Nominativ	guter Kaffee	frische Luft	günstiges Öl
Akkusativ	guten Kaffee	frische Luft	günstiges Öl
Dativ	gutem Kaffee	frischer Luft	günstigem Öl
Genitiv	guten Kaffees	frischer Luft	günstigen Öls

	Plural
Nominativ	schlechte Konditionen
Akkusativ	schlechte Konditionen
Dativ	schlechten Konditionen
Genitiv	schlechter Konditionen

STEIGERUNG DER ADJEKTIVE

Vergleich in Verbindung mit Verben und vor dem Nomen

In Verbindung mit Verben	
Grundform	Diese Notiz ist wichtig.
Komparativ	Dieses Memo ist wichtiger (**als** die Notiz).
Superlativ	Dieser Brief ist **am** wichtig**sten**.

Vor dem Nomen			
ohne Steigerung	ein klein**er** Betrag	eine klein**e** Pause	ein klein**es** Handy
Komparativ	ein klein**erer** Brief	eine klein**ere** Pause	das klein**ere** Handy
Superlativ	der klein**ste** Brief	die klein**ste** Pause	das klein**ste** Handy

Unregelmäßige Steigerungen

Bei vielen kurzen Adjektiven: **a, o, u → ä, ö, ü**		
alt	älter	am **ä**ltesten
jung	jünger	am j**ü**ngsten
groß	größer	am gr**ö**ßten
hoch*	höher	am h**ö**chsten

* Bei der Steigerung von *hoch* verliert sich das **-c-**.

Bei Grundform auf **d**, **t**, **s**, **ß**, **sch**, **x**, **z**: → Superlativ mit **-e-**		
fri**sch**	frischer	am frisch**e**sten
fe**tt**	fetter	am fett**e**sten
fi**x**	fixer	am fix**e**sten
Bei *dunkel, edel, eitel, sauer, teuer* entfällt im Komparativ das **-e-**		
dunk**el**	dunkler	am dunkelsten
ed**el**	edler	am edelsten
eit**el**	eitler	am eitelsten
sau**er**	saurer	am sauersten
teu**er**	teurer	am teuersten
Besondere Formen		
nah	näher	am nächsten
gut	besser	am besten
gern	lieber	am liebsten
viel	mehr	am meisten

VERGLEICH MIT *WIE* UND *ALS*

Herr Dürr ist 49 Jahre alt. Frau Peischl ist 61 Jahre alt. Ich bin 49 Jahre alt.	
Frau Peischl ist **älter als** ich.	Komparativ + **als**
Herr Dürr ist (genau) **so alt wie** ich.	**so** + Grundform + **wie**
Ich bin **nicht so alt wie** Frau Peischl.	**nicht so** + Grundform + **wie**

Verben

INFINITIV

Der Infinitiv ist die Grundform des Verbs. Er besteht aus Stamm und **Infinitivendung**: lern**en**, geh**en**, lach**en**.

PRÄSENS

Mit der Präsensform beschreibt man:

was gerade passiert	Ich kann jetzt nicht. Ich bin am Telefon.
was bis heute so ist	Sie arbeitet seit drei Jahren bei Siemens.
was immer stimmt	Deutschland ist in Europa.
was in der Zukunft passiert*	Morgen fängt der neue Kollege an.

*in der Regel mit Zeitangabe

Regelmäßige Formen

	ganz regelmäßig	auf -eln/-ern	auf -d/-t
	lernen	googeln/feiern	leisten
ich	lerne	google/feiere	leiste
du	lernst	googelst/feierst	leistest
er/sie/es	lernt	googelt/feiert	leistet
wir	lernen	googeln/feiern	leisten
ihr	lernt	googelt/feiert	leistet
sie/Sie	lernen	googeln/feiern	leisten

Formen mit wechselnden Vokalen

	a wird ä	e wird i	e wird ie
	schlafen	geben	lesen
ich	schlafe	gebe	lese
du	schläfst	gibst	liest
er/sie/es	schläft	gibt	liest
wir	schlafen	geben	lesen
ihr	schlaft	gebt	lest

| sie/Sie | schlafen | geben | lesen |

Wichtige unregelmäßige Verben

	haben	sein	werden
ich	habe	bin	werde
du	hast	bist	wirst
er/sie/es	hat	ist	wird
wir	haben	sind	werden
ihr	habt	seid	werdet
sie/Sie	haben	sind	werden

PERFEKT

Das Perfekt drückt (besonders in der gesprochenen Sprache) die Vergangenheit aus. Man bildet es mit einer konjugierten Form des Hilfsverbs *haben* oder *sein* und dem Partizip Perfekt des Vollverbs. Das Hilfsverb steht im Satz auf Position 2; das Partizip steht am Satzende.

Er **hat** neues Druckerpapier **bestellt**.

Sie **ist** ins Lager **gegangen**.

Die meisten Verben bilden das Perfekt mit *haben*. Insbesondere reflexive Verben werden immer mit *haben* gebraucht.

Das Perfekt mit *haben*

ich	habe	
du	hast	
er/sie/es	hat	
wir	haben	**gedacht**
ihr	habt	
sie/Sie	haben	

Das Perfekt mit *sein*

ich	bin	
du	bist	
er/sie/es	ist	**gekommen**
wir	sind	
ihr	seid	
sie/Sie	sind	

Wenige Verben bilden das Perfekt mit *sein*. Lernen Sie, welche Verben das sind.

+ sein	
Bewegung mit Ortswechsel	aussteigen, einsteigen, fahren*, fliegen*, gehen, kommen, reiten*, segeln*
Veränderung des Zustandes des Subjekts	aufwachen, einschlafen, einnicken, werden, sterben
Sonstige Verben	bleiben, gelingen, geschehen, passieren, sein

*Diese Verben bilden bei Gebrauch mit einem Akkusativobjekt das Perfekt mit *haben*:

Er **ist** in die USA **geflogen**.

Hast du schon mal ein Segelflugzeug **geflogen**?

Bildung des Partizip Perfekts

Das Partizip Perfekt bildet man in der Regel mit **ge-** + **Verbstamm** + **-t**: machen -> **ge** + **mach** + **t** -> gemacht.

Regelmäßige Verben	
ganz regelmäßig	machen -> ge**macht**
auf **-d/-t**	leisten -> ge**leistet**
trennbar	aufmachen -> auf**ge**macht

nicht trennbar	zerstören -> zerstört
auf -ieren	finanzieren -> finanziert

Unregelmäßige Verben	
unregelmäßig	fahren -> gefahren
	sehen -> gesehen
	werden -> geworden
trennbar	ansehen -> angesehen
nicht trennbar	verlaufen -> verlaufen
Mischverben	wissen -> gewusst

PRÄTERITUM

Das Präteritum drückt die Vergangenheit aus, insbesondere in Medien und der Schriftsprache: Auf der B22 **gab** es am vergangenen Sonntag einen schweren Unfall.

In der Beschreibung von Vergangenem stehen die Verben *sein*, *haben* und die Modalverben auch in der gesprochenen Sprache oft im Präteritum: *Warst du schon mal in Berlin?*

Regelmäßige Verben		
	ganz regelmäßig	auf -d/-t
	machen	arbeiten
ich	machte	arbeitete
du	machtest	arbeitetest
er/sie/es	machte	arbeitete
wir	machten	arbeiteten
ihr	machtet	arbeitetet
sie/Sie	machten	arbeiteten

Verben auf *-ieren* sind im Präteritum regelmäßig.

Unregelmäßige Verben		
	fahren	gehen

ich	**f**uhr	ging
du	**f**uhr**st**	ging**st**
er/sie/es	**f**uhr	ging
wir	**f**uhr**en**	ging**en**
ihr	**f**uhr**t**	ging**t**
sie/Sie	**f**uhr**en**	ging**en**

Mischverben	
	kennen
ich	kann**te**
du	kann**test**
er/sie/es	kann**te**
wir	kann**ten**
ihr	kann**tet**
sie/Sie	kann**ten**

Sonderfälle			
	haben	sein	werden
ich	hatte	war	wurde
du	hattest	warst	wurdest
er/sie/es	hatte	war	wurde
wir	hatten	waren	wurden
ihr	hattet	wart	wurdet
sie/Sie	hatten	waren	wurden

PLUSQUAMPERFEKT

Das Plusquamperfekt verwendet man, wenn man etwas beschreiben möchte, dass in der Vergangenheit (Perfekt oder Präteritum) schon vergangen ist. Man nennt diese Zeitform deshalb auch Vorvergangenheit: *Es regnete – zum Glück **hatte** ich einen Schirm **eingepackt**.*

Man bildet das Plusquamperfekt, indem man die konjugierte Präteritumsform des Hilfsverbs *haben* oder *sein* mit dem Partizip Perfekt des Vollverbs kombiniert. Wie beim Perfekt steht das Partizip am Satzende.

> Ich **hatte** einfach zu viel **gegessen**.

> Er **war** sehr spät **gekommen**.

FUTUR I

Mit dem Futur I drückt man aus, dass etwas in der Zukunft passiert, weil es geplant, versprochen oder beabsichtigt ist: *Zur Konferenz **werden** wir die wichtigsten Experten **einladen**. / Ich **werde** nächsten Monat im Lager **aushelfen**. / Die Firma **wird** nach Berlin **umziehen**.*

Das Futur I kann man auch verwenden, um eine Vermutung, Erwartung oder Beruhigung zu formulieren: *Ich habe schon wieder einem Termin bei der Chefin vergessen. Sie **wird denken**, dass ich völlig chaotisch bin. / Deine Präsentation nächste Woche **wird** sehr erfolgreich **sein**. / Mach dir keine Sorgen – du wirst die Prüfung schon schaffen!*

Diese Zeitform setzt sich aus der konjugierten Präsensform von **werden** (an Position 2) und dem Infinitiv des Vollverbs (am Satzende) zusammen.

ich	werde	
du	wirst	
er/sie/es	wird	schreiben, lesen, mailen etc.
wir	werden	
ihr	werdet	
sie/Sie	werden	

MODALVERBEN

Modalverben werden konjugiert und mit dem Infinitiv des Vollverbs verwendet, über das sie ihre Aussage machen: *Sie **müssen** den Kassenzettel **aufheben**.*

	dürfen	können	mögen
ich	darf	kann	möchte*
du	darfst	kannst	möchtest*
er/sie/es	darf	kann	möchte*
wir	dürfen	können	möchten*
ihr	dürft	könnt	möchtet*
sie/Sie	dürfen	können	möchten*

* In der modalen Verwendung gebraucht man die Konjunktivformen von *mögen*.

	müssen	sollen	wollen
ich	muss	soll	will
du	musst	sollst	willst
er/sie/es	muss	soll	will
wir	müssen	sollen	wollen
ihr	müsst	sollt	wollt
sie/Sie	müssen	sollen	wollen

Verwendung	
dürfen	Bitten und Vorschläge (auch oft im Konjunktiv), Erlaubnis
	Darf ich hier rauchen?
nicht dürfen	Verbot
	Hier darf man nicht rauchen.
können	Fähigkeit und Möglichkeit, Bitten und Erlaubnis
	Kann ich das Fenster öffnen?
nicht können	Verbot (weniger streng als mit *dürfen*)

	Sie können nicht einfach Urlaub nehmen.	
mögen	Wunsch	
	Ich möchte heute früher nach Hause gehen.	
müssen	Notwendigkeit, Verpflichtung	
	Ich muss einen Bericht schreiben.	
nicht müssen	Abwesenheit von Verpflichtung	
	Sie müssen den Bericht aber nicht sofort schreiben.	
sollen	Empfehlung (im Konjunktiv); Aufforderung, Erwartung dritter	
	Sie sollten nicht so lange arbeiten. / Er soll zur Chefin kommen.	
wollen	Absicht, Wille	
	Ich will ganz offen zu Ihnen sein.	

REFLEXIVE VERBEN

Reflexive Verben werden mit einem **Reflexivpronomen** verwendet:

	sich kämmen	**Reflexivpronomen im Akkusativ**
ich	kämme	mich
du	kämmst	dich
er/sie/es	kämmt	sich
wir	kämmen	uns
ihr	kämmt	euch
sie/Sie	kämmen	sich

Bei Verben **mit Akkusativobjekt** steht das Reflexivpronomen im Dativ; das heißt, bei *ich* und *du* ändert sich das Pronomen.

	sich kämmen	**Reflexivpronomen im Dativ**	**Akkusativobjekt**
ich	kämme	**mir**	
du	kämmst	**dir**	
er/sie/es	kämmt	sich	
wir	kämmen	uns	**die Haare**
ihr	kämmt	euch	
sie/Sie	kämmen	sich	

Gibt es im Satz ein Akkusativpronomen und ein Dativpronomen, platziert man das Akkusativ- vor das **Dativ**pronomen: *Ich kämme sie* (=die Haare) **mir**.

IMPERATIV

Bitten, Aufforderungen, Anweisungen, Anordnungen	Bitte schließen Sie die Tür. / Schreiben Sie bis morgen einen Bericht. / Hilf mir!
Vorschläge, Empfehlungen	Lassen Sie uns doch Folgendes tun: … / Frag doch mal deine Kollegen.

Der Imperativ (Befehlsform) wird insbesondere für Bitten, Aufforderungen, und Anweisungen verwendet.

	regelmäßig	**trennbar**	**auf -ten/ -den/-nen**	**auf -igen/ -men**
	machen	anrufen	lei**ten**	verteid**igen**/ träu**men**
du	mach!	ruf an!	lei**t**e!	verteidi**g**e!
ihr	macht!	ruft an!	lei**t**et!	verteidigt!
Sie	machen Sie!	rufen Sie an!	leiten Sie!	verteidigen Sie!

Fachwörterbuch

Bei zwei Möglichkeiten in der Phonetik, ist die erste Variante die deutsche Aussprache und die zweite Variante eher die originale Aussprache eines Fremdwortes.

A

Ab·bau ['apbao] der <–(e)s, –ten> *meist Sing.* **1.** (el) εξόρυξη (es) explotación (pl) wydobycie (ro) extracţia **2.** (el) αποσυναρμολόγηση (es) desmontaje (pl) demontaż (ro) demontarea **3.** (el) μείωση (es) reducción, recorte (pl) redukcja (ro) reducerea

Ab·bil·dung ['apbɪldʊŋ] die <–, –en> **1.** *meist Sing.* (el) απεικόνιση, εικόνα (es) reproducción (pl) ilustracja (ro) reprezentare **2.** (el) απεικόνιση, εικόνα (es) imagen, ilustración (pl) ilustracja (ro) imagine, figură

ab|bre·chen ['apbrɛçn] <bricht ab, brach ab, hat/ist abgebrochen> (tr. V.) +*haben* **1.** (el) σπάζω (es) romper (pl) odłamywać, urywać (ro) a rupe **2.** (el) σταματώ πρόωρα (es) abandonar (pl) przerywać (ro) a întrerupe **3.** (el) αποσυναρμολογώ (es) desmontar, desarmar (pl) demontować (ro) a demonta **4.** (el) κατεδαφίζω (es) derribar, demoler (pl) burzyć, rozbierać (ro) a demola (intr. V.) +*sein* **1.** (el) σπάζω (es) romperse, quebrarse (pl) odrywać się, odpadać (ro) a se rupe **2.** (el) διακόπτω (es) interrumpirse, cortarse (pl) zostać przerwanym (ro) a se întrerupe

Ab·fall·wirt·schaft ['apfalvɪtʃaft] die <–, –en> (el) διαχείριση αποβλήτων (es) gestión de residuos (pl) gospodarka odpadami (ro) Managementul deşeurilor

ab·hän·gig ['aphɛŋɪç] (Adj.) **1.** (el) εξαρτώμαι (es) dependiente (pl) uzależniony/-a/-e (ro) dependent/-ă **2.** (el) σχετίζομαι (es) dependiente (pl) zależny/-a/-e, uwarunkowany/-a/-e (ro) dependent/-ă

ab|klä·ren ['apklɛːrən] <klärt ab, klärte ab, hat abgeklärt> (tr. V.) **1.** (el) ξεκαθαρίζω, αποσαφηνίζω (es) aclarar, discutir (pl) uzgadniać (ro) a clarifica **2.** (el) εξετάζω (es) aclarar (pl) sprawdzać, badać (ro) a clarifica

Ab·lauf ['aplaof] der <–(e)s, Abläufe> **1.** (el) πορεία (es) desarrollo (pl) przebieg, tok (ro) desfăşurare **2.** nach Ablauf (el) μετά τη λήξη (es) una vez finalizado/-a (pl) po upływie (ro) după încheierea **3.** (el) εκροή (es) desagüe (pl) odpływ (ro) scurgere

Ab·nah·me ['apnaːmə] die <–, –n> **1.** (el) παραλαβή (es) inspección (pl) odbiór (ro) recepţie **2.** (el) μείωση (es) disminución (pl) zmniejszenie (się) (ro) scădere **3.** (el) αγορά (es) compra (pl) odbiór (ro) cumpărare

ab|neh·men ['apneːmən] <nimmt ab, nahm ab, hat abgenommen> (intr. V.) (el) μειώνομαι (es) disminuir, bajar (ro) zmniejszać się (ro) a scădea (tr. V.)

1. ⟨el⟩ παραλαμβάνω, ελέγχω ⟨es⟩ inspeccionar ⟨pl⟩ zatwierdzać, odbierać ⟨ro⟩ a recepționa **2.** ⟨el⟩ αγοράζω ⟨es⟩ comprar ⟨pl⟩ brać, nabywać ⟨ro⟩ cumpăra **3.** *jdm etw. abnehmen* ⟨el⟩ απαλλάσσω κάποιον από κάτι ⟨es⟩ librar a alguien de algo ⟨pl⟩ przejmować coś od kogoś ⟨ro⟩ a prelua ceva de la cineva **4.** *jdm etw. abnehmen* ⟨el⟩ παίρνω κάτι από κάποιον ⟨es⟩ quitar algo a alguien ⟨pl⟩ odbierać komuś coś ⟨ro⟩ a retrage cuiva ceva, a lua cuiva ceva

ab|schal·ten [ˈapʃaltn̩] <schaltet ab, schaltete ab, hat abgeschaltet> ⟨tr. V.⟩ ⟨el⟩ απενεργοποιώ, διακόπτω ⟨es⟩ desconectar ⟨pl⟩ wyłączać ⟨ro⟩ a deconecta

Ab·schluss [ˈapʃlʊs] der <–es, Abschlüsse> **1.** *kein Pl.* ⟨el⟩ ολοκλήρωση ⟨es⟩ fin ⟨pl⟩ zakończenie ⟨ro⟩ încheiere **2.** ⟨el⟩ τελείωμα ⟨es⟩ cierre, final ⟨pl⟩ brzeg, zakończenie ⟨ro⟩ capăt **3.** ⟨el⟩ αποπεράτωση των σπουδών, πτυχίο, απολυτήριο ⟨es⟩ diploma, título ⟨pl⟩ dyplom ukończenia ⟨ro⟩ absolvire, încheiere **4.** *kein Pl.* ⟨el⟩ σύναψη, περάτωση ⟨es⟩ cierre ⟨pl⟩ zawarcie, dojście do skutku ⟨ro⟩ încheierea **5.** *kein Pl.* ⟨el⟩ κλείσιμο λογαριασμών ⟨es⟩ balance ⟨pl⟩ zamknięcie ⟨ro⟩ bilanț

Ab·sicht [ˈapzɪçt] die <–, –en> ⟨el⟩ πρόθεση ⟨es⟩ intención, propósito ⟨pl⟩ zamiar ⟨ro⟩ intenție

Ab·sturz·ge·fahr [ˈapʃtʊ'tsgəfaːʁ] die <–, –en> **1.** ⟨el⟩ κίνδυνος πτώσης ⟨es⟩ peligro de caída ⟨pl⟩ ryzyko upadku (z wysokości) ⟨ro⟩ pericol de răsturnare **2.** ⟨el⟩ κίνδυνος κατάρρευσης ⟨es⟩ riesgo de fallo ⟨pl⟩ ryzyko zawieszenia się ⟨ro⟩ pericol de cădere

Ab·tei·lung [apˈtaelʊŋ] die <–, –en> ⟨el⟩ τμήμα ⟨es⟩ departamento, sección ⟨pl⟩ dział ⟨ro⟩ departament

Ab·tei·lungs·lei·ter [apˈtaelʊŋslaete] der <–s, –>, **Ab·tei·lungs·lei·te·rin** [apˈtaelʊŋslaetərɪn] die <–, –nen> ⟨el⟩ προϊστάμενος/προϊσταμένη τμήματος ⟨es⟩ jefe de sección/departamento ⟨pl⟩ kierownik działu ⟨ro⟩ șef/șefă departament

adap·tiv [adapˈtiːf] ⟨Adj.⟩ *kein Komp./Superl.* ⟨el⟩ προσαρμοστικός/-ή/-ό ⟨es⟩ adaptable ⟨pl⟩ adaptacyjny/-a/-e ⟨ro⟩ adaptiv

addi·tiv [adiˈtiːf] ⟨Adj.⟩ *kein Komp./Superl.* ⟨el⟩ πρόσθετος/-η/-ο ⟨es⟩ aditivo ⟨pl⟩ dodany/-a/-e ⟨ro⟩ aditiv

Adress·kon·fi·gu·ra·ti·on [aˈdrɛskɔnfiguraˌtsi̯oːn] die <–, –en> ⟨el⟩ διευθέτηση διεύθυνσης ⟨es⟩ configuración de la dirección ⟨pl⟩ konfiguracja adresu ⟨ro⟩ configurare adresă

Ak·ti·on [akˈtsi̯oːn] die <–, –en> **1.** ⟨el⟩ δράση ⟨es⟩ campaña ⟨pl⟩ akcja ⟨ro⟩ acțiune **2.** *in Aktion* ⟨el⟩ σε δράση/ λειτουργία ⟨es⟩ en acción ⟨pl⟩ w akcji, do akcji ⟨ro⟩ în acțiune

ak·tiv [akˈtiːf] ⟨Adj.⟩ **1.** ⟨el⟩ δραστήριος/-α/-ο ⟨es⟩ activo/-a ⟨pl⟩ aktywny/-a/-e, czynny/-a/-e ⟨ro⟩ activ **2.** *kein Komp./Superl.* ⟨el⟩ δραστικός/-ή/-ό ⟨es⟩ activo ⟨pl⟩ aktywny/-a/-e ⟨ro⟩ activ **3.** *kein Komp./Superl.* ⟨el⟩ ενεργός/-ή/-ό ⟨es⟩ activo ⟨pl⟩ aktywny/-a/-e ⟨ro⟩ activ

Ak·ti·vie·rung [akti'viːrʊŋ] die <-, –en> **1.** ⟨el⟩ ενεργοποίηση ⟨es⟩ activación ⟨pl⟩ aktywowanie, uaktywnienie ⟨ro⟩ activare **2.** ⟨el⟩ ενίσχυση ⟨es⟩ activación ⟨pl⟩ aktywowanie ⟨ro⟩ activare **3.** ⟨el⟩ ενεργοποίηση ⟨es⟩ activación ⟨pl⟩ aktywacja ⟨ro⟩ activare

ak·tu·a·li·sie·ren [ˌaktuali'ziːrən] <aktualisiert, aktualisierte, hat aktualisiert> ⟨tr. V.⟩ ⟨el⟩ ενημερώνω ⟨es⟩ actualizar ⟨pl⟩ aktualizować ⟨ro⟩ a actualiza

ak·tu·ell [aktu'ɛl] ⟨Adj.⟩ *kein Komp./Superl.* ⟨el⟩ επίκαιρος/-η/-ο, τρέχων/ -ουσα/-ον ⟨es⟩ actual ⟨pl⟩ aktualny/-a/-e ⟨ro⟩ actual

ak·zep·tie·ren [aktsɛp'tiːrən] <akzeptiert, akzeptierte, hat akzeptiert> ⟨tr. V.⟩
1. ⟨el⟩ αποδέχομαι, δέχομαι ⟨es⟩ aceptar ⟨pl⟩ akceptować ⟨ro⟩ a accepta
2. ⟨el⟩ αποδέχομαι, δέχομαι ⟨es⟩ aceptar ⟨pl⟩ zaakceptować, przyjąć ⟨ro⟩ a accepta

Al·go·rith·mus [algo'rɪtmʊs] der <-, Algorithmen> ⟨el⟩ αλγόριθμος ⟨es⟩ algo-ritmo ⟨pl⟩ algorytm ⟨ro⟩ algoritm

Alu·mi·ni·um [alu'miːnɪ̯ʊm] das <-s> *kein Pl.* ⟨el⟩ αλουμίνιο ⟨es⟩ aluminio ⟨pl⟩ aluminium ⟨ro⟩ aluminiu

Ana·ly·se·an·la·ge [ana'lyːzəlanlaːgə] die <-, –n> ⟨el⟩ σύστημα ανάλυσης ⟨es⟩ equipo analítico ⟨pl⟩ urządzenie analizujące ⟨ro⟩ instalație de anali-zare

Ana·ly·se·tech·nik [ana'lyːzətɛçnɪk] die <-, –en> **1.** ⟨el⟩ αναλυτική τεχνολο-γία ⟨es⟩ técnica de análisis ⟨pl⟩ technika analizy ⟨ro⟩ tehnologie de analiză
2. ⟨el⟩ μέθοδος ανάλυσης ⟨es⟩ tecnología analítica ⟨pl⟩ metoda anali-tyczna ⟨ro⟩ tehnologie de analiză

ana·ly·sie·ren [analy'ziːrən] <analysiert, analysierte, hat analysiert> ⟨tr. V.⟩
1. ⟨el⟩ αναλύω ⟨es⟩ analizar ⟨pl⟩ analizować, badać ⟨ro⟩ a analiza
2. ⟨el⟩ αναλύω ⟨es⟩ analizar ⟨pl⟩ analizować, dokonywać analizy ⟨ro⟩ a ana-liza

an|bie·ten ['anbiːtn] <bietet an, bot an, hat angeboten> ⟨tr. V.⟩ **1.** ⟨el⟩ προ-σφέρω, διαθέτω ⟨es⟩ ofrecer ⟨pl⟩ oferować, przedkładać ⟨ro⟩ a oferi
2. ⟨el⟩ διαθέτω ⟨es⟩ ofertar ⟨pl⟩ oferować ⟨ro⟩ a oferi **3.** ⟨el⟩ προτείνω ⟨es⟩ proponer ⟨pl⟩ proponować ⟨ro⟩ a propune ⟨ref. V.⟩ sich anbieten ⟨el⟩ προσφέρομαι ⟨es⟩ ser apropiado/-a ⟨pl⟩ nasuwać się ⟨ro⟩ a se reco-manda

an|brin·gen ['anbrɪŋən] <bringt an, brachte an, hat angebracht> ⟨tr. V.⟩
1. ⟨el⟩ τοποθετώ, στερεώνω ⟨es⟩ poner, colocar ⟨pl⟩ przymocowywać, przyczepiać ⟨ro⟩ a ataşa **2.** ⟨el⟩ κάνω, δηλώνω ⟨es⟩ hacer, efectuar ⟨pl⟩ wnosić ⟨ro⟩ a adăuga

än·dern ['ɛndɐn] <ändert, änderte, hat geändert> ⟨tr. V.⟩ **1.** ⟨el⟩ αλλάζω, τρο-ποποιώ ⟨es⟩ cambiar, modificar ⟨pl⟩ zmieniać ⟨ro⟩ a modifica **2.** sich ändern ⟨el⟩ μεταβάλλομαι ⟨es⟩ cambiar ⟨pl⟩ zmieniać się, ulegać przemia-nie ⟨ro⟩ a se schimba

an|fer·ti·gen [ˈanfɛrtɪgn̩] <fertigt an, fertigte an, hat angefertigt> tr.V. el καταρτίζω, κατασκευάζω, συντάσσω es fabricar, elaborar pl wykonywać, realizować ro a executa

an|for·dern [ˈanfɔrdɐn] <fordert an, forderte an, hat angefordert> tr.V. el ζητώ es pedir, solicitar pl żądać ro a cere, a solicita

An·for·de·rung [ˈanfɔrdərʊŋ] die <–, –en> **1.** el ζήτηση es petición, demanda pl żądanie ro cerință auf schriftliche Anforderung el κατόπιν γραπτής αίτησης es a petición por escrito pl na pisemny wniosek, na pisemne żądanie ro la cerere scrisă **2.** meist Pl. el απαίτηση es requisito pl wymagania ro cerințe

An·fra·ge [ˈanfraːgə] die <–, –n> el ερώτηση es pregunta, consulta pl pytanie, zapytanie ro cerere auf Anfrage el κατόπιν αιτήματος es a petición pl na zapytanie ro la cerere

An·ga·be [ˈangaːbə] die <–, –n> **1.** meist Pl. el στοιχείο, πληροφορία es indicación, detalle, dato pl informacja, wskazówka ro indicație, informație **2.** el δήλωση, παράθεση es especificación pl podanie ro specificarea

an|ge·ben [ˈangeːbm̩] <gibt an, gab ab, hat angegeben> tr.V. el δίνω, ορίζω es indicar pl podawać ro a indica, a specifica

An·ge·bot [ˈangəboːt] das <–(e)s, –e> **1.** el προσφορά es oferta pl oferta, propozycja ro ofertă **2.** kein Pl. el προσφερόμενα προϊόντα es surtido pl oferta, asortyment ro ofertă **3.** kein Pl. el προσφορά es oferta pl podaż ro ofertă

An·la·ge [ˈanlaːgə] die <–, –n> **1.** el εγκατάσταση es instalación pl powierzchnia ro suprafața **2.** kein Pl. el δημιουργία es construcción, creación pl utworzenie, założenie ro construcția, plasarea **3.** el επένδυση es inversión pl inwestycja ro plasament **4.** el εγκατάσταση, σύστημα, συγκρότημα es planta, equipo, dispositivo pl instalacja, aparatura ro instalație **5.** el επισύναψη, συνημμένο es documento adjunto pl załącznik ro atașament, anexă

An·la·gen·bau [ˈanlaːgn̩baʊ] der <–(e)s> kein Pl. el κατασκευή εγκαταστάσεων es construcción de instalaciones pl montaż maszyn i urządzeń ro construcția de instalații

an|le·gen [ˈanleːgn̩] <legt an, legte an, hat angelegt> tr.V. **1.** el δημιουργώ, ανοίγω, κατασκευάζω es crear, construir pl zakładać ro a crea **2.** el επενδύω es invertir pl zainwestować ro a investi **3.** el ακουμπώ es poner, colocar pl przykładać ro a pune

an|ord·nen [ˈanɔrdnən] <ordnet an, ordnete an, hat angeordnet> tr.V. **1.** el ταξινομώ es colocar, agrupar pl układać, uporządkowywać ro a dispune **2.** el διατάζω es disponer, ordenar pl zarządzać, zlecać ro a dispune

an|pas·sen [ˈanpasn̩] <passt an, passte an, hat angepasst> tr.V. el προσαρμόζω es adaptar, ajustar pl dopasowywać, dostosowywać ro a adapta ⟨ref. V.⟩ sich an etw. anpassen, sich einer Sache ⟨Dat.⟩ anpassen ⟨el⟩ προσαρμόζομαι σε κάτι ⟨es⟩ adecuarse/amoldarse a algo ⟨pl⟩ dopasowywać się do czegoś ⟨ro⟩ a se adapta

An·satz ['anzats] der <–es, Ansätze> **1.** ⟨el⟩ αρχή, ξεκίνημα ⟨es⟩ primera fase ⟨pl⟩ wstęp, początek ⟨ro⟩ stadiu inițial **2.** ⟨el⟩ προσέγγιση ⟨es⟩ planteamiento, enfoque ⟨pl⟩ założenie ⟨ro⟩ abordare

an|schlie·ßen ['anʃliːsn̩] <schließt an, schloss an, hat angeschlossen> ⟨tr. V.⟩ ⟨el⟩ συνδέω ⟨es⟩ conectar ⟨pl⟩ przyłączać, podłączać ⟨ro⟩ a conecta ⟨ref. V.⟩ sich einer Sache ⟨Dat.⟩ anschließen ⟨el⟩ συμφωνώ με κάτι ⟨es⟩ mostrarse de acuerdo con algo, adherirse a algo ⟨pl⟩ przyłączać się do czegoś, zgadzać się z czymś ⟨ro⟩ a se alătura

An·sicht ['anzɪçt] die <–, –en> **1.** ⟨el⟩ γνώμη, άποψη ⟨es⟩ opinión ⟨pl⟩ pogląd, opinia **2.** ⟨el⟩ πάρere **2.** ⟨el⟩ προβολή ⟨es⟩ vista ⟨pl⟩ widok ⟨ro⟩ vedere

an|stre·ben ['anʃtreːbm̩] <strebt an, strebte an, hat angestrebt> ⟨el⟩ επιδιώκω ⟨es⟩ aspirar, pretender ⟨pl⟩ dążyć ⟨ro⟩ a se strădui

an|trei·ben ['antraebm̩] <treibt an, trieb an, hat angetrieben> ⟨tr. V.⟩ **1.** ⟨el⟩ δίνω ώθηση ⟨es⟩ impulsar ⟨pl⟩ napędzać, pobudzać ⟨ro⟩ a propulsa, a încuraja **2.** ⟨el⟩ κινώ ⟨es⟩ accionar ⟨pl⟩ napędzać ⟨ro⟩ a antrena

An·triebs·re·ge·lung ['antriːpsreːgəlʊŋ] die <–, –en> ⟨el⟩ σύστημα ελέγχου κίνησης ⟨es⟩ control del accionamiento ⟨pl⟩ regulacja napędu ⟨ro⟩ regulatorul sistemului de antrenare

an|wei·sen ['anvaezn̩] <weist an, wies an, hat angewiesen> ⟨tr. V.⟩ **1.** ⟨el⟩ δίνω εντολή ⟨es⟩ ordenar, encargar ⟨pl⟩ zlecać ⟨ro⟩ a instrui **2.** ⟨el⟩ καθοδηγώ ⟨es⟩ instruir ⟨pl⟩ wdrażać, przyuczać ⟨ro⟩ a instrui

An·wend·bar·keit ['anvɛntbaːrkaet] die <–, –en> **1.** ⟨el⟩ εφαρμογή, δυνατότητα εφαρμογής ⟨es⟩ aplicación ⟨pl⟩ zastosowanie ⟨ro⟩ aplicabilitate **2.** kein Pl. ⟨el⟩ εφαρμογή, δυνατότητα εφαρμογής ⟨es⟩ aplicabilidad ⟨pl⟩ użycie ⟨ro⟩ aplicabilitate

an|wen·den ['anvɛndn̩] <wendet an, wendete an, hat angewendet> ⟨tr. V.⟩ ⟨el⟩ εφαρμόζω ⟨es⟩ aplicar ⟨pl⟩ stosować, zastosowywać ⟨ro⟩ a aplica

an·wen·der·freund·lich ['anvɛndɐfrɔøntlɪç] ⟨Adj.⟩ ⟨el⟩ φιλικός/-ή/-ό προς τους χρήστες ⟨es⟩ fácil de usar ⟨pl⟩ przyjazny dla użytkownika ⟨ro⟩ uşor de utilizat

An·wen·dung ['anvɛndʊŋ] → Application

An·wen·dungs·be·reich ['anvɛndʊŋsbəraeç] der <–(e)s, –e> ⟨el⟩ πεδίο εφαρμογής ⟨es⟩ ámbito de aplicación ⟨pl⟩ obszar zastosowania ⟨ro⟩ domeniu de utilizare

an·wen·dungs·ori·en·tiert ['anvɛndʊŋs|ɔriɛnˌtiːɐt] ⟨Adj.⟩ kein Komp./Superl. ⟨el⟩ εφαρμογοστρεφής/-ής/-ές ⟨es⟩ orientado/-a a la aplicación ⟨pl⟩ praktyczny/-a/-e, orientujący/-a/-e się na użytkowniku ⟨ro⟩ orientate spre aplicație

An·wen·dungs·soft·ware [ˈanvɛndʊŋssɔftvɛːɐ̯] die <–, –s> ⟨el⟩ λογισμικό εφαρμογών ⟨es⟩ software de aplicación ⟨pl⟩ oprogramowanie użytkowe ⟨ro⟩ Software-ul de aplicare

An·zahl [ˈantsaːl] die <–, –en> *meist Sing.* ⟨el⟩ αριθμός ⟨es⟩ número, cantidad ⟨pl⟩ liczba ⟨ro⟩ număr

Ap·pa·rat [apaˈraːt] der <–(e)s, –e> **1.** ⟨el⟩ συσκευή, μηχάνημα ⟨es⟩ aparato, instrumento ⟨pl⟩ urządzenie ⟨ro⟩ aparat **2.** ⟨el⟩ συσκευή, τηλέφωνο ⟨es⟩ aparato, teléfono ⟨pl⟩ aparat ⟨ro⟩ aparat

Ap·pa·ra·te·bau [apaˈraːtəbaʊ̯] der <–(e)s> *kein Pl.* ⟨el⟩ κατασκευή συσκευών ⟨es⟩ construcción de aparatos ⟨pl⟩ budowa aparatów ⟨ro⟩ construcția de aparate

Ap·pli·ka·ti·on [aplikaˈtsi̯oːn] die <–, –en> **1.** *(kurz* App*)* ⟨el⟩ εφαρμογή ⟨es⟩ aplicación ⟨pl⟩ aplikacja ⟨ro⟩ aplicație **2.** ⟨el⟩ δόση ⟨es⟩ aplicación ⟨pl⟩ aplikowanie, podawanie ⟨ro⟩ aplicare

Ar·beits·ab·lauf [ˈaʁbaɪ̯tslaplaʊ̯f] der <–(e)s, Arbeitsabläufe> ⟨el⟩ διαδικασία, ροή εργασιών ⟨es⟩ desarrollo del trabajo ⟨pl⟩ przebieg pracy ⟨ro⟩ metodă de lucru

Ar·beits·grup·pe [ˈaʁbaɪ̯tsɡʁʊpə] die <–, –n> ⟨el⟩ ομάδα εργασίας ⟨es⟩ grupo de trabajo ⟨pl⟩ grupa robocza ⟨ro⟩ grup de lucru

Ar·beits·kos·ten [ˈaʁbaɪ̯tskɔstn̩] die <–> *nur Pl.* ⟨el⟩ εργατικό κόστος ⟨es⟩ costes laborales ⟨pl⟩ koszty pracy ⟨ro⟩ costurile forței de muncă

Ar·beits·zeit [ˈaʁbaɪ̯tstsaɪ̯t] die <–, –en> **1.** ⟨el⟩ ωράριο εργασίας ⟨es⟩ jornada laboral ⟨pl⟩ czas pracy ⟨ro⟩ timp de lucru **2.** ⟨el⟩ χρόνος εργασίας ⟨es⟩ tiempo de trabajo ⟨pl⟩ czas pracy ⟨ro⟩ timp de lucru

ar·chi·tek·to·nisch [aʁçiˈtɛkˈtoːnɪʃ] ⟨Adj.⟩ *kein Komp./Superl.* ⟨el⟩ αρχιτεκτονικός/-ή/-ό ⟨es⟩ arquitectónico/-a ⟨pl⟩ architektoniczny/-a/-e ⟨ro⟩ arhitectonic

Ar·gu·ment [aʁɡuˈmɛnt] das <–(e)s, –e> ⟨el⟩ επιχείρημα ⟨es⟩ argumento ⟨pl⟩ argument ⟨ro⟩ argument

As·pekt [asˈpɛkt] der <–(e)s, –e> ⟨el⟩ άποψη ⟨es⟩ aspecto ⟨pl⟩ aspekt, perspektywa ⟨ro⟩ aspect

äs·the·tisch [ɛsˈteːtɪʃ] ⟨Adj.⟩ ⟨el⟩ καλαίσθητος/-η/-ο ⟨es⟩ estético/-a ⟨pl⟩ estetyczny/-a/-e ⟨ro⟩ estetic

Auf·bau¹ [ˈaʊ̯fbaʊ̯] der <–(e)s, –ten> ⟨el⟩ κατασκευή, στήσιμο ⟨es⟩ montaje ⟨pl⟩ montaż ⟨ro⟩ construcția

Auf·bau² [ˈaʊ̯fbaʊ̯] der <–(e)s> *kein Pl.* **1.** ⟨el⟩ κατασκευή, στήσιμο ⟨es⟩ construcción ⟨pl⟩ odbudowa, wznoszenie ⟨ro⟩ construcția **2.** ⟨el⟩ δομή ⟨es⟩ estructura ⟨pl⟩ budowa, struktura ⟨ro⟩ structura

auf|be·wah·ren [ˈaʊ̯fbəvaːʁən] <bewahrt auf, bewahrte auf, hat aufbewahrt> ⟨tr. V.⟩ ⟨el⟩ φυλάω ⟨es⟩ guardar ⟨pl⟩ przechowywać, zachowywać ⟨ro⟩ a păstra, a depozita

Auf·ga·ben·be·reich ['aofga:bṃbəraeç] der <–(e)s, –e> (el) τομέας αρμοδιο-τήτων (es) ámbito de funciones (pl) zakres obowiązków (ro) domeniul de activitate

Auf·lö·sung ['aoflø:zʊŋ] die <–, –en> **1.** (el) ανάλυση (es) resolución (pl) roz-dzielczość (ro) rezoluția **2.** *kein Pl.* (el) λύση (es) liquidación, rescisión (pl) likwidacja, rozwiązanie (ro) dizolvarea, lichidarea **3.** *kein Pl.* (el) διά-λυση (es) disolución (pl) rozpuszczenie (ro) descompunerea, dizolvarea **4.** (el) λύση (es) resolución (pl) rozwiązanie (ro) rezolvarea

Auf·trag ['aoftra:k] der <–(e)s, Aufträge> **1.** (el) παραγγελία, εντολή (es) pedido, encargo (pl) zlecenie (ro) comandă **2.** *im Auftrag von jdm/ etw.* (el) με εντολή κάποιου (es) por orden de alguien/algo (pl) na zlece-nie kogoś/czegoś (ro) în numele cuiva

auf|tre·ten ['aoftre:tṇ] <tritt auf, trat auf, ist aufgetreten> (intr. V.) **1.** (el) πατώ (es) pisar (pl) stąpać (ro) a păşi **2.** (el) παρουσιάζομαι (es) aparecer, presentarse (pl) prezentować się (ro) a se prezenta **3.** (el) εμφανίζομαι (es) aparecer, surgir (pl) pojawiać się (ro) a apărea

auf|zei·gen ['aoftsaegṇ] <zeigt auf, zeigte auf, hat aufgezeigt> (tr. V.) (el) δεί-χνω (es) mostrar (pl) pokazywać, demonstrować (ro) a prezenta

Aus·bau ['aosbao] der <–(e)s> *kein Pl.* **1.** (el) επέκταση (es) ampliación (pl) rozbudowa (ro) extindere **2.** (el) ανάπτυξη (es) desarrollo (pl) rozwój (ro) extindere

aus·bau·fä·hig ['aosbaofɛ:ıç] (Adj.) **1.** (el) με δυνατότητα ανάπτυξης (es) desarrollable (pl) rozwojowy (ro) extensibil **2.** (el) με δυνατότητα ανά-πτυξης (es) ampliable (pl) rozwojowy (ro) extensibil

aus|füh·ren ['aosfy:rən] <führt aus, führte aus, hat ausgeführt> (tr. V.) **1.** (el) εξάγω (es) exportar (pl) wywozić, eksportować (ro) a exporta **2.** (el) εκτελώ (es) ejecutar (pl) wypełniać, wywiązywać się (ro) a executa **3.** (el) εξηγώ (es) exponer, explicar (pl) przedstawiać (ro) a explica

Aus·füh·rung ['aosfy:rʊŋ] die <–, –en> **1.** (el) έκδοση (es) versión, modelo (pl) wersja, model (ro) model **2.** *kein Pl.* (el) εκτέλεση (es) ejecución, reali-zación (pl) wykonanie, realizacja (ro) execuție **3.** *nur Pl. Ausführungen* (el) εξηγήσεις (es) explicaciones (pl) wywody, argumentacja (ro) remarcă, comentariu

aus|fül·len ['aosfʏlən] <füllt aus, füllte aus, hat ausgefüllt> (tr. V.) **1.** (el) συμπληρώνω (es) cumplimentar (pl) wypełniać (ro) a completa **2.** (el) γεμίζω (es) rellenar (pl) wypełniać (ro) a umple

aus|ken·nen ['aoskɛnən] <kennt sich aus, kannte sich aus, hat sich ausge-kannt> (ref. V.) *sich auskennen* (el) γνωρίζω (καλά) (es) estar familiari-zado/-a, conocer (bien) (pl) znać się (ro) a fi familiarizat/-ă

Aus·kunft ['aoskʊnft] die <–, Auskünfte> **1.** (el) πληροφορία (es) informa-ción (pl) informacja (ro) informație **2.** (el) πληροφορίες (es) información (pl) informacja (ro) birou de informații

aus·lands·er·fah·ren [ˈaʊslantsˌʔɛfaːrən] ⟨Adj.⟩ ⟨el⟩ με εμπειρία στο εξωτερικό ⟨es⟩ con experiencia en el extranjero ⟨pl⟩ z doświadczeniem zdobytym za granicą ⟨ro⟩ cu experienţă în străinătate

aus|rich·ten [ˈaʊsrɪçtn̩] ⟨richtet aus, richtete aus, hat ausgerichtet⟩ ⟨tr.+intr. V.⟩ ⟨el⟩ **1.** ⟨el⟩ διαβιβάζω ⟨es⟩ dar, comunicar ⟨pl⟩ przekazywać, powtarzać ⟨ro⟩ a transmite **2.** ⟨el⟩ παρατάσσω, προσανατολίζω ⟨es⟩ alinear ⟨pl⟩ pozycjonować ⟨ro⟩ a ajusta

aus|schal·ten [ˈaʊsʃaltn̩] ⟨schaltet aus, schaltete aus, hat ausgeschaltet⟩ ⟨tr. V.⟩ ⟨el⟩ απενεργοποιώ, κλείνω ⟨es⟩ desconectar, apagar ⟨pl⟩ wyłączać ⟨ro⟩ a deconecta ⟨ref. V.⟩ sich ausschalten ⟨el⟩ απενεργοποιούμαι ⟨es⟩ desconectarse ⟨pl⟩ wyłączyć się, zatrzymać się ⟨ro⟩ a se deconecta

aus|schnei·den [ˈaʊsʃnaedn̩] ⟨schneidet aus, schnitt aus, hat ausgeschnitten⟩ ⟨tr. V.⟩ ⟨el⟩ κόβω ⟨es⟩ cortar ⟨pl⟩ wycinać ⟨ro⟩ a decupa

Au·ßen·dienst [ˈaʊsn̩diːnst] der ⟨−(e)s⟩ kein Pl. ⟨el⟩ εξωτερική υπηρεσία ⟨es⟩ servicio externo ⟨pl⟩ praca wykonywana poza siedzibą firmy ⟨ro⟩ serviciu extern

au·ßer·uni·ver·si·tär [ˈaʊsɐˌʔunivɛˈziˌtɛːɐ̯] ⟨Adj.⟩ kein Komp./Superl. ⟨el⟩ εξωπανεπιστημιακός/-ή/-ό ⟨es⟩ no universitario/-a ⟨pl⟩ poza uniwersytetem ⟨ro⟩ extra-universitar

aus|stat·ten [ˈaʊsʃtatn̩] ⟨stattet aus, stattete aus, hat ausgestattet⟩ ⟨tr. V.⟩ ⟨el⟩ εφοδιάζω, εξοπλίζω ⟨es⟩ proveer, dotar, equipar ⟨pl⟩ wyposażać ⟨ro⟩ a echipa, a dota

aus|stei·fen [ˈaʊsʃtaefən] ⟨steift aus, steifte aus, hat ausgesteift⟩ ⟨tr. V.⟩ ⟨el⟩ ενισχύω ⟨es⟩ reforzado ⟨pl⟩ szalować ⟨ro⟩ a consolida

Aus·tausch [ˈaʊstaʊʃ] der ⟨−(e)s, −e⟩ meist Sing. **1.** ⟨el⟩ ανταλλαγή, αλλαγή ⟨es⟩ intercambio ⟨pl⟩ wymiana, zamiana ⟨ro⟩ schimb **2.** ⟨el⟩ αντικατάσταση ⟨es⟩ sustitución ⟨pl⟩ wymiana, zmiana ⟨ro⟩ schimb **3.** ⟨el⟩ ανταλλαγή ⟨es⟩ intercambio ⟨pl⟩ wymiana ⟨ro⟩ schimb

Aus·wahl [ˈaʊsvaːl] die ⟨−⟩ kein Pl. **1.** ⟨el⟩ ποικιλία ⟨es⟩ surtido, variedad ⟨pl⟩ wybór ⟨ro⟩ selekcje **2.** ⟨el⟩ επιλογή ⟨es⟩ selección ⟨pl⟩ wybór ⟨ro⟩ selekcje **3.** ⟨el⟩ επιλογή ⟨es⟩ elección ⟨pl⟩ wybór ⟨ro⟩ selekcje

aus|wäh·len [ˈaʊsvɛːlən] ⟨wählt aus, wählte aus, hat ausgewählt⟩ ⟨tr. V.⟩ ⟨el⟩ επιλέγω, διαλέγω ⟨es⟩ seleccionar ⟨pl⟩ wybierać ⟨ro⟩ a selecta, a alege

aus|wer·ten [ˈaʊsvɛːɐ̯tn̩] ⟨wertet aus, wertete aus, hat ausgewertet⟩ ⟨tr. V.⟩ ⟨el⟩ αξιολογώ ⟨es⟩ analizar, evaluar ⟨pl⟩ oceniać, oszacować ⟨ro⟩ a evalua

Aus·wir·kung [ˈaʊsvɪˌkʊŋ] die ⟨−, −en⟩ ⟨el⟩ επίπτωση, συνέπεια ⟨es⟩ consecuencia, repercusión ⟨pl⟩ skutek, następstwo ⟨ro⟩ efect

au·to·ma·tisch [aʊtoˈmaːtɪʃ] ⟨Adj.⟩ kein Komp./Superl. ⟨el⟩ αυτόματος/-η/-ο ⟨es⟩ automático/-a ⟨pl⟩ automatyczny/-a/-e ⟨ro⟩ automat/-ă

au·to·ma·ti·sie·ren [ˌaʊtomatiˈziːrən] ⟨automatisiert, automatisierte, hat automatisiert⟩ ⟨tr. V.⟩ ⟨el⟩ αυτοματοποιώ ⟨es⟩ automatizar ⟨pl⟩ zautomatyzować, zmechanizować ⟨ro⟩ automatizare

Au·to·ma·ti·sie·rungs·tech·nik [ˌaotomatiˈziːroŋstɛçnɪk] die <–, –en> **1.** ⓔ τεχνολογία αυτοματισμών ⓔ tecnología de la automatización ⓟ automatyka przemysłowa ⓡ tehnica automatizării **2.** ⓔ διατάξεις αυτοματισμών ⓔ tecnología de automatización ⓟ systemy automatyki przemysłowej ⓡ tehnica automatizării

Axi·al·kraft [aˈksiaːlkraft] die <–, Axialkräfte> ⓔ αξονική δύναμη ⓔ fuerza axial ⓟ siła osiowa ⓡ forţa axială

B

Bal·ken·dia·gramm [ˈbalkŋdiaˌgram] das <–(e)s, –e> ⓔ ακιδωτό διάγραμμα ⓔ gráfico de barras ⓟ wykres słupkowy ⓡ diagrama de bare

Band [bant] das <–(e)s, Bänder> **1.** ⓔ γραμμή παραγωγής ⓔ cadena de montaje ⓟ taśma ⓡ bandă **2.** ⓔ ιμάντας μεταφοράς ⓔ cinta transportadora ⓟ taśma ⓡ bandă

Band·brei·te [ˈbantbraeta] die <–> *kein Pl.* **1.** ⓔ φάσμα ⓔ diversidad ⓟ spektrum, zakres ⓡ lăţimea benzii **2.** ⓔ εύρος ζώνης ⓔ ancho de banda ⓟ przepustowość (łącza) ⓡ lăţimea benzii

Bau·art [ˈbaoˌlaːt] die <–, –en> ⓔ τύπος κατασκευής ⓔ tipo de construcción ⓟ rodzaj konstrukcji ⓡ tip de construcţie

Bau·auf·sicht [ˈbaoˌlaofzɪçt] die <–, –en> ⓔ εποπτεία οικοδομικών έργων ⓔ inspección de obras ⓟ nadzór budowlany ⓡ autoritate în construcţii

Bau·bran·che [ˈbaobranʃə, '– brãːʃə] die <–, –n> ⓔ κατασκευαστικός κλάδος ⓔ sector de la construcción ⓟ branża budowlana ⓡ industria construcţiilor

Bau·kon·struk·ti·on [ˈbaokɔnstrukˌtsioːn] die <–, –en> ⓔ κατασκευή οικοδομικών έργων ⓔ construcción ⓟ konstrukcja budowlana ⓡ construcţii

Bau·stahl [ˈbaoʃtaːl] der <–(e)s; Baustähle, –e> ⓔ χάλυβας κατασκευών ⓔ acero de construcción ⓟ stal zbrojeniowa ⓡ oţel de construcţii

Bau·wei·se [ˈbaovaezə] die <–, –n> ⓔ τρόπος κατασκευής ⓔ método constructivo, tipo de construcción ⓟ sposób budowania ⓡ mod de construcţie

Bau·zeich·nung [ˈbaotsaeçnoŋ] die <–, –en> ⓔ κατασκευαστικό σχέδιο ⓔ plano de obra/construcción ⓟ projekt podstawowy ⓡ desen arhitectural

be·ab·sich·ti·gen [bəˈlapzɪçtɪgŋ] <beabsichtigt, beabsichtigte, hat beabsichtigt> ⓣⓥ ⓔ σκοπεύω ⓔ proyectar, tener la intención de ⓟ zamierzać, planować ⓡ a intenţiona

be·ach·ten [bəˈlaxtŋ] <beachtet, beachtete, hat beachtet> ⓣⓥ **1.** ⓔ τηρώ, συμμορφώνομαι ⓔ seguir ⓟ zwracać uwagę ⓡ a respecta **2.** (el) λαμβάνω υπόψη (es) tener en cuenta, considerar (pl) brać pod uwagę, uwzględniać (ro) a lua în considerare

Be·an·spru·chung [bəˈanʃprʊxʊŋ] die <–, –en> (el) καταπόνηση (es) desgaste (pl) zużycie (ro) solicitare

be·an·stan·den [bəˈanʃtandn̩] <beanstandet, beanstandete, hat beanstandet> (tr. V.) (el) προβάλλω αντιρρήσεις (es) objetar, poner reparos, reclamar (pl) kwestionować, krytykować (ro) a critica

be·ar·bei·ten [bəˈaˈbaetn̩] <bearbeitet, bearbeitete, hat bearbeitet> (tr. V.)
1. (el) διεκπεραιώνω (es) tramitar (pl) opracowywać (ro) a prelucra
2. (el) επεξεργάζομαι (es) tratar, trabajar (pl) obrabiać, poddać obróbce (ro) a prelucra **3.** (el) επεξεργάζομαι (es) editar (pl) obrabiać (ro) a prelucra

Be·darf [bəˈdaˈf] der <–(e)s, –e> (el) ανάγκη, ανάγκες (es) necesidad (pl) zapotrzebowanie, popyt (ro) cerere **der Bedarf an jdm/etw.** (el) ανάγκη για κάποιον/ κάτι (es) la demanda de alguien/algo (pl) zapotrzebowanie na kogoś/coś (ro) cerere de ceva/cineva **bei Bedarf** (el) σε περίπτωση ανάγκης (es) en caso de necesidad (pl) w razie potrzeby (ro) la nevoie

be·deu·ten [bəˈdɔɪtn̩] <bedeutet, bedeutete, hat bedeutet> (tr. V.)
1. (el) σημαίνω (es) significar, querer decir (pl) oznaczać, przedstawiać (ro) a însemna **2.** (el) σημαίνω (es) suponer, implicar (pl) znaczyć (ro) a însemna

be·die·nen [bəˈdiːnən] <bedient, bediente, hat bedient> (tr. V.) (el) χειρίζομαι (es) manejar (pl) obsługiwać (ro) a deservi, a folosi

Be·die·nungs·an·lei·tung [bəˈdiːnʊŋsˌanlaetʊŋ] die <–, –en> (el) οδηγίες χρήσης (es) instrucciones de uso (pl) instrukcja obsługi (ro) ghid de utilizare

Be·die·nungs·feh·ler [bəˈdiːnʊŋsfeːlɐ] der <–> (el) σφάλμα χειρισμού (es) error operacional (pl) błąd w obsłudze (ro) eroare de operare

Be·din·gung [bəˈdɪŋʊŋ] die <–, –en> **1.** (el) προϋπόθεση, όρος (es) condición (pl) warunek (ro) condiție **2.** (el) προϋπόθεση, όρος (es) requisito (pl) warunek (ro) condiție **3.** *nur Pl.* **Bedingungen** (el) συνθήκες (es) condiciones (pl) warunki (ro) condiție

Be·dürf·nis [bəˈdʏfnɪs] das <–ses, –se> (el) ανάγκη (es) necesidad (pl) chęć, pragnienie (ro) necesitate

be·gin·nen [bəˈɡɪnən] <beginnt, begann, hat begonnen> (intr. V.) (el) αρχίζω (es) empezar, comenzar (pl) zaczynać (się), rozpoczynać (się) (ro) a începe **mit etw. beginnen** (el) αρχίζω με κάτι (es) comenzar, empezar con/por algo (pl) rozpoczynać coś (ro) a începe

be·grün·den [bəˈɡrʏndn̩] <begründet, begründete, hat begründet> (tr. V.) (el) αιτιολογώ (es) explicar, justificar (pl) uzasadniać (ro) a justifica

Bei·trag [ˈbaetraːk] der <–(e)s, Beiträge> **1.** (el) (συν)εισφορά (es) cuota (pl) składka (ro) cotizație **2.** **ein Beitrag (zu etw.)** (el) συμβολή (σε κάτι)

ⓔˢ una contribución (a algo) ⓟˡ wkład (w coś) ⓡº contribuție la ceva, aport la ceva

be·kom·men [bə'kɔmən] <bekommt, bekam, hat bekommen> ⓣʳ·ⱽ· ⓔˡ λαμ-βάνω ⓔˢ recibir, obtener, conseguir ⓟˡ dostawać, otrzymywać ⓡº a primi

be·last·bar [bə'lastbaːˈ] ⓐᵈʲ· **1.** ⓔˡ ανθεκτικός/-ή/-ό ⓔˢ resistente ⓟˡ wytrzymały ⓡº încărcabil **2.** ⓔˡ ικανός, -ή, να ανταποκριθεί σε πιε-στικές συνθήκες ⓔˢ fuerte, con aguante ⓟˡ wytrzymały/-a/-e, odporny/-a/-e ⓡº încărcabil

be·nen·nen [bə'nɛnən] <benennt, benannte, hat benannt> ⓣʳ·ⱽ· **1.** jdn/etw. (nach jdm) benennen ⓔˡ ονομάζω κάποιον/ κάτι (από κάποιον) ⓔˢ poner a alguien/algo al nombre (de alguien) ⓟˡ nazwać kogoś/coś (imieniem kogoś) ⓡº a denumi după cineva, a denumi ceva **2.** etw./jdn benennen ⓔˡ κατονομάζω κάτι/ κάποιον ⓔˢ nombrar algo/a alguien ⓟˡ wymieniać coś/kogoś ⓡº a specifica ceva/a desemna pe cineva **3.** jdn benennen ⓔˡ ορίζω κάποιον ⓔˢ designar a alguien ⓟˡ wyzna-czać kogoś, wskazywać kogoś ⓡº a desemna pe cineva

be·nut·zen [bə'nʊtsn] <benutzt, benutzte, hat benutzt> ⓣʳ·ⱽ· **1.** ⓔˡ χρησιμο-ποιώ ⓔˢ usar, utilizar ⓟˡ używać ⓡº a utiliza **2.** ⓔˡ χρησιμοποιώ ⓔˢ tomar ⓟˡ używać ⓡº a utiliza **3.** ⓔˡ χρησιμοποιώ ⓔˢ hacer uso de ⓟˡ używać, korzystać ⓡº a utiliza etw. zu etw. benutzen ⓔˡ χρησιμο-ποιώ κάτι για κάτι ⓔˢ utilizar algo para algo ⓟˡ używać coś do czegoś ⓡº a utiliza ceva pentru ceva

Be·nut·zer·do·ku·men·ta·ti·on [bə'nʊtsedokumɛnta͜tsjoːn] die <–, –en> ⓔˡ τεκμηρίωση χρήστη ⓔˢ documentación para el usuario ⓟˡ dokumen-tacja użytkownika ⓡº documentația utilizatorului

Be·nut·zer·ober·flä·che [bə'nʊtsel͜oːbeflɛçə] die <–, –n> *meist Sing.* ⓔˡ διασύνδεση χρήστη ⓔˢ interfaz de usuario ⓟˡ graficzny interfejs użytkownika ⓡº interfața cu utilizatorul

be·rech·nen [bə'reçnən] <berechnet, berechnete, hat berechnet> ⓣʳ·ⱽ· **1.** ⓔˡ υπολογίζω ⓔˢ calcular ⓟˡ obliczać, wyliczać ⓡº a calcula **2.** (jdm) etw. (für etw.) berechnen ⓔˡ χρεώνω (κάτι) για (κάτι) ⓔˢ cobrar algo (a alguien) (por algo) ⓟˡ policzyć (komuś) coś (za coś) ⓡº a se percepe cuiva ceva pentru ceva

Be·rech·nung [bə'reçnʊŋ] die <–, –en> ⓔˡ υπολογισμός ⓔˢ cálculo ⓟˡ obliczanie, obliczenie ⓡº calculul

Be·reich [bə'raeç] der <–(e)s, –e> **1.** ⓔˡ χώρος, πεδίο ⓔˢ zona, área ⓟˡ obszar ⓡº domeniu **2.** ⓔˡ τομέας ⓔˢ ámbito, competencia ⓟˡ zakres ⓡº domeniu

be·reits [bə'raets] ⓐᵈᵛ· ⓔˡ ήδη ⓔˢ ya ⓟˡ już ⓡº deja

Be·richt [bə'rıçt] der <–(e)s, –e> ⓔˡ έκθεση, αναφορά ⓔˢ informe ⓟˡ raport, sprawozdanie ⓡº raport

be·rich·ten [bəˈrɪçtn̩] <berichtet, berichtete, hat berichtet> ⟨intr.V.⟩ (von etw./über etw. ⟨Akk.⟩) berichten ⟨el⟩ ενημερώνω (για κάτι) ⟨es⟩ informar (de algo/sobre algo) ⟨pl⟩ informować (o czymś), udzielać informacji (na jakiś temat) ⟨ro⟩ a relata (despre ceva/de ceva)

be·rück·sich·ti·gen [bəˈrʏkzɪçtɪɡn̩] <berücksichtigt, berücksichtigte, hat berücksichtigt> ⟨tr.V.⟩ **1.** etw./jdn berücksichtigen ⟨el⟩ λαμβάνω κάτι/κάποιον υπόψη ⟨es⟩ tener en cuenta algo/a alguien ⟨pl⟩ wziąć coś/kogoś pod uwagę ⟨ro⟩ a lua în considerare ceva/pe cineva **2.** etw. berücksichtigen ⟨el⟩ λαμβάνω κάτι υπόψη ⟨es⟩ tener en cuenta algo ⟨pl⟩ mieć coś na uwadze ⟨ro⟩ a lua în considerare

Be·ruf [bəˈruːf] der <-(e)s, -e> ⟨el⟩ επάγγελμα ⟨es⟩ profesión ⟨pl⟩ zawód ⟨ro⟩ profesie

be·schaf·fen¹ [bəˈʃafn̩] ⟨Adj.⟩ kein Komp./Superl. irgendwie beschaffen ⟨el⟩ κατασκευασμένος/-η/-ο με κάποιον τρόπο ⟨es⟩ hecho/-a de una forma ⟨pl⟩ wykazujący/-a/-e określone właściwości ⟨ro⟩ este alcătuit în așa fel

be·schaf·fen² [bəˈʃafn̩] <beschafft, beschaffte, hat beschafft> ⟨tr.V.⟩ ⟨el⟩ προμηθεύω ⟨es⟩ proporcionar, facilitar ⟨pl⟩ zdobywać, nabywać ⟨ro⟩ a procura, a face rost

Be·schaf·fung [bəˈʃafʊŋ] die <-, -en> ⟨el⟩ προμήθεια ⟨es⟩ suministro ⟨pl⟩ nabycie ⟨ro⟩ aprovizionare, procurare, achiziționare

be·schlie·ßen [bəˈʃliːsn̩] <beschließt, beschloss, hat beschlossen> ⟨tr.V.⟩ **1.** ⟨el⟩ αποφασίζω ⟨es⟩ resolver, decidir ⟨pl⟩ postanawiać, zatwierdzać ⟨ro⟩ a hotărâ **2.** ⟨el⟩ αποφασίζω ⟨es⟩ votar ⟨pl⟩ ustanawiać, uchwalać ⟨ro⟩ a hotărâ ⟨intr.V.⟩ über etw. ⟨Akk.⟩ beschließen ⟨el⟩ αποφασίζω για κάτι ⟨es⟩ decidir algo ⟨pl⟩ zdecydować o czymś ⟨ro⟩ a decide despre ceva

be·schrei·ben [bəˈʃraebm̩] <beschreibt, beschrieb, hat beschrieben> ⟨tr.V.⟩ jdn/etw. beschreiben ⟨el⟩ περιγράφω κάποιον/ κάτι ⟨es⟩ describir algo/a alguien ⟨pl⟩ opisywać kogoś/coś ⟨ro⟩ a descrie pe cineva/a descrie ceva

be·sei·ti·gen [bəˈzaetɪɡn̩] <beseitigt, beseitigte, hat beseitigt> ⟨tr.V.⟩ **1.** ⟨el⟩ απομακρύνω ⟨es⟩ suprimir, eliminar ⟨pl⟩ usuwać ⟨ro⟩ a înlătura, a remedia **2.** ⟨el⟩ απομακρύνω ⟨es⟩ eliminar ⟨pl⟩ usuwać, sprzątać ⟨ro⟩ a elimina

Be·sei·ti·gung [bəˈzaetɪɡʊŋ] die <-, -en> **1.** ⟨el⟩ αποκατάσταση, διόρθωση ⟨es⟩ supresión, desaparición ⟨pl⟩ usuwanie ⟨ro⟩ Remediere **2.** ⟨el⟩ απομάκρυνση ⟨es⟩ eliminación ⟨pl⟩ usuwanie, sprzątanie ⟨ro⟩ Colectare

be·sich·ti·gen [bəˈzɪçtɪɡn̩] <besichtigt, besichtigte, hat besichtigt> ⟨tr.V.⟩ ⟨el⟩ επισκέπτομαι, επιθεωρώ ⟨es⟩ inspeccionar ⟨pl⟩ oglądać, zwiedzać ⟨ro⟩ a vizita

Be·son·der·heit [bəˈzɔndehaet] die <-, -en> ⟨el⟩ ιδιαιτερότητα, το ιδιαίτερο ⟨es⟩ peculiaridad, singularidad ⟨pl⟩ wyjątkowość ⟨ro⟩ particularitate

Be·stand [bə'ʃtant] der <–(e)s, Bestände> **1.** *meist Sing.* Bestand (an) ⓔ απόθεμα (σε) ⓔˢ existencias (de) ⓟˡ zasób (czegoś) ⓡᵒ stoc (de) **2.** *kein Pl.* ⓔ ύπαρξη ⓔˢ continuidad ⓟˡ istnienie, byt ⓡᵒ constituire

Be·stands·ver·zeich·nis [bə'ʃtantsfɛtsae̯çnɪs] das <–ses, –se> ⓔ κατάσταση αποθεμάτων ⓔˢ inventario ⓟˡ spis inwentarza ⓡᵒ inventar

Be·stand·teil [bə'ʃtanttae̯l] der <–s, –e> ⓔ συστατικό, συστατικό μέρος ⓔˢ componente, parte ⓟˡ część ⓡᵒ componentă

be·stä·ti·gen [bə'ʃtɛːtɪɡn̩] <bestätigt, bestätigte, hat bestätigt> ⓣʳ·ⱽ· **1.** ⓔ επιβεβαιώνω, βεβαιώνω ⓔˢ confirmar ⓟˡ potwierdzać, zatwierdzać ⓡᵒ a confirma **2.** ⓔ ενισχύω ⓔˢ confirmar, corroborar ⓟˡ potwierdzać ⓡᵒ a confirma ⓡᵉᶠ·ⱽ· sich bestätigen ⓔ επαληθεύομαι ⓔˢ confirmarse ⓟˡ potwierdzać się ⓡᵒ a se confirma

be·ste·hen [bə'ʃteːən] <besteht, bestand, hat bestanden> ⓘⁿᵗʳ·ⱽ· ⓔ αποτελούμαι ⓔˢ constar de, componerse de ⓟˡ składać się ⓡᵒ a consta

Be·stel·lung [bə'ʃtɛlʊŋ] die <–, –en> **1.** ⓔ παραγγελία ⓔˢ encargo, pedido ⓟˡ zamówienie ⓡᵒ comanda **2.** ⓔ παραγγελία ⓔˢ pedido ⓟˡ zamówienie ⓡᵒ comanda **3.** ⓔ παραγγελία ⓔˢ pedido ⓟˡ zamówienie ⓡᵒ comanda **4.** ⓔ διορισμός ⓔˢ nombramiento ⓟˡ mianowanie, ustanowienie ⓡᵒ numire

Be·stü·ckung [bə'ʃtʏkʊŋ] die <–, –en> ⓔ εξοπλισμός ⓔˢ equipamiento ⓟˡ zaopatrzenie, wyposażenie ⓡᵒ a echipa

be·tä·ti·gen [bə'tɛːtɪɡn̩] <betätigt, betätigte, hat betätigt> ⓣʳ·ⱽ· ⓔ ενεργοποιώ, πιέζω ⓔˢ accionar, poner en funcionamiento ⓟˡ uruchamiać, obsługiwać ⓡᵒ a acționa

Be·trieb [bə'triːp] der <–(e)s, –e> **1.** ⓔ επιχείρηση ⓔˢ empresa ⓟˡ zakład, firma ⓡᵒ intreprindere, uzină **2.** ⓔ δουλειά, τόπος εργασίας ⓔˢ trabajo ⓟˡ praca, firma ⓡᵒ intreprindere **3.** ⓔ λειτουργία ⓔˢ funcionamiento ⓟˡ funkcjonowanie ⓡᵒ funcționare außer Betrieb ⓔ εκτός λειτουργίας ⓔˢ fuera de servicio ⓟˡ nie działa ⓡᵒ scos din funcțiune in Betrieb ⓔ σε λειτουργία ⓔˢ en funcionamiento ⓟˡ działa, pracuje ⓡᵒ în funcțiune

be·trieb·lich [bə'triːplɪç] ⓐᵈʲ· *kein Komp./Superl.* ⓔ επιχειρησιακός/-ή/-ό ⓔˢ empresarial, de la empresa ⓟˡ zakładowy ⓡᵒ uzinal

be·triebs·be·reit [bə'triːpsbərae̯t] **be·triebs·fer·tig** [bə'triːpsfɛ'tɪç] ⓐᵈʲ· *kein Komp./Superl.* ⓔ έτοιμος/-η/-ο για λειτουργία ⓔˢ listo/-a para el servicio ⓟˡ gotowy/-a/-e do eksploatacji ⓡᵒ pregătit de funcționare

Be·triebs·sys·tem [bə'triːpszʏsˌteːm] das <–s, –e> ⓔ λειτουργικό σύστημα ⓔˢ sistema operativo ⓟˡ system operacyjny ⓡᵒ sistem de operare

be·we·gen [bə'veːɡn̩] <bewegt, bewegte, hat bewegt> ⓣʳ·ⱽ· **1.** ⓔ κινώ, κουνώ ⓔˢ mover ⓟˡ ruszać, poruszać ⓡᵒ a se mișca **2.** ⓔ κινώ ⓔˢ poner en marcha ⓟˡ napędzać, poruszać ⓡᵒ antrenează ⓡᵉᶠ·ⱽ· sich bewegen ⟨el⟩ κινούμαι, κουνιέμαι ⟨es⟩ moverse ⟨pl⟩ ruszać się, poruszać się ⟨ro⟩ a se mişca

be·weg·lich [bə've:klıç] ⟨Adj.⟩ **1.** ⟨el⟩ κινητός/-ή/-ό ⟨es⟩ móvil ⟨pl⟩ ruchomy, mobilny ⟨ro⟩ mobil **2.** ⟨el⟩ κινητός/-ή/-ό ⟨es⟩ variable, cambiante ⟨pl⟩ ruchomy ⟨ro⟩ mobil **3.** *nur vor Nomen* ⟨el⟩ κινητός/-ή/-ό ⟨es⟩ mueble ⟨pl⟩ ruchomy ⟨ro⟩ mobil

be·zeich·nen [bə'tsaeçnən] <bezeichnet, bezeichnete, hat bezeichnet> ⟨tr.V.⟩ ⟨el⟩ ονομάζω, προσδιορίζω ⟨es⟩ significar, denominar ⟨pl⟩ nazywać, określać ⟨ro⟩ a denumi

Bie·ge·ei·gen·schaft ['bi:gəlaegŋʃaft] die <-, –en> ⟨el⟩ ευκαμψία ⟨es⟩ flexibilidad ⟨pl⟩ giętność, elastyczność ⟨ro⟩ proprietate de încovoiere

Bild·punkt ['bıltpʊŋkt] der <-(e)s, –e> ⟨el⟩ εικονοστοιχείο ⟨es⟩ píxel ⟨pl⟩ piksel, element obrazu ⟨ro⟩ punct de imagine

Bild·schirm ['bıltʃı'rm] der <-(e)s, –e> **1.** ⟨el⟩ οθόνη ⟨es⟩ pantalla ⟨pl⟩ monitor, ekran ⟨ro⟩ monitor **2.** ⟨el⟩ οθόνη ⟨es⟩ monitor ⟨pl⟩ monitor ⟨ro⟩ monitor

bio·lo·gisch [bio'lo:gıʃ] ⟨Adj.⟩ *kein Komp./Superl.* **1.** ⟨el⟩ βιολογικός/-ή/-ό ⟨es⟩ biológico/-a ⟨pl⟩ biologiczny/-a/-e ⟨ro⟩ biologic **2.** ⟨el⟩ βιολογικός/-ή/-ό ⟨es⟩ biológico/-a ⟨pl⟩ biologiczny/-a/-e, życiowy/-a/-e ⟨ro⟩ biologic **3.** ⟨el⟩ βιολογικός/-ή/-ό ⟨es⟩ biológico/-a ⟨pl⟩ ekologiczny/-a/-e ⟨ro⟩ biologic **4.** ⟨el⟩ βιολογικός/-ή/-ό ⟨es⟩ biológico/-a ⟨pl⟩ biologiczny/-a/-e ⟨ro⟩ biologic

bio·me·trisch [bio'me:trıʃ] ⟨Adj.⟩ *kein Komp./Superl.* ⟨el⟩ βιομετρικός/-ή/-ό ⟨es⟩ biométrico/-a ⟨pl⟩ biometryczny/-a/-e ⟨ro⟩ biometric

blin·ken ['blıŋkŋ] <blinkt, blinkte, hat geblinkt> ⟨intr.V.⟩ **1.** ⟨el⟩ βάζω φλας ⟨es⟩ poner el intermitente ⟨pl⟩ włączać kierunkowskaz ⟨ro⟩ a clipi **2.** ⟨el⟩ αναβοσβήνω ⟨es⟩ parpadear ⟨pl⟩ migać, błyskać ⟨ro⟩ a semnaliza

Boh·rer ['bo:re] der <-s, –> ⟨el⟩ τρυπάνι ⟨es⟩ taladro ⟨pl⟩ wiertło, wiertarka ⟨ro⟩ burghiu

Brand·(schutz·)wand ['brant(ʃʊts)vant] die <-, Brand(schutz)wände> ⟨el⟩ τοίχος πυροπροστασίας ⟨es⟩ muro cortafuegos ⟨pl⟩ ściana ogniowa/ przeciwpożarowa ⟨ro⟩ pereți de protecție la foc

Breit·band·zu·gang ['braetbanttsu:gaŋ] der <-(es), Breitbandzugänge> ⟨el⟩ ευρυζωνική πρόσβαση ⟨es⟩ acceso de banda ancha ⟨pl⟩ łącze szerokopasmowe ⟨ro⟩ acces în bandă largă

bren·nen ['brɛnən] <brennt, brannte, hat gebrannt> ⟨intr.V.⟩ **1.** ⟨el⟩ καίγομαι ⟨es⟩ quemarse, arder ⟨pl⟩ płonąć, palić się ⟨ro⟩ a arde **2.** ⟨el⟩ καίγομαι ⟨es⟩ arder ⟨pl⟩ palić się ⟨ro⟩ a arde **3.** ⟨el⟩ αναμμένος/-η/-o ⟨es⟩ estar encendido/-a ⟨pl⟩ palić się, świecić się ⟨ro⟩ a arde ⟨unp.V.⟩ es brennt ⟨el⟩ φωτιά! ⟨es⟩ ¡fuego! ⟨pl⟩ pali się ⟨ro⟩ arde ⟨tr.V.⟩ ⟨el⟩ ψήνω ⟨es⟩ cocer ⟨pl⟩ wypalać ⟨ro⟩ a arde

Bruch·fes·tig·keit ['brʊxfestıçkaet] die <-> *kein Pl.* ⟨el⟩ αντοχή θραύσης ⟨es⟩ resistencia a la rotura ⟨pl⟩ naprężenie niszczące ⟨ro⟩ rezistența la rupere

C

CAD-Zeich·nung ['kɛtsaɛçnʊŋ] die <–, –en> ⟨el⟩ σχέδιο CAD ⟨es⟩ diseño CAD ⟨pl⟩ rysunek wspomagany komputerowo ⟨ro⟩ desen CAD

che·misch ['çeːmɪʃ] [Adj.] *kein Komp./Superl., nur vor Nomen* **1.** ⟨el⟩ χημικός/-ή/-ό ⟨es⟩ químico/-a ⟨pl⟩ chemiczny/-a/-e ⟨ro⟩ chimic **2.** chemische Waffen ⟨el⟩ χημικά όπλα ⟨es⟩ armas químicas ⟨pl⟩ broń chemiczna ⟨ro⟩ chimice

Chip·her·stel·lung ['ʧɪphɛːɐ̯ʃtɛlʊŋ] die <–, –en> ⟨el⟩ κατασκευή τσιπ ⟨es⟩ fabricación de chips ⟨pl⟩ produkcja chipów, produkcja struktur półprzewodnikowych ⟨ro⟩ fabricaţie de CIP-uri

Com·pu·ter·a·rith·me·tik [kɔmˈpjuːtɐlaˌrɪtmeˌtɪk] die <–, –en> ⟨el⟩ αριθμητική υπολογιστών ⟨es⟩ aritmética computacional ⟨pl⟩ arytmetyka komputerowa ⟨ro⟩ aritmetica asistată de calculator

com·pu·ter·lin·gu·is·tisch [kɔmˈpjuːtɐlɪŋˌgʊɪstɪʃ] [Adj.] *kein Komp./Superl.* ⟨el⟩ υπολογιστικής γλωσσολογίας ⟨es⟩ lingüístico/-a-computacional ⟨pl⟩ opracowany/-a/-e w języku komputerowym ⟨ro⟩ prelucrarea limbii pe calculator

D

Dach·kon·struk·ti·on ['daxkɔnstrʊkˌtsjoːn] die <–, –en> ⟨el⟩ κατασκευή στέγης ⟨es⟩ estructura del tejado ⟨pl⟩ konstrukcja dachowa ⟨ro⟩ construcţia acoperişului

dar|stel·len ['daːɐ̯ʃtɛlən] <stellt dar, stellte dar, hat dargestellt> [tr. V.] ⟨el⟩ απεικονίζω ⟨es⟩ representar ⟨pl⟩ przedstawiać, pokazywać ⟨ro⟩ reprezintă sich darstellen lassen ⟨el⟩ μπορεί να απεικονιστεί ⟨es⟩ poder representarse ⟨pl⟩ można przedstawić/pokazać ⟨ro⟩ se poate reprezenta

Da·tei [daˈtaɛ] die <–, –en> ⟨el⟩ αρχείο ⟨es⟩ fichero, archivo ⟨pl⟩ plik ⟨ro⟩ fişier

Da·ten ['daːtn̩] die <–> *nur Pl.* **1.** ⟨el⟩ δεδομένα ⟨es⟩ datos ⟨pl⟩ dane, informacje ⟨ro⟩ date **2.** ⟨el⟩ δεδομένα ⟨es⟩ datos ⟨pl⟩ dane ⟨ro⟩ date **3.** ⟨el⟩ στοιχεία ⟨es⟩ datos ⟨pl⟩ dane ⟨ro⟩ date **4.** Pl. von → Datum

Da·ten·bank ['daːtn̩baŋk] die <–, –en> ⟨el⟩ τράπεζα δεδομένων ⟨es⟩ banco de datos ⟨pl⟩ baza danych ⟨ro⟩ bancă de date

da·ten·ba·siert ['daːtn̩baˌziːɐ̯t] [Adj.] *kein Komp./Superl.* ⟨el⟩ βασισμένος/-η/-ο σε δεδομένα ⟨es⟩ basado/-a en datos ⟨pl⟩ oparty/-a/-e na danych ⟨ro⟩ bazate pe date

Da·ten·über·tra·gung ['daːtn̩lyːbɐˌtraːgʊŋ] die <–, –en> ⟨el⟩ μεταφορά δεδομένων ⟨es⟩ transmisión de datos ⟨pl⟩ transmisja danych ⟨ro⟩ transmisie de date

Da·ten·ver·ar·bei·tung ['daːtn̩fɛɐ̯laˌbaɛtʊŋ] die <–, –en> ⟨el⟩ επεξεργασία δεδομένων ⟨es⟩ tratamiento de datos ⟨pl⟩ przetwarzanie danych ⟨ro⟩ prelucrare de date

Da·ten·ver·ar·bei·tungs·sys·tem [ˈdaːtŋfɛlˌaˈbaɛtʊŋszʏsˌteːm] das <–s, –e> el⟩ σύστημα επεξεργασίας δεδομένων es⟩ sistema de tratamiento de datos pl⟩ system przetwarzania danych ro⟩ sistem de prelucrare a datelor

Da·tum [ˈdaːtʊm] das <–s, Daten> el⟩ ημερομηνία es⟩ fecha pl⟩ data ro⟩ data

Dau·er [ˈdaʊɐ] die <–> *kein Pl.* **1.** el⟩ διάρκεια es⟩ periodo pl⟩ okres ro⟩ durata **2.** el⟩ διάρκεια es⟩ duración pl⟩ czas (trwania) ro⟩ durata

dau·er·haft [ˈdaʊɐhaft] Adj.⟩ <dauerhafter, am dauerhaftesten> el⟩ διαρκής/-ής/-ές es⟩ duradero/-a pl⟩ trwały/-a/-e, stabilny/-a/-e, wytrzymały/-a/-e ro⟩ durabil/-ă

de·fi·nie·ren [defiˈniːrən] <definiert, definierte, hat definiert> tr. V.⟩ etw. (irgendwie) definieren el⟩ προσδιορίζω κάτι (με κάποιον τρόπο) es⟩ definir algo (de una forma) pl⟩ definiować coś (w jakiś sposób) ro⟩ a defini ceva (într-un fel/cumva) sich als etw. definieren lassen el⟩ προσδιορίζομαι ως κάτι es⟩ poder definirse como algo pl⟩ dawać się zdefiniować jako coś ro⟩ a se putea defini ca

De·fi·ni·ti·on [definiˈtsjoːn] die <–, –en> el⟩ ορισμός es⟩ definición pl⟩ definicja ro⟩ definiție

de·mo·gra·fisch [demoˈɡraːfɪʃ] Adj.⟩ *kein Komp./Superl.* el⟩ δημογραφικός/-ή/-ó es⟩ demográfico/-a pl⟩ demograficzny/-a/-e ro⟩ demografic

denk·mal·ge·schützt [ˈdɛŋkmaːlɡəʃʏtst] Adj.⟩ *kein Komp./Superl.* el⟩ προστατευμένος/-η/-ο ως μνημείο, διατηρητέος/-α/-ο es⟩ protegido/-a (como patrimonio nacional, monumento histórico, etc.) pl⟩ podlegający/-a/-e prawu o ochronie zabytków ro⟩ monument protejat

De·tail [deˈtaɛ] das <–s, –s> **1.** el⟩ λεπτομέρεια es⟩ detalle pl⟩ detal, szczegół ro⟩ detaliu **2.** ins Detail gehen el⟩ μπαίνω σε λεπτομέρειες es⟩ entrar en detalles pl⟩ być szczegółowym ro⟩ detaliu

Di·a·gno·se·sys·tem [diaˈɡnoːzəzʏsˌteːm] das <–s, –e> el⟩ διαγνωστικό σύστημα es⟩ sistema de diagnóstico pl⟩ system diagnozujący ro⟩ sistem de diagnosticare

Di·a·log·sys·tem [diaˈloːkzʏsˌteːm] das <–s, –e> el⟩ διαλογικό σύστημα es⟩ sistema de diálogo pl⟩ system konwersacyjny ro⟩ sistem de dialogare

die·nen [ˈdiːnən] <dient, diente, hat gedient> intr. V.⟩ einer Sache Dat.⟩ dienen, zu etw. dienen el⟩ εξυπηρετώ, χρησιμεύω σε κάτι es⟩ servir para algo pl⟩ służyć czemuś, służyć do czegoś ro⟩ a servi la ceva

Dienst·leis·tung [ˈdiːnstlaɛstʊŋ] die <–, –en> el⟩ υπηρεσία es⟩ servicio pl⟩ usługi ro⟩ serviciu

di·gi·tal [digiˈtaːl] Adj.⟩ *kein Komp./Superl.* el⟩ ψηφιακός/-ή/-ó es⟩ digital pl⟩ cyfrowy/-a/-e ro⟩ digital/-ă

Di·o·de [diˈoːdə] die <–, –n> el⟩ δίοδος es⟩ diodo pl⟩ dioda ro⟩ diodă

Do·ku·ment [dokuˈmɛnt] das <–s, –e> **1.** (el) έγγραφο (es) documento (pl) dokument (ro) document **2.** (el) έγγραφο (es) documento (pl) dokument (ro) document

do·ku·men·tie·ren [dokumɛnˈtiːrən] <dokumentiert, dokumentierte, hat dokumentiert> **1.** (el) τεκμηριώνω (es) documentar (pl) zapisywać, utrwalić na piśmie (ro) a se documenta **2.** (el) τεκμηριώνω (es) documentar (pl) dokumentować (ro) documenta

Do·mä·ne [doˈmɛːnə] die <–, –n> **1.** (el) τομέας (es) especialidad (pl) domena (ro) domeniu **2.** (el) τομέας (es) dominio (pl) domena (ro) domeniu

draht·los [ˈdraːtloːs] Adj. kein Komp./Superl. (el) ασύρματος/-η/-ο (es) inalámbrico/-a (pl) bezprzewodowy/-a (ro) fără fir

drin·gend [ˈdrɪŋənt] Adj. **1.** (el) επείγων/-ουσα/-ον (es) urgente (pl) pilny (ro) urgent **2.** (el) επείγων/-ουσα/-ον (es) imperioso/-a (pl) usilny/-a/-e, naglący/-a/-e (ro) urgent

dru·cken [ˈdrʊkŋ] <druckt, druckte, hat gedruckt> intr. V. (el) εκτυπώνω (es) imprimir (pl) drukować (ro) a lista tr. V. **1.** (el) (εκ)τυπώνω (es) imprimir (pl) drukować (ro) a tipări **2.** etw. auf etw. Akk. drucken (el) (εκ)τυπώνω κάτι σε κάτι (es) imprimir algo en algo (pl) drukować coś na czymś (ro) a tipări ceva pe ceva

DSL–Mo·dem [deː|ɛs|ˈɛlˌmoːdɛm] der das <–s, –s> (el) μόντεμ DSL (es) módem DSL (pl) modem DSL (ro) modem DSL

durch|füh·ren [ˈdʊɐ̯çfyːrən] <führt durch, führte durch, hat durchgeführt> tr. V. (el) διεξάγω, εκτελώ (es) llevar a cabo, realizar (pl) przeprowadzać (ro) a efectua, a executa intr. V. durch etw. durchführen (el) περνώ μέσα από κάτι (es) pasar por algo (pl) prowadzić przez coś (ro) a trece prin ceva

Durch·schnitt [ˈdʊɐ̯çʃnɪt] der <–(e)s, –e> meist Sing. **1.** (el) μέσος όρος (es) media, promedio (pl) średnia (ro) media **2.** (el) μέσος όρος, μέτριος/-α/-ο (es) media (pl) przeciętna (ro) media

durch·schnitt·lich [ˈdʊɐ̯çʃnɪtlɪç] Adj. selten Komp./Superl. (el) μέσος/-η/-ο, κατά μέσο όρο (es) medio/-a (pl) przeciętny/-a/-e, średni/-a/-e (ro) medie

E

Ebe·ne [ˈeːbənə] die <–, –n> **1.** mit Adjektiv auf … Ebene (el) σε … επίπεδο (es) a nivel… (pl) na poziomie … (ro) la nivel … **2.** (el) πεδιάδα (es) llanura, planicie (pl) równina (ro) câmp **3.** (el) επίπεδο (es) plano (pl) płaszczyzna (ro) plan

Edel·stahl [ˈeːdl̩ʃtaːl] der <–(e)s, Edelstähle> (el) ανοξείδωτος χάλυβας (es) acero fino (pl) stal szlachetna (ro) oțel nobil

Ef·fek·ti·vi·tät [ˌɛfɛktiviˈtɛːt] die <–> *kein Pl.* ⟨el⟩ αποτελεσματικότητα ⟨es⟩ efectividad ⟨pl⟩ efektywność, skuteczność ⟨ro⟩ eficacitatea

Ef·fi·zi·enz [ɛfiˈtsjɛnts] die <–, –en> ⟨el⟩ απόδοση, αποδοτικότητα ⟨es⟩ eficiencia ⟨pl⟩ wydajność ⟨ro⟩ eficiența

Ei·gen·schaft [ˈaeɡn̩ʃaft] die <–, –en> ⟨el⟩ ιδιότητα ⟨es⟩ característica, propiedad ⟨pl⟩ właściwość ⟨ro⟩ proprietate, însușire

eig·nen [ˈaeɡnən] <eignet, eignete, hat geeignet> ⟨ref.V.⟩ **sich für etw./zu etw. eignen** ⟨el⟩ είμαι κατάλληλος/-η/-ο για κάτι ⟨es⟩ reunir las cualidades necesarias para algo ⟨pl⟩ nadawać się do czegoś/na coś ⟨ro⟩ a fi adecvat pentru ceva/la ceva **sich für jdn eignen** ⟨el⟩ είμαι κατάλληλος, -ο, -η για κάποιον ⟨es⟩ ser apto/-a para alguien ⟨pl⟩ nadawać się dla kogoś ⟨ro⟩ a fi adecvat pentru cineva **für etw./zu etw. geeignet sein** ⟨el⟩ είμαι κατάλληλος, η, -ο για κάτι ⟨es⟩ ser adecuado/-a para algo ⟨pl⟩ być odpowiednim do czegoś/na coś ⟨ro⟩ a fi adecvat pentru ceva/la ceva

ein|bet·ten [ˈaenbɛtn̩] <bettet ein, bettete ein, hat eingebettet> ⟨tr.V.⟩ **etw. in etw.** ⟨Akk.⟩ **einbetten** ⟨el⟩ ενσωματώνω κάτι σε κάτι ⟨es⟩ incrustar algo en algo ⟨pl⟩ wprowadzać coś do czegoś ⟨ro⟩ a încastra/a încorpora ceva în ceva

ein|bin·den [ˈaenbɪndn̩] <bindet ein, band ein, hat eingebunden> ⟨tr.V.⟩ ⟨el⟩ ενσωματώνω, συμπεριλαμβάνω ⟨es⟩ incluir, integrar ⟨pl⟩ integrować, włączać ⟨ro⟩ a integra **etw./jdn (in etw.** ⟨Akk.⟩**) einbinden** ⟨el⟩ ενσωματώνω/συμπεριλαμβάνω κάτι/κάποιον (σε κάτι) ⟨es⟩ incluir algo/a alguien (en algo) ⟨pl⟩ włączać coś/kogoś (do czegoś) ⟨ro⟩ a integra ceva/pe cineva (în ceva)

Ein·fluss·fak·tor [ˈaenflʊsˌfaktoːɐ̯] der <–s, –en> ⟨el⟩ παράγοντας επιρροής ⟨es⟩ factor de influencia ⟨pl⟩ czynnik, parametr ⟨ro⟩ factor de influență

ein|fü·gen [ˈaenfyːɡn̩] <fügt ein, fügte ein, hat eingefügt> ⟨tr.V.⟩
1. ⟨el⟩ εισάγω, προσθέτω ⟨es⟩ añadir ⟨pl⟩ wstawiać ⟨ro⟩ a insera
2. ⟨el⟩ εισάγω, τοποθετώ ⟨es⟩ insertar ⟨pl⟩ włączać, montować ⟨ro⟩ a introduce

ein|füh·ren [ˈaenfyːrən] <führt ein, führte ein, hat eingeführt> ⟨tr.V.⟩
1. ⟨el⟩ εισάγω ⟨es⟩ importar ⟨pl⟩ sprowadzać, importować ⟨ro⟩ a importa
2. ⟨el⟩ θεσπίζω ⟨es⟩ introducir ⟨pl⟩ wprowadzać ⟨ro⟩ a introduce
3. ⟨el⟩ εισάγω ⟨es⟩ introducir ⟨pl⟩ wprowadzać ⟨ro⟩ a introduce

Ein·ga·be·ge·rät [ˈaenɡaːbəɡərɛːt] das <–(e)s, –e> ⟨el⟩ μονάδα εισαγωγής στοιχείων ⟨es⟩ unidad de entrada ⟨pl⟩ czytnik danych ⟨ro⟩ dispozitiv de intrare

ein|ge·ben [ˈaenɡeːbm̩] <gibt ein, gab ein, hat eingegeben> ⟨tr.V.⟩ ⟨el⟩ εισάγω, δίνω ⟨es⟩ introducir ⟨ro⟩ wprowadzać ⟨ro⟩ a introduce

ein|hal·ten [ˈaenhaltn̩] <hält ein, hielt ein, hat eingehalten> ⟨tr.V.⟩ ⟨el⟩ τηρώ ⟨es⟩ respetar, cumplir ⟨pl⟩ dotrzymywać, przestrzegać ⟨ro⟩ a respecta

Ein·heit [ˈaenhaet] die <–, –en> **1.** *kein Pl.* ⟨el⟩ ενότητα, ένωση ⟨es⟩ unidad ⟨pl⟩ jedność ⟨ro⟩ unitate **2.** *kein Pl.* ⟨el⟩ ενότητα ⟨es⟩ unidad ⟨pl⟩ całość

ⓡ⃝ unitate **3.** ⓔ⃝ μονάδα ⓔ⃝ unidad ⓟ⃝ jednostka ⓡ⃝ unitate
4. ⓔ⃝ μονάδα ⓔ⃝ unidad ⓟ⃝ sztuka, egzemplarz ⓡ⃝ unitate

Ein·kauf [ˈaɛnkaʊf] der <–(e)s, Einkäufe> **1.** ⓔ⃝ ψώνια ⓔ⃝ compra
ⓟ⃝ zakupy ⓡ⃝ a cumpăra **2.** ⓔ⃝ τμήμα προμηθειών/αγορών ⓔ⃝ sección de compras ⓟ⃝ zaopatrzenie ⓡ⃝ cumpărături

ein|rich·ten [ˈaɛnrɪçtn̩] <richtet ein, richtete ein, hat eingerichtet> ⓣ⃝ⓥ⃝
1. ⓔ⃝ επιπλώνω, διαμορφώνω ⓔ⃝ amueblar ⓟ⃝ urządzać, wyposażać
ⓡ⃝ a echipa **2.** ⓔ⃝ δημιουργώ ⓔ⃝ crear ⓟ⃝ zakładać ⓡ⃝ a amenaja
3. es (so) einrichten können(, dass) ⓔ⃝ κανονίζω (με τέτοιο τρόπο ώστε)
ⓔ⃝ arreglarlo (de tal forma que) ⓟ⃝ móc (tak) zrobić(, żeby) ⓡ⃝ a aranja
astfel(, ca)

Ein·rich·tung [ˈaɛnrɪçtʊŋ] die <–, –en> **1.** ⓔ⃝ επίπλωση ⓔ⃝ mobiliario
ⓟ⃝ umeblowanie ⓡ⃝ decor **2.** ⓔ⃝ ίδρυμα, θεσμός ⓔ⃝ institución
ⓟ⃝ instytucja ⓡ⃝ instituție

Ein·satz [ˈaɛnzats] der <–(e)s, Einsätze> **1.** ⓔ⃝ επιχείρηση έκτακτης ανάγκης ⓔ⃝ misión, operación, intervención ⓟ⃝ akcja ⓡ⃝ misiune **2.** *kein Pl.*
ⓔ⃝ χρήση ⓔ⃝ uso, empleo ⓟ⃝ zastosowanie, użycie ⓡ⃝ utilizare
3. ⓔ⃝ κινητοποίηση, δραστηριοποίηση ⓔ⃝ entrega ⓟ⃝ zaangażowanie
ⓡ⃝ participare

ein|schät·zen [ˈaɛnʃɛtsn̩] <schätzt ein, schätzte ein, hat eingeschätzt> ⓣ⃝ⓥ⃝
etw./jdn einschätzen ⓔ⃝ εκτιμώ κάτι/κάποιον ⓔ⃝ valorar algo/a alguien
ⓟ⃝ oceniać coś/kogoś ⓡ⃝ a evalua ceva/pe cineva

ein|schlie·ßen [ˈaɛnʃliːsn̩] <schließt ein, schloss ein, hat eingeschlossen>
ⓣ⃝ⓥ⃝ **1.** ⓔ⃝ κλειδώνω ⓔ⃝ encerrar ⓟ⃝ zamykać, uwięzić ⓡ⃝ a închide
2. ⓔ⃝ κλειδώνω ⓔ⃝ guardar bajo llave ⓟ⃝ zamykać, chować ⓡ⃝ a
închide **3.** *meist passiv* ⓔ⃝ περικυκλώνω ⓔ⃝ rodear, cercar ⓟ⃝ odcinać
ⓡ⃝ a închide **4.** ⓔ⃝ συμπεριλαμβάνω ⓔ⃝ incluir ⓟ⃝ zawierać ⓡ⃝ a
include

ein|set·zen [ˈaɛnzɛtsn̩] <setzt ein, setzte ein, hat eingesetzt> ⓣ⃝ⓥ⃝
1. ⓔ⃝ χρησιμοποιώ ⓔ⃝ emplear, utilizar ⓟ⃝ stosować, używać ⓡ⃝ a utiliza **2.** ⓔ⃝ βάζω ⓔ⃝ poner, colocar ⓟ⃝ wstawiać ⓡ⃝ a introduce

ein|spei·sen [ˈaɛnʃpaɛzn̩] <speist ein, speiste ein, hat eingespeist> ⓣ⃝ⓥ⃝
1. etw. (in etw. ⓐⓚⓚ⃝) einspeisen ⓔ⃝ εισάγω κάτι (σε κάτι) ⓔ⃝ introducir
algo (en algo) ⓟ⃝ wprowadzać coś (do czegoś) ⓡ⃝ a salva, a memora
ceva (în ceva) **2.** etw. (in etw. ⓐⓚⓚ⃝) einspeisen ⓔ⃝ τροφοδοτώ κάτι (σε
κάτι) ⓔ⃝ alimentar algo de algo ⓟ⃝ zasilać (coś) czymś, doprowadzać
coś (do czegoś) ⓡ⃝ a alimenta ceva (în ceva)

Ein·wir·kung [ˈaɛnvɪʳkʊŋ] die <–, –en> ⓔ⃝ επίδραση ⓔ⃝ influencia ⓟ⃝ dzia-
łanie, wpływ ⓡ⃝ efect, influență

elek·tro·ma·gne·tisch [eˌlɛktromaˈgneːtɪʃ, – ˈ– – – ˌ– –] *Adj.* *kein Komp./*
Superl. ⓔ⃝ ηλεκτρομαγνητικός/-ή/-ό ⓔ⃝ electromagnético/-a ⓟ⃝ elek-
tromagnetyczny/-a/-e ⓡ⃝ electromagnetic/-ă

elek·tro·me·cha·nisch [eˌlɛktromeˈça:nɪʃ, – '– – – ‚– –] Adj. *kein Komp./ Superl.* el ηλεκτρομηχανικός/-ή/-ό es electromecánico/-a pl elektro-mechaniczny/-a/-e ro electromecanic/-ă

elek·tro·nisch [elɛkˈtroːnɪʃ] Adj. *kein Komp./Superl.* el ηλεκτρονικός/-ή/-ό es electrónico/-a pl elektroniczny/-a/-e ro electronic/-ă

Elek·tro·tech·nik [eˈlɛktrotɛçnɪk] die <–> *kein Pl.* el ηλεκτροτεχνία es ingeniería eléctrica pl elektrotechnika ro electrotehnica

Ele·ment [eləˈmɛnt] das <–(e)s, –e> **1.** el στοιχείο es elemento pl pier-wiastek ro element **2.** el στοιχείο es elemento pl element, część ro element

End·be·nut·zer [ˈɛntbənʊtse] der <–s, –> el τελικός χρήστης es usuario final pl użytkownik docelowy ro utilizator final

Ener·gie·ma·nage·ment [enɛˈʔgiːˌmɛnɪdʒmənt] das <–s, –s> el διαχείριση ενέργειας es gestión energética pl zarządzanie energią ro manage-mentul energiei

ener·gie·spa·rend [enɛˈʔgiːʃpaːrənt] Adj. el ενεργειακά αποδοτικός/-ή/-ό es de bajo consumo energético pl energooszczędny ro economic/-ă

Ener·gie·ziel [enɛˈʔgiːtsiːl] das <–s, –e> el ενεργειακός στόχος es objetivo energético pl cel polityki energetycznej ro obiectiv energetic

ent·fer·nen [ɛntˈfɛˈnən] <entfernt, entfernte, hat entfernt> tr. V. el αφαιρώ, απομακρύνω es quitar, eliminar pl usuwać ro a înde-părta

ent·schei·den [ɛntˈʃaedn] <entscheidet, entschied, hat entschieden> tr.+intr. V. el αποφασίζω es decidir pl decydować, rozstrzygać ro a decide ref. V. sich entscheiden el αποφασίζω es decidirse pl decydo-wać się ro a ne decide pentru

ent·spre·chen [ɛntˈʃprɛçn] <entspricht, entsprach, hat entsprochen> intr. V. el ανταποκρίνομαι, αντιστοιχώ es corresponderse, satisfacer pl odpo-wiadać ro corespunde

ent·spre·chend¹ [ɛntˈʃprɛçnt] Partizip Präs. von → entsprechen Adj. *kein Komp./Superl.* el ανάλογος/-η/-ο, σχετικός/-ή/-ό es correspondiente pl odpowiedni/-a/-e, właściwy/-a/-e ro corespunzător

ent·spre·chend² [ɛntˈʃprɛçnt] Präp. Dat. el σύμφωνα με es según, con-forme a pl odpowiednio, zgodnie ro corespunzător

ent·ste·hen [ɛntˈʃteːən] <entsteht, entstand, ist entstanden> intr. V. **1.** el γίνομαι, δημιουργούμαι, προκύπτω es surgir, originarse, produ-cirse pl powstawać, wytwarzać się ro a lua ființă, a crea **2.** el προκα-λούμαι es causar pl powstawać ro a se crea

ent·wer·fen [ɛntˈvɛˈfn] <entwirft, entwarf, hat entworfen> tr. V. **1.** el σχε-διάζω es proyectar pl projektować ro a proiecta **2.** el σχεδιάζω es idear, concebir pl opracowywać ro a proiecta

ent·wi·ckeln [ɛntˈvɪkln] <entwickelt, entwickelte, hat entwickelt> tr. V. **1.** el αναπτύσσω es desarrollar pl wynaleźć ro a dezvolta

2. ⟨el⟩ αναπτύσσω ⟨es⟩ exponer, desarrollar ⟨pl⟩ opracowywać ⟨ro⟩ a dez-volta **3.** ⟨el⟩ εμφανίζω ⟨es⟩ revelar ⟨pl⟩ wywoływać ⟨ro⟩ a developa ⟨ref.V.⟩ sich entwickeln ⟨el⟩ αναπτύσσομαι, εξελίσσομαι ⟨es⟩ desarrollarse ⟨pl⟩ roz-wijać się ⟨ro⟩ a se dezvolta

Ent·wick·lungs·me·tho·dik [εnt'vɪkluŋsme,toːdɪk] die <–, –en⟩ ⟨el⟩ μεθοδο-λογία ανάπτυξης ⟨es⟩ metodología de desarrollo ⟨pl⟩ metodyka badań nau-kowych ⟨ro⟩ Metodologia de dezvoltare

Ent·wurf [εnt'vʊ'f] der <–(e)s, Entwürfe⟩ ⟨el⟩ σχέδιο ⟨es⟩ proyecto, diseño ⟨pl⟩ projekt, szkic ⟨ro⟩ proiect

er·ar·bei·ten [ɛ'aɐˈbaɛtn̩] <erarbeitet, erarbeitete, hat erarbeitet⟩ ⟨tr.V.⟩
1. ⟨el⟩ εκπονώ, αναπτύσσω ⟨es⟩ elaborar ⟨pl⟩ opracowywać ⟨ro⟩ a realiza
2. ⟨el⟩ αποκτώ ⟨es⟩ adquirir ⟨pl⟩ przysposabiać ⟨ro⟩ a obține

Erd·lei·ter ['eːɐtlaɛte] der <–s, –⟩ ⟨el⟩ καλώδιο γείωσης ⟨es⟩ conductor a tie-rra ⟨pl⟩ uziemienie ⟨ro⟩ conductor de împământare

Er·fah·rung [ɛ'faːrʊŋ] die <–, –en⟩ **1.** ⟨el⟩ εμπειρία, πείρα ⟨es⟩ experiencia ⟨pl⟩ doświadczenie, praktyka ⟨ro⟩ experiența **2.** ⟨el⟩ εμπειρία ⟨es⟩ experien-cia ⟨pl⟩ doświadczenie ⟨ro⟩ experiența

er·fas·sen [ɛ'fasn̩] <erfasst, erfasste, hat erfasst⟩ ⟨tr.V.⟩ ⟨el⟩ καταγράφω ⟨es⟩ registrar ⟨pl⟩ rejestrować, ściągać ⟨ro⟩ a înregistra

Er·fin·dung [ɛ'fɪndʊŋ] die <–, –en⟩ **1.** kein Pl. ⟨el⟩ εφεύρεση ⟨es⟩ invención ⟨pl⟩ wynalezienie, wynalazek ⟨ro⟩ invenție **2.** ⟨el⟩ εφεύρεση ⟨es⟩ invento ⟨pl⟩ wynalazek ⟨ro⟩ invenție

er·for·der·lich [ɛ'fɔ'dɐlɪç] ⟨Adj.⟩ selten Komp./Superl. ⟨el⟩ αναγκαίος/-α/-ο, απαραίτητος/-η/-ο ⟨es⟩ necesario/-a, indispensable ⟨pl⟩ potrzebny/-a/-e, konieczny/-a/-e, niezbędny/-a/-e ⟨ro⟩ necesar/-ă

er·for·dern [ɛ'fɔ'den] <erfordert, erforderte, hat erfordert⟩ ⟨tr.V.⟩
1. ⟨el⟩ απαιτώ ⟨es⟩ requerir ⟨pl⟩ wymagać, potrzebować ⟨ro⟩ a necesita
2. ⟨el⟩ απαιτώ ⟨es⟩ pedir, exigir ⟨pl⟩ wymagać, żądać, domagać się ⟨ro⟩ a necesita

er·gän·zen [ɛ'gɛntsn̩] <ergänzt , ergänzte, hat ergänzt⟩ ⟨tr.V.⟩ ⟨el⟩ συμπλη-ρώνω, ολοκληρώνω ⟨es⟩ completar ⟨pl⟩ uzupełniać ⟨ro⟩ a completa sie ergänzen sich/einander ⟨el⟩ αλληλοσυμπληρώνομαι ⟨es⟩ se complemen-tan entre sí ⟨pl⟩ uzupełniają się/uzupełniają się wzajemnie ⟨ro⟩ a se com-pleta

Er·geb·nis [ɛ'geːpnɪs] das <–ses, –se⟩ **1.** ⟨el⟩ αποτέλεσμα ⟨es⟩ resultado ⟨pl⟩ wynik ⟨ro⟩ rezultat **2.** ⟨el⟩ συμπέρασμα ⟨es⟩ conclusión ⟨pl⟩ rezultat ⟨ro⟩ rezultat **3.** ⟨el⟩ αποτέλεσμα ⟨es⟩ resultado ⟨pl⟩ wynik ⟨ro⟩ rezultat

er·hal·ten [ɛ'haltn̩] <erhält, erhielt, hat erhalten⟩ ⟨tr.V.⟩ **1.** ⟨el⟩ λαμβάνω ⟨es⟩ recibir ⟨pl⟩ otrzymywać, dostawać ⟨ro⟩ a obține **2.** ⟨el⟩ διατηρώ ⟨es⟩ conservar, mantener ⟨pl⟩ utrzymywać ⟨ro⟩ menținere

Er·he·bungs·tech·nik [ɛ'heːbʊŋstɛçnɪk] die <–, –en⟩ ⟨el⟩ τεχνικές έρευνας ⟨es⟩ técnica de recogida de datos ⟨pl⟩ technika pomiaru ⟨ro⟩ tehnica de determinare a unei stări reale

er·hö·hen [ɛ'høːən] <erhöht, erhöhte, hat erhöht> (tr. V.) **1.** (el) αυξάνω (es) aumentar (pl) podwyższać, zwiększać, potęgować (ro) a mări **2.** (el) υψώνω (es) elevar (pl) podwyższać, podnosić (ro) a înălţa (ref. V.) sich erhöhen (el) αυξάνομαι (es) aumentar (pl) wzrastać (ro) a se mări

Er·kennt·nis [ɛ'kɛntnɪs] die <–, –se> (el) γνώση, διαπίστωση (es) conocimiento (pl) poznanie, przekonanie (ro) cunoaştere, recunoaştere

er·klä·ren [ɛ'klɛːrən] <erklärt, erklärte, hat erklärt> (tr. V.) **1.** (el) εξηγώ (es) explicar (pl) objaśniać, tłumaczyć (ro) a explica **2.** (el) εξηγώ (es) explicar (pl) wyjaśniać, tłumaczyć (ro) a explica **3.** (el) δηλώνω (es) declarar (pl) ogłaszać, deklarować (ro) a declara

er·lau·ben [ɛ'laobm̩] <erlaubt, erlaubte, hat erlaubt> (tr. V.) **1.** (el) επιτρέπω (es) permitir, autorizar (pl) pozwalać (ro) a permite **2.** (el) επιτρέπω (es) permitir (pl) pozwalać, umożliwiać (ro) a face posibil

er·läu·tern [ɛ'lɔøtɐn] <erläutert, erläuterte, hat erläutert> (tr. V.) (el) εξηγώ (es) explicar (pl) wyjaśniać, objaśniać (ro) a explica

er·le·di·gen [ɛ'leːdɪɡn̩] <erledigt, erledigte, hat erledigt> (tr. V.) **1.** (el) τακτοποιώ, κανονίζω (es) hacer, gestionar (pl) załatwiać, wykonywać (ro) a rezolva **2.** (el) συντρίβω (es) arruinar (pl) wykańczać (ro) a fi terminat

er·leich·tern [ɛ'laeçtɐn] <erleichtert, erleichterte, hat erleichtert> (tr. V.) (el) διευκολύνω (es) facilitar (pl) ułatwiać (ro) a uşura jdm etw. erleichtern (el) διευκολύνω κάποιον με κάτι (es) facilitar algo a alguien (pl) ułatwiać komuś coś (ro) a uşura pe cineva de ceva

er·mög·li·chen [ɛ'møːklɪçn̩] <ermöglicht, ermöglichte, hat ermöglicht> (tr. V.) (el) καθιστώ δυνατό (es) hacer posible, posibilitar (pl) umożliwiać (ro) a face posibil/-ă

er·mü·den [ɛ'myːdn̩] <ermüdet, ermüdete, hat/ist ermüdet> (tr. V.) +haben (el) κουράζω (es) cansar (pl) męczyć, nużyć (ro) a obosi (intr. V.) +sein (el) καταπονούμαι (es) fatigarse (pl) zużywać się (ro) a obosi

er·neu·er·bar [ɛ'nɔøɐbaː'] (Adj.) kein Komp./Superl. (el) ανανεώσιμος/-η/-ο (es) renovable (pl) odnawialny/-a/-e (ro) regenerabil/-ă

er·schlie·ßen [ɛ'ʃliːsn̩] <erschließt, erschloss, hat erschlossen> (tr. V.) **1.** (el) αξιοποιώ (es) abrir (pl) pozyskiwać, wykorzystywać (ro) a deschide **2.** (el) αξιοποιώ (es) explotar (pl) uzbroić (ro) a deschide **3.** (el) συμπεραίνω (es) deducir (pl) zrozumieć (ro) a deduce

er·stel·len [ɛ'ʃtɛlən] <erstellt, erstellte, hat erstellt> (tr. V.) **1.** (el) συντάσσω, καταρτίζω, δημιουργώ (es) hacer, elaborar (pl) sporządzać, wykonywać (ro) a redacta **2.** (el) κατασκευάζω, δημιουργώ (es) edificar, construir (pl) budować (ro) a crea

er·wär·men [ɛ'vɛ'mən] <erwärmt, erwärmte, hat erwärmt> (tr. V.) (el) θερμαίνω, ζεσταίνω (es) calentar (pl) podgrzewać, ogrzewać (ro) a încălzi (ref. V.) etw. erwärmt sich (el) κάτι θερμαίνεται (es) algo se calienta (pl) coś się ogrzewa/ociepla (ro) a se încălzi ceva

er·war·ten [ɛ'vaʁtn̩] <erwartet, erwartete, hat erwartet> (tr. V.) **1.** (el) περι- μένω, αναμένω (es) esperar (pl) oczekiwać, spodziewać się, czekać (ro) a aștepta **2.** (el) περιμένω, απαιτώ (es) exigir (pl) oczekiwać (ro) a aștepta **3.** (el) περιμένω, αναμένω (es) contar con (pl) przewidywać, przy- puszczać (ro) a aștepta

Er·war·tung [ɛ'vaʁtʊŋ] die <–, –en> (el) προσδοκία (es) expectativa (pl) ocze- kiwanie (ro) așteptări

er·wei·tern [ɛ'vaetɐn] <erweitert, erweiterte, hat erweitert> (tr. V.) (el) επε- κτείνω (es) ampliar, aumentar (pl) poszerzać, rozbudowywać (ro) a extinde (ref. V.) **1.** sich erweitern (el) επεκτείνομαι (es) ampliarse (pl) poszerzać się (ro) a se extinde **2.** sich erweitern (el) ανοίγω (es) dila- tarse (pl) rozszerzać się (ro) a se extinde

er·zeu·gen [ɛ'tsɔʏɡn̩] <erzeugt, erzeugte, hat erzeugt> (tr. V.) (el) παράγω (es) generar, producir (pl) wytwarzać, produkować (ro) a produce

er·zie·len [ɛ'tsiːlən] <erzielt, erzielte, hat erzielt> (tr. V.) (el) επιτυγχάνω (es) obtener, lograr (pl) osiągać, uzyskiwać (ro) a obține, a atinge

Ex·pan·si·ons·plan [ɛkspan'zjoːnsplaːn] der <–(e)s, Expansionspläne> (el) σχέδιο επέκτασης (es) plan de expansión (pl) plan ekspansyjny (ro) plan de expansiune

ex·pe·ri·men·tell [ˌɛksperimɛn'tɛl] (Adj.) (el) πειραματικός/-ή/-ό (es) experi- mental (pl) eksperymentalny, doświadczalny (ro) experimental

Ex·port [ɛks'pɔʁt] der <–(e)s, –e> **1.** kein Pl. (el) εξαγωγή (es) exportación (pl) eksport (ro) export **2.** (el) εξαγωγή (es) exportación (pl) eksport (ro) export

ex·tern [ɛks'tɛʁn] (Adj.) kein Komp./Superl. **1.** (el) εξωτερικός/-ή/-ό (es) externo/-a (pl) zewnętrzny/-a/-e (ro) extern **2.** (el) εξωτερικός/-ή/-ό (es) externo/-a (pl) eksternistyczny/-a/-e (ro) extern/-ă

F

Fach·be·griff ['faxbəɡʁɪf] der <–(e)s, –e> (el) ειδικός όρος (es) término téc- nico (pl) termin fachowy/specjalistyczny (ro) noțiune de specialitate

Fach·kennt·nis ['faxkɛntnɪs] die <–, –se> (el) ειδική γνώση (es) conoci- miento técnico (pl) wiedza fachowa (ro) cunoștințe de specialitate

fä·hig ['fɛːɪç] (Adj.) (el) ικανός/-ή/-ό (es) apto/-a, cualificado/-a (pl) kompe- tentny/-a/-e, zdolny/-a/-e (ro) capabil/-ă

Fahr·läs·sig·keit ['faːˈlɛsɪçkaet] die <–, –en> (el) αμέλεια (es) negligencia, imprudencia (pl) nieostrożność, nieuwaga (ro) neglijență

Fahr·si·mu·la·tor ['faːˈzimulaːtoːɐ̯] der <–s, –en> (el) προσομοιωτής οδήγη- σης (es) simulador de conducción (pl) symulator warunków jazdy (ro) simulator de conducere

Fahr·zeug·tech·nik ['faːˈtsɔøktɛçnɪk] die <–, –en> ⓔⓛ τεχνολογία οχημάτων ⓔⓢ tecnología automovilística ⓟⓛ technologia pojazdów ⓡⓞ tehnica automobilelor

Fak·tor ['faktoːɐ̯] der <–s, –en> **1.** ⓔⓛ παράγοντας ⓔⓢ factor ⓟⓛ czynnik ⓡⓞ factor **2.** ⓔⓛ παράγοντας, συντελεστής ⓔⓢ coeficiente ⓟⓛ czynnik ⓡⓞ factor

Fehl·ent·schei·dung ['feːlɛntʃaedʊŋ] die <–, –en> ⓔⓛ λανθασμένη απόφαση ⓔⓢ decisión equivocada ⓟⓛ błędna decyzja ⓡⓞ decizie greşită

Feh·ler·häu·fig·keit ['feːlehɔɔfɪçkaet] die <–, –en> ⓔⓛ συχνότητα σφαλμάτων ⓔⓢ frecuencia de error ⓟⓛ częstotliwość błędu ⓡⓞ rata de eroare

feh·ler·to·le·rant ['feːletɔlə.rant] Adj. kein Komp./Superl. ⓔⓛ ανθεκτικός/-ή/-ό σε σφάλματα ⓔⓢ tolerante a fallos ⓟⓛ wykazujący/-a/-e tolerancję na błędy ⓡⓞ toleran/-ă la erori

Feh·ler·to·le·ranz ['feːletɔlə.rants] die <–, –en> ⓔⓛ ανοχή σε σφάλματα ⓔⓢ tolerancia a fallos ⓟⓛ tolerancja błędu ⓡⓞ toleranţă la erori

Fehl·funk·ti·on ['feːlfʊŋk.tsjoːn] die <–, –en> ⓔⓛ δυσλειτουργία ⓔⓢ mal funcionamiento ⓟⓛ nieprawidłowe funkcjonowanie ⓡⓞ defecţiune

Fer·ti·gung ['fɛˈtɪgʊŋ] die <–> kein Pl. ⓔⓛ κατασκευή, παραγωγή ⓔⓢ producción ⓟⓛ produkcja ⓡⓞ fabricaţie

Fer·ti·gungs·steu·e·rung ['fɛˈtɪgʊŋsʃtɔøə.rʊŋ] die <–, –en> ⓔⓛ έλεγχος παραγωγής ⓔⓢ control de la producción ⓟⓛ sterowanie produkcji ⓡⓞ controlul producţiei

Fer·ti·gungs·ver·fah·ren ['fɛˈtɪgʊŋsfefaːrən] das <–s, –> ⓔⓛ διαδικασία παραγωγής ⓔⓢ proceso de fabricación ⓟⓛ proces produkcyjny ⓡⓞ tehnologie de fabricaţie

Fest·kör·per·elek·tro·nik ['fɛstkœˈpəlelɛk.troːnɪk] die <–> kein Pl. ⓔⓛ ηλεκτρονική στερεάς κατάστασης ⓔⓢ electrónica del estado sólido ⓟⓛ elektronika molekularna ⓡⓞ electronica corpurilor solide

festle·gen ['fɛstleːg̊n̩] <legt fest, legte fest, hat festgelegt> tr. V. ⓔⓛ (καθ)ορίζω ⓔⓢ establecer, fijar ⓟⓛ ustalać ⓡⓞ a stabili ref. V. sich (auf etw. Akk.) festlegen ⓔⓛ δεσμεύομαι (για κάτι) ⓔⓢ comprometerse (a algo) ⓟⓛ zobowiązywać się (do czegoś) ⓡⓞ a se decide/a se hotărâ(pentru)

Fest·plat·te ['fɛstplatə] die <–, –n> ⓔⓛ σκληρός δίσκος ⓔⓢ disco duro ⓟⓛ dysk twardy ⓡⓞ placă de bază

feststel·len ['fɛstʃtɛlən] <stellt fest, stellte fest, hat festgestellt> tr. V. **1.** ⓔⓛ διαπιστώνω ⓔⓢ averiguar, descubrir ⓟⓛ znajdować, ustalać ⓡⓞ a stabili **2.** ⓔⓛ παρατηρώ ⓔⓢ comprobar ⓟⓛ zauważać ⓡⓞ a stabili **3.** ⓔⓛ διαπιστώνω ⓔⓢ constatar ⓟⓛ stwierdzać ⓡⓞ a stabili **4.** ⓔⓛ ασφαλίζω, στερεώνω ⓔⓢ fijar, bloquear ⓟⓛ zatrzymać, unieruchamiać ⓡⓞ a fixa

fi·nan·zie·ren [finanˈtsiːrən] <finanziert, finanzierte, hat finanziert> tr. V. ⓔⓛ χρηματοδοτώ ⓔⓢ financiar ⓟⓛ finansować, opłacać ⓡⓞ a finanţa

fle·xi·bel [flɛˈksiːbl] ⟨Adj.⟩ <flexibler, am flexibelsten> *der/die/das flexible ...*
1. (el)⟩ ευέλικτος/-η/-ο (es)⟩ flexible (pl)⟩ elastyczny/-a/-e (ro)⟩ flexibil/-ă
2. (el)⟩ εύκαμπτος/-η/-ο, ελαστικός/-ή/-ό (es)⟩ flexible (pl)⟩ elastyczny/-a/-e,
giętki/-a/-e (ro)⟩ flexibil/-ă

Flüs·sig·keit [ˈflʏsɪçkaet] die <–, –en> (el)⟩ υγρό (es)⟩ líquido (pl)⟩ płyn, ciecz
(ro)⟩ Lichid

for·dern [ˈfɔˈdɐn] <fordert, forderte, hat gefordert> ⟨tr.V.⟩ etw. (von jdm/etw.)
fordern (el)⟩ ζητώ/απαιτώ κάτι (από κάποιον/ κάτι) (es)⟩ pedir/exigir algo
(a alguien/algo) (pl)⟩ żądać/domagać się czegoś (od kogoś/czegoś) (ro)⟩ a
pretinde/a solicita ceva (de la cineva/de la ceva)

för·dern [ˈfœˈdɐn] <fördert, förderte, hat gefördert> ⟨tr.V.⟩ **1.** jdn/etw. fördern
(el)⟩ προωθώ/ενισχύω κάποιον/ κάτι (es)⟩ patrocinar/fomentar/promover
algo/a alguien (pl)⟩ wspomagać/wspierać kogoś/coś (ro)⟩ a sprijini pe
cineva / a sprijini ceva **2.** (el)⟩ ενισχύω (es)⟩ favorecer (pl)⟩ wspomagać
(ro)⟩ a sprijini **3.** (el)⟩ εξορύσσω (es)⟩ extraer (pl)⟩ wydobywać (ro)⟩ a extrage

form·bar [ˈfɔˈmbaː] ⟨Adj.⟩ (el)⟩ εύπλαστος/-η/-ο (es)⟩ moldeable (pl)⟩ dający/
-a/-e się formować (ro)⟩ maleabil/-ă

For·scher·grup·pe [ˈfɔˈʃɐɡrʊpə] die <–, –n> (el)⟩ ομάδα ερευνητών
(es)⟩ grupo de investigación (pl)⟩ grupa badawcza (ro)⟩ grupa de cercetători

For·schungs·ak·ti·vi·tät [ˈfɔˈʃʊŋsʔaktiviˌtɛːt] die <–, –en> (el)⟩ ερευνητική
δραστηριότητα (es)⟩ actividad de investigación (pl)⟩ aktywność badawcza
(ro)⟩ activitate de cercetare

For·schungs·ge·biet [ˈfɔˈʃʊŋsɡəbiːt] das <–(e)s, –e> (el)⟩ ερευνητικό πεδίο
(es)⟩ campo de investigación (pl)⟩ obszar badań (naukowych) (ro)⟩ domeniu
de cercetare

fort|ent·wi·ckeln [ˈfɔˈtʔɛntvɪkl̩n] <entwickelt fort, entwickelte fort, hat fort-
entwickelt> ⟨tr.V.⟩ (el)⟩ αναπτύσσω περαιτέρω (es)⟩ seguir desarrollando
(pl)⟩ udoskonalać, ulepszać (ro)⟩ a evolua ⟨ref.V.⟩ sich fortentwickeln
(el)⟩ αναπτύσσομαι περαιτέρω (es)⟩ continuar desarrollándose (pl)⟩ rozwijać
się (ro)⟩ a se dezvolta în continuare

Fort·schritt [ˈfɔˈtʃrɪt] der <–(e)s, –e> **1.** *kein Pl.* der Fortschritt (el)⟩ η πρόο-
δος (es)⟩ el progreso (pl)⟩ postęp cywilizacyjny (ro)⟩ progresul **2.** (el)⟩ πρόο-
δος (es)⟩ avance (pl)⟩ postęp (ro)⟩ progres

fort·schritt·lich [ˈfɔˈtʃrɪtlɪç] ⟨Adj.⟩ (el)⟩ προοδευτικός/-ή/-ό (es)⟩ avanzado/-a
(pl)⟩ postępowy/-a/-e (ro)⟩ progresiv

Fo·to·vol·ta·ik [fotovɔlˈtaːɪk] die <–> *kein Pl.* (el)⟩ φωτοβολταϊκά (es)⟩ fotovol-
taica (pl)⟩ fotowoltaika (ro)⟩ fotovoltaic

frag·lich [ˈfraːklɪç] ⟨Adj.⟩ (el)⟩ αμφίβολος/-η/-ο (es)⟩ dudoso/-a, incierto/-a
(pl)⟩ wątpliwy/-a/-e (ro)⟩ discutabil/-ă

Frei·sprech·ein·rich·tung [ˈfraeʃprɛçʔaenrɪçtʊŋ] die <–, –en> (el)⟩ σύστημα
ανοικτής ακρόασης (es)⟩ (kit) manos libres (pl)⟩ zestaw głośnomówiący/słu-
chawkowy (ro)⟩ combinație de difuzor și microfon

Fre·quenz [fre'kvɛnts] die <–, –en> ⟨el⟩ συχνότητα ⟨es⟩ frecuencia ⟨pl⟩ częstotliwość ⟨ro⟩ frecvența

Funk·ti·on [fʊŋk'tsioːn] die <–, –en> ⟨el⟩ λειτουργία, συνάρτηση, αξίωμα, θέση ⟨es⟩ función ⟨pl⟩ funkcja, rola ⟨ro⟩ funcția

funk·ti·o·nal [fʊŋktsio'naːl] [Adj.] ⟨el⟩ λειτουργικός/-ή/-ó ⟨es⟩ funcional ⟨pl⟩ funkcjonalny/-a/-e ⟨ro⟩ funcțional

funk·ti·o·nie·ren [fʊŋktsio'niːrən] <funktioniert, funktionierte, hat funktioniert> [intr. V.] **1.** ⟨el⟩ λειτουργώ ⟨es⟩ funcionar ⟨pl⟩ funkcjonować ⟨ro⟩ a funcționa **2.** ⟨el⟩ λειτουργώ ⟨es⟩ funcionar ⟨pl⟩ funkcjonować, działać ⟨ro⟩ a funcționa

Funk·ti·ons·ein·heit [fʊŋk'tsioːnslaenhaet] die <–, –en> ⟨el⟩ μονάδα λειτουργίας ⟨es⟩ unidad funcional ⟨pl⟩ jednostka funkcjonalna ⟨ro⟩ unitate funcțională

Funk·ti·ons·tas·te [fʊŋk'tsioːnstastə] die <–, –n> ⟨el⟩ πλήκτρο λειτουργίας ⟨es⟩ tecla de función ⟨pl⟩ klawisz funkcyjny ⟨ro⟩ tasta funcției

G

ga·ran·tie·ren [garan'tiːrən] <garantiert, garantierte, hat garantiert> [tr. V.] ⟨el⟩ εγγυώμαι ⟨es⟩ garantizar ⟨pl⟩ gwarantować ⟨ro⟩ a garanta

ge·brauchs·taug·lich [gə'braoxstaoklɪç] [Adj.] ⟨el⟩ κατάλληλος/-η/-ο για χρήση ⟨es⟩ apto/-a para el uso ⟨pl⟩ nadający/-a/-e się do użytku ⟨ro⟩ adecvat pentru funcționare

ge·eig·net [gə'laegnət] Partizip Perf. von → eignen

Ge·fahr [gə'faːʳ] die <–, –en> ⟨el⟩ κίνδυνος ⟨es⟩ peligro, riesgo ⟨pl⟩ niebezpieczeństwo ⟨ro⟩ pericol

Ge·fähr·dungs·be·ur·tei·lung [gə'fɛːɐ̯dʊŋsbəl‚ʊ'taelʊŋ] die <–, –en> ⟨el⟩ αξιολόγηση κινδύνου ⟨es⟩ evaluación de riesgos ⟨pl⟩ ocena zagrożenia ⟨ro⟩ evaluarea riscului

Ge·fah·ren·zo·ne [gə'faːrəntsoːnə] die <–, –n> ⟨el⟩ ζώνη κινδύνου ⟨es⟩ zona de peligro ⟨pl⟩ strefa zagrożenia ⟨ro⟩ zona de pericol

ge·fähr·lich [gə'fɛːɐ̯lɪç] [Adj.] ⟨el⟩ επικίνδυνος/-η/-ο ⟨es⟩ peligroso/-a ⟨pl⟩ niebezpieczny/-a/-e, groźny/-a/-e ⟨ro⟩ periculos/periculoasă

Ge·fü·ge [gə'fyːgə] das <–s> kein Pl. ⟨el⟩ υφή, δομή ⟨es⟩ estructura ⟨pl⟩ struktura, budowa ⟨ro⟩ structura

Ge·häu·se [gə'hɔøzə] das <–s, –> ⟨el⟩ περίβλημα ⟨es⟩ carcasa, caja ⟨pl⟩ obudowa ⟨ro⟩ carcasa

ge·ne·rie·ren [genə'riːrən] <generiert, generierte, hat generiert> [tr. V.] ⟨el⟩ δημιουργώ, παράγω ⟨es⟩ generar ⟨pl⟩ generować ⟨ro⟩ a genera

Ge·rät [gə'rɛːt] das <–(e)s, –e> ⟨el⟩ συσκευή ⟨es⟩ aparato, dispositivo ⟨pl⟩ urządzenie ⟨ro⟩ aparat

ge·re·gelt [gə'reːglt] Partizip Perf. von → regeln

ge·ring [gə'rɪŋ] Adj. el μικρός/-ή/-ό, χαμηλός/-ή/-ό es poco/-a, escaso/-a pl niewielki/-a/-e, nieznaczny/-a/-e, minimalny/-a/-e ro redus/-ă

ge·schlos·sen [gə'ʃlɔsṇ] Partizip Perf. von → schließen Adj. kein Komp./Superl. el κλειστός/-ή/-ό es cerrado/-a pl zamknięty/-a/-e ro închis/-ă

Ge·stell [gə'ʃtɛl] das <-(e)s, -e> 1. el ορθοστάτης, σκελετός, πλαίσιο es armazón, soporte pl podstawa, podpora ro cadru 2. el βάση, πλαίσιο es bastidor, chasis pl podstawa, podbudowa ro cadru

Ge·sund·heits·schutz [gə'zʊnthaɛtsʃʊts] der <-es> kein Pl. el προστασία της υγείας es protección de la salud pl ochrona zdrowia ro protecţia sănătăţii

ge·währ·leis·ten [gə'vɛ:glaɛstṇ] <gewährleistet, gewährleistete, hat gewährleistet> tr.V. el εξασφαλίζω es garantizar pl zapewniać, gwarantować ro a garanta

Ge·win·de·boh·rer [gə'vɪndəbo:rɐ] der <-s, -> el σπειροτόμος es macho de roscar pl gwintownik ro tarod

gleich [glaɛç] Adj. kein Komp./Superl. 1. el ίδιος/-α/-ο es parecido/-a, similar pl taki sam, równy ro aceąsi 2. gleich bleibend el σταθερός/-ή/-ό es constante, permanente pl pozostający bez zmian ro constant/-ă Adv. el αμέσως es enseguida pl zaraz ro imediat

Glie·de·rung ['gli:dərʊŋ] die <-, -en> el δομή, διάρθρωση es clasificación, división pl podział ro divizare

Gra·fik ['gra:fɪk] die <-, -en> el γραφική παράσταση, εικόνα es gráfico pl grafika, ilustracja ro grafica

Grenz·wert ['grɛntsve:gt] der <-(e)s, -e> el οριακή τιμή es valor límite pl wartość graniczna ro valoare limită

grob·kör·nig ['gro:pkœ'nɪç] Adj. el χοντρόκοκκος/-η/-ο es de grano/granulado grueso pl gruboziarnisty, gruby, o dużej ziarnistości obrazu ro cu granulaţie mare

Grö·ße ['grø:sə] die <-, -n> 1. die Größe (... Gen.), die Größe (von jdm/etw.) el μέγεθος/ύψος (κάποιου/από κάτι) es el tamaño (de alguien/algo) pl wielkość (kogoś/czegoś) ro mărimea/dimensiunea (unui corp/unei fiinţe) 2. el μέγεθος es volumen, magnitud pl wielkość ro mărime

Grö·ßen·ord·nung ['grø:sṇʔdnʊŋ] die <-, -en> el κλίμακα es dimensión, magnitud pl rząd wielkości ro ordin de mărime

Grund·be·stand·teil ['grʊntbəʃtanttael] der <-(e)s, -e> el βασικό συστατικό es elemento básico pl główna część ro component de bază

Grund·funk·ti·on ['grʊntfʊŋk͜tsjo:n] die <-, -en> el βασική λειτουργία es función básica pl główna funkcja ro funcţie de bază

Grund·la·ge ['grʊntla:gə] die <-, -n> el βάση es base pl podstawa ro bază

Grund·la·gen·for·schung [ˈɡrʊntlaːɡn̩fɔrˈʃʊŋ] die <–, –en> ⟨el⟩ βασική έρευνα ⟨es⟩ investigación de base ⟨pl⟩ badania podstawowe ⟨ro⟩ cercetare de bază

Grund·prin·zip [ˈɡrʊntprɪnˌtsiːp] das <–s, Grundprinzipien> ⟨el⟩ βασική αρχή ⟨es⟩ principio básico ⟨pl⟩ podstawowa zasada ⟨ro⟩ principiu de bază

H

halb fer·tig [halp ˈfɛˈtɪç, '– – –] ⟨Adj.⟩ *kein Komp./Superl.* ⟨el⟩ ημιτελής/-ής/-ές ⟨es⟩ semiacabado/-a ⟨pl⟩ niedokończony/-a/-e ⟨ro⟩ jumătate terminat, semi-finit

Halb·lei·ter [ˈhalplaɛtɐ] der <–s, –> ⟨el⟩ ημιαγωγός ⟨es⟩ semiconductor ⟨pl⟩ półprzewodnik ⟨ro⟩ semiconductor

Halb·lei·ter·bau·e·le·ment [ˈhalplaɛtɐˌbaoleleˌmɛnt] das <–(e)s, –e> ⟨el⟩ διάταξη με ημιαγωγούς ⟨es⟩ dispositivo semiconductor ⟨pl⟩ element półprzewodnikowy ⟨ro⟩ dispozitiv semiconductor

Halt·bar·keit [ˈhaltbaːˈkaɛt] die <–> *kein Pl.* **1.** ⟨el⟩ διάρκεια ζωής, διάρκεια ⟨es⟩ durabilidad ⟨pl⟩ trwałość, przydatność do spożycia ⟨ro⟩ durabilitatea **2.** ⟨el⟩ διαχρονική ισχύ ⟨es⟩ validez ⟨pl⟩ stałość ⟨ro⟩ durabilitatea

Ham·mer [ˈhamɐ] der <–s, Hämmer> ⟨el⟩ σφυρί ⟨es⟩ martillo ⟨pl⟩ młotek ⟨ro⟩ ciocan

Hand·ha·bung [ˈhanthaːbʊŋ] die <–, –en> **1.** ⟨el⟩ χειρισμός, χρήση ⟨es⟩ manejo ⟨pl⟩ obsługa ⟨ro⟩ manipulare, aplicare **2.** ⟨el⟩ εφαρμογή, χειρισμός ⟨es⟩ gestión ⟨pl⟩ traktowanie, obchodzenie się, stosowanie ⟨ro⟩ aplicaţie

Hand·ha·bungs·tech·nik [ˈhanthaːbʊŋsteçnɪk] die <–, –en> ⟨el⟩ τεχνολογία χειρισμού ⟨es⟩ tecnología de manipulación ⟨pl⟩ technika posługiwania się ⟨ro⟩ tehnologia manipulării

Hard·ware [ˈhaːˈtvɛːɐ] die <–, –s> ⟨el⟩ υλισμικό ⟨es⟩ hardware ⟨pl⟩ sprzęt komputerowy ⟨ro⟩ hard

Haus·ver·wal·tung [ˈhaosfɛvaltʊŋ] die <–, –en> ⟨el⟩ διαχείριση ακινήτου ⟨es⟩ administración de fincas/la casa ⟨pl⟩ administracja budynku, zarządzanie budynkiem ⟨ro⟩ administraţia imobilului, administratoare

He·raus·for·de·rung [hɛˈraosfɔrdərʊŋ] die <–, –en> ⟨el⟩ πρόκληση ⟨es⟩ reto, desafío ⟨pl⟩ wyzwanie ⟨ro⟩ provocare

her|stel·len [ˈheːɐʃtɛlən] <stellt her, stellte her, hat hergestellt> ⟨tr. V.⟩ **1.** ⟨el⟩ κατασκευάζω, παράγω ⟨es⟩ fabricar ⟨pl⟩ produkować, wytwarzać ⟨ro⟩ a produce, a fabrica **2.** ⟨el⟩ δημιουργώ ⟨es⟩ establecer ⟨pl⟩ nawiązywać ⟨ro⟩ a restabili

Her·stel·ler [ˈheːɐʃtɛlɐ] der <–s, –> ⟨el⟩ κατασκευαστής ⟨es⟩ fabricante ⟨pl⟩ producent, wytwórca ⟨ro⟩ producător

he·run·ter|la·den [hɛˈrʊntelaːdn̩] <lädt herunter, lud herunter, hat heruntergeladen> ⟨tr. V.⟩ ⟨el⟩ κατεβάζω ⟨es⟩ descargar ⟨pl⟩ ściągać ⟨ro⟩ a descărca

hie·rar·chisch [hi'raːrçɪʃ] Adj. *selten Komp./Superl.* el⟩ ιεραρχικός/-ή/-ό es⟩ jerárquico/-a pl⟩ hierarchiczny/-a/-e ro⟩ ierarhic

Hin·weis ['hɪnvaes] der <–es, –e> el⟩ υπόδειξη, οδηγία es⟩ indicación, advertencia pl⟩ wskazówka, informacja ro⟩ indicaţie

hin|wei·sen ['hɪnvaezn] <weist hin, wies hin, hat hingewiesen> tr.+intr. V. auf etw. Akk. hinweisen el⟩ εφιστώ την προσοχή σε κάτι, υποδεικνύω κάτι es⟩ indicar/señalar algo pl⟩ wskazywać na coś, zwracać na coś uwagę ro⟩ a atrage atenţia asupra unui lucru, a sublinia ceva

hoch¹ [hoːx] Adj. <höher, am höchsten> *der/die/das hohe ...* el⟩ ψηλός/-ή/ -ό es⟩ alto/-a, elevado pl⟩ wysoki/-a/-e ro⟩ înalt/-ă, înălţime, ridicat, mare

hoch² [hoːx] Präp. el⟩ στην es⟩ elevado/-a ro⟩ pl⟩ do potęgi ro⟩ la puterea

Hoch·bau ['hoːxbao] der <–s, -ten> el⟩ κατασκευή κτηρίων, υπέργειες κατα-σκευές es⟩ construcción de edificios, edificación pl⟩ budownictwo nadziemne ro⟩ construcţie înaltă

Hoch·fre·quenz·schal·tung ['hoːxfrekvɛntsʃaltʊŋ] die <–, –en> el⟩ κύκλωμα υψηλών συχνοτήτων/ ραδιοσυχνοτήτων es⟩ conmutación de alta frecuencia pl⟩ układ wysokiej częstotliwości ro⟩ circuit de înaltă frecvenţă

hoch|la·den ['hoːxlaːdn] <lädt hoch, lud hoch, hat hochgeladen> tr. V. el⟩ ανεβάζω es⟩ cargar pl⟩ wyczytywać, przekazywać ro⟩ a încărca

hoch·rein [hoːx'raen] Adj. *kein Komp./Superl.* el⟩ υψηλής καθαρότητας es⟩ de alta pureza pl⟩ wysokiej czystości ro⟩ foarte pur

Hy·brid·an·trieb [hy'briːt|antriːp] der <–(e)s, –e> el⟩ υβριδική κίνηση es⟩ propulsión híbrida pl⟩ napęd hybridowy ro⟩ unitate de antrenare hibrid

I

Ide·al·wert [ideaːlveːɐ̯t] der <–(e)s, –e> el⟩ ιδανική τιμή es⟩ valor ideal pl⟩ wartość idealna ro⟩ valoare ideală

In·dus·trie [ɪndʊs'triː] die <–, –n> *meist Sing.* el⟩ βιομηχανία es⟩ industria pl⟩ przemysł ro⟩ industrie

in·dus·tri·ell [ɪndʊstri'ɛl] Adj. *kein Komp./Superl.* el⟩ βιομηχανικός/-ή/-ό es⟩ industrial pl⟩ przemysłowy/-a/-e ro⟩ industrial

in·ei·nan·der|grei·fen [ɪn|ae'nandegraefn] <greift ineinander, griff ineinan-der, hat ineinandergegriffen> intr. V. el⟩ εμπλέκομαι es⟩ engranar, enla-zar pl⟩ zazębiać się ro⟩ a se întrepătrunde

In·for·ma·ti·on [ɪnfɔ'maˈtsjoːn] die <–, –en> **1.** *meist Pl.* el⟩ πληροφορία, στοιχείο es⟩ información pl⟩ informacja ro⟩ informaţie **2.** *kein Pl.* el⟩ πλη-ροφορίες es⟩ información pl⟩ informacja ro⟩ informaţie

In·for·ma·ti·ons·tech·nik [ɪnfɔʁ'maˈtsi̯oːnsteçnɪk] die <-, –en> *meist Sing.* (el) τεχνολογία πληροφοριών (es) tecnología de la información (pl) technika informacyjna (ro) tehnica informaţiilor

In·for·ma·ti·ons·tech·no·lo·gie [ɪnfɔʁˈmaˈtsi̯oːnsteçnolo,giː] die <-, –n> (kurz IT) (el) τεχνολογία πληροφοριών (es) tecnología de la información (pl) technologia informacyjna (ro) tehnologia informaţională

In·for·ma·ti·ons·ver·ar·bei·tung [ɪnfɔʁˈmaˈtsi̯oːnsfɛlˌaˈbaɛtʊŋ] die <-, –en> (el) επεξεργασία πληροφοριών (es) tratamiento de la información (pl) przetwarzanie informacji (ro) prelucrarea informaţiilor

in·for·mie·ren [ɪnfɔʁˈmiːʁən] <informiert, informierte, hat informiert> (tr. V.) (el) ενημερώνω, πληροφορώ (es) informar (pl) informować (ro) a informa

In·fra·rot·über·tra·gung [ɪnfraˈroːtlyːbeˌtraːgʊŋ] die <-, –en> (el) υπέρυθρη μεταφορά (es) transmisión por infrarrojos (pl) transmisja za pomocą podczerwieni (ro) transmisia în infraroşu

In·fra·struk·tur ['ɪnfraʃtrʊkˌtuːɐ̯] die <-, –en> (el) υποδομή (es) infraestructura (pl) infrastruktura (ro) infrastructură

In·ge·ni·eur·wis·sen·schaft [ɪnʒeˈni̯øːɐ̯vɪsn̩ʃaft] die <-, –en> (el) επιστήμη του μηχανικού, μηχανοτεχνία (es) ingeniería (pl) nauka inżynieryjna (ro) ştiinţe inginereşti

in·no·va·tiv [ɪnovaˈtiːf] (Adj.) (el) καινοτόμος/-ος/-ο (es) innovador/-a (pl) inowacyjny/-a/-e, nowatorski/-a/-e (ro) inovativ/-ă

In·stal·la·ti·on [ɪnstalaˈtsi̯oːn] die <-, –en> *kein Pl.* (el) εγκατάσταση (es) instalación (pl) instalacja, instalowanie, zakładanie (ro) instalaţie

in·stal·lie·ren [ɪnstaˈliːʁən] <installiert, installierte, hat installiert> (tr. V.) (el) εγκαθιστώ (es) instalar (pl) instalować, zakładać, montować (ro) a instala

in·stand hal·ten [ɪnˈʃtanthaltn̩] <hält instand, hielt instand, hat instand gehalten> (tr. V.) (el) συντηρώ (es) mantener a punto (pl) utrzymywać w należytym stanie (ro) a întreţine

in·te·grie·ren [ɪnteˈgriːʁən] <integriert, integrierte, hat integriert> (tr. V.) (el) εντάσσω, ενσωματώνω (es) integrar (pl) integrować, wbudowywać (ro) a integra

In·tel·li·genz [ɪntɛliˈgɛnts] die <-, –en> (el) νοημοσύνη (es) inteligencia (pl) inteligencja (ro) inteligenţă künstliche Intelligenz (el) τεχνητή νοημοσύνη (es) inteligencia artificial (pl) sztuczna inteligencja (ro) inteligenţă artificială

in·ter·ak·tiv [ɪntɛlakˈtiːf] (Adj.) (el) διαδραστικός/-ή/-ό (es) interactivo/-a (pl) interaktywny/-a/-e (ro) interactiv/-ă

in·ter·dis·zi·pli·när [ˌɪntɛdɪstsipliˈnɛːɐ̯] (Adj.) *kein Komp./Superl.* (el) διατμηματικός/-ή/-ό (es) interdisciplinario/-a (pl) interdyscyplinarny/-a/-e (ro) interdisciplinar/-ă

in·tern [ɪnˈtɛˀn] (Adj.) *kein Komp./Superl.* (el) εσωτερικός/-ή/-ό (es) interno/-a (pl) wewnętrzny/-a/-e (ro) intern/-ă

In·ter·net·ver·bin·dung ['ɪntenɛtfebɪndʊŋ] die <–, –en> ⟨el⟩ σύνδεση διαδικτύου ⟨es⟩ conexión a internet ⟨pl⟩ połączenie z internetem ⟨ro⟩ conexiune la internet

IP-Adres·se [aeˈpiːlaˌdrɛsə] die <–, –n> *(Abk. von* Internet-Protocol-Adresse*)* ⟨el⟩ διεύθυνση IP ⟨es⟩ dirección IP ⟨pl⟩ adres IP ⟨ro⟩ adresa IP

Iso·lie·rung [izoˈliːrʊŋ] die <–, –en> ⟨el⟩ μόνωση ⟨es⟩ aislamiento ⟨pl⟩ izolacja ⟨ro⟩ izolaţie

IT-Si·cher·heit [aeˈtiːzɪçehaet] die <–> *kein Pl.* ⟨el⟩ ασφάλεια συστημάτων πληροφορικής ⟨es⟩ seguridad informática ⟨pl⟩ bezpieczeństwo komputerowe ⟨ro⟩ siguranţa IT

J

jus·tie·ren [jʊsˈtiːrən] <justiert, justierte, hat justiert> ⟨tr. V.⟩ ⟨el⟩ ρυθμίζω, ευθυγραμμίζω ⟨es⟩ ajustar ⟨pl⟩ nastawiać, regulować ⟨ro⟩ a ajusta

K

Ka·bel ['kaːbḷ] das <–s, –> ⟨el⟩ καλώδιο ⟨es⟩ cable ⟨pl⟩ kabel, lina (nośna) ⟨ro⟩ cablu

Ka·pa·zi·tät [kapatsiˈtɛːt] die <–, –en> **1.** ⟨el⟩ δυναμικότητα, ικανότητα, χωρητικότητα ⟨es⟩ capacidad ⟨pl⟩ wydajność, pojemność, wielkość ⟨ro⟩ capacitate, capacitatea **2.** ⟨el⟩ αυθεντία ⟨es⟩ experto ⟨pl⟩ ekspert ⟨ro⟩ autoritate, somitate

kauf·män·nisch ['kaofmɛnɪʃ] ⟨Adj.⟩ ⟨el⟩ εμπορικός/-ή/-ό ⟨es⟩ comercial, mercantil ⟨pl⟩ związany z handlem, kupiecki, po kupiecku ⟨ro⟩ comercial/-ă

Kenn·zeich·nung ['kɛntsaeçnʊŋ] die <–, –en> ⟨el⟩ σήμανση ⟨es⟩ marcado, identificación ⟨pl⟩ oznaczenie, oznakowanie ⟨ro⟩ marcare, etichetare

Ket·te ['kɛtə] die <–, –n> ⟨el⟩ αλυσίδα ⟨es⟩ cadena ⟨pl⟩ łańcuch, gąsienica ⟨ro⟩ lanţ

klein·schrit·tig ['klaenʃrɪtɪç] ⟨Adj.⟩ ⟨el⟩ αναλυτικός/-ή/-ό ⟨es⟩ detallado/-a ⟨pl⟩ drobiazgowy/-a/-e ⟨ro⟩ paşi mici

kli·ma·tisch [kliˈmaːtɪʃ] ⟨Adj.⟩ ⟨el⟩ κλιματικός/-ή/-ό ⟨es⟩ climático/-a ⟨pl⟩ klimatyczny/-a/-e ⟨ro⟩ climatic/-ă

Ko·die·rungs·tech·nik [koˈdiːrʊŋsteçnɪk] die <–, –en> ⟨el⟩ τεχνική κωδικοποίησης ⟨es⟩ sistema de codificación ⟨pl⟩ technika kodowania ⟨ro⟩ tehnica de codare

Kom·bi·na·ti·on [kɔmbinaˈtsjoːn] die <–, –en> **1.** ⟨el⟩ συνδυασμός ⟨es⟩ combinación ⟨pl⟩ kombinacja, połączenie ⟨ro⟩ combinaţie **2.** ⟨el⟩ συνδυασμός ⟨es⟩ combinación ⟨pl⟩ kombinacja (liczb) ⟨ro⟩ combinaţie

kom·mu·ni·ka·ti·ons·tech·nisch [kɔmunikaˈtsjoːnsteçnɪʃ] ⟨Adj.⟩ *kein Komp./ Superl.* ⟨el⟩ της τεχνολογίας των επικοινωνιών ⟨es⟩ relativo/-a a la tecnología de la comunicación ⟨pl⟩ z zakresu techniki komunikacyjnej ⟨ro⟩ tehno-comunicative

kom·pa·ti·bel [kɔmpa'tiːbl] Adj. *der/die/das kompatible ...* ⟨el⟩ συμβατός/ -ή/-ό ⟨es⟩ compatible ⟨pl⟩ kompatybilny/-a/-e ⟨ro⟩ compatibil/-ă

kom·plex [kɔm'plɛks] Adj. <komplexer, am komplexesten> ⟨el⟩ σύνθετος/ -η/-ο, μιγαδικός/-ή/-ό ⟨es⟩ complejo/-a ⟨pl⟩ kompleksowy/-a/-e, złożony/ -a/-e ⟨ro⟩ complex/-ă

Kom·po·nen·te [kɔmpo'nɛntə] die <−, −n> ⟨el⟩ συστατικό (μέρος/ στοιχείο) ⟨es⟩ componente ⟨pl⟩ komponent, element ⟨ro⟩ componentă

Kon·di·ti·on [kɔndi'tsjoːn] die <−, −en> **1.** *kein Pl.* ⟨el⟩ αντοχή ⟨es⟩ forma física ⟨pl⟩ kondycja ⟨ro⟩ condiție **2.** *meist Pl.* ⟨el⟩ όρος ⟨es⟩ condición ⟨pl⟩ warunki ⟨ro⟩ condiție

Kon·fe·renz·schal·tung [kɔnfe'rɛntsʃaltʊŋ] die <−, −en> ⟨el⟩ τηλεδιάσκεψη ⟨es⟩ multiconferencia ⟨pl⟩ telekonferencja ⟨ro⟩ funcția conferință

kon·fi·gu·rier·bar [kɔnfigu'riːɐ̯baːʳ] Adj. *kein Komp./Superl.* ⟨el⟩ με δυνατό- τητα διάρθρωσης/ ρύθμισης ⟨es⟩ configurable ⟨pl⟩ do skonfigurowania ⟨ro⟩ configurabil/-ă

kon·fi·gu·rie·ren [kɔnfigu'riːrən] <konfiguriert, konfigurierte, hat konfigu- riert> tr.V. **1.** ⟨el⟩ διαρθρώνω, ρυθμίζω ⟨es⟩ configurar ⟨pl⟩ konfigurować ⟨ro⟩ a configura **2.** ⟨el⟩ διαμορφώνω ⟨es⟩ configurar ⟨pl⟩ zestawiać, skła- dać ⟨ro⟩ a configura

kon·sis·tent [kɔnzɪs'tɛnt] Adj. <konsistenter, am konsistentesten> ⟨el⟩ συμπαγής/-ής/-ές, σταθερός/-ή/-ό ⟨es⟩ consistente ⟨pl⟩ spoisty/-a/-e, zbity/-a/-e, zwarty/-a/-e ⟨ro⟩ consistent/-ă

kon·stant [kɔn'stant] Adj. <konstanter, am konstantesten> ⟨el⟩ σταθερός/ -ή/-ό ⟨es⟩ constante ⟨pl⟩ stały/-a/-e, niezmienny/-a/-e ⟨ro⟩ constant/-ă

Kon·struk·ti·on [kɔnstrʊk'tsjoːn] die <−, −en> ⟨el⟩ κατασκευή, σχεδιασμός ⟨es⟩ construcción, diseño ⟨pl⟩ konstrukcja, konstruowanie, budowa, struk- tura ⟨ro⟩ construcție

kon·struk·tiv [kɔnstrʊk'tiːf] Adj. ⟨el⟩ εποικοδομητικός/-ή/-ό, κατασκευαστι- κός/-ή/-ό ⟨es⟩ constructivo/-a ⟨pl⟩ konstruktywny/-a/-e, budujący/-a/-e, twórczy/-a/-e ⟨ro⟩ constructiv

Kon·takt [kɔn'takt] der <−(e)s, −e> ⟨el⟩ επαφή, επικοινωνία ⟨es⟩ contacto ⟨pl⟩ kontakt, styk ⟨ro⟩ contact

Kon·trol·le [kɔn'trɔlə] die <−, −n> ⟨el⟩ έλεγχος ⟨es⟩ control ⟨pl⟩ kontrola, nad- zór ⟨ro⟩ control

kon·trol·lie·ren [kɔntrɔ'liːrən] <kontrolliert, kontrollierte, hat kontrolliert> tr.V. ⟨el⟩ ελέγχω ⟨es⟩ controlar, inspeccionar ⟨pl⟩ kontrolować, sprawdzać ⟨ro⟩ a controla

Kon·zept [kɔn'tsɛpt] das <−(e)s, −e> ⟨el⟩ σχέδιο ⟨es⟩ concepto ⟨pl⟩ plan ⟨ro⟩ concept

Ko·ope·ra·ti·on [ˌkoopera'tsjoːn] die <−, −en> ⟨el⟩ συνεργασία ⟨es⟩ coopera- ción ⟨pl⟩ kooperacja, współpraca ⟨ro⟩ cooperare

ko·ope·rie·ren [koope'riːrən] <kooperiert, kooperierte, hat kooperiert> intr.V. ⟨el⟩ συνεργάζομαι ⟨es⟩ cooperar ⟨pl⟩ kooperować ⟨ro⟩ a coopera

kor·rekt [kɔˈrɛkt] [Adj.] <korrekter, am korrektesten> (el) σωστός/-ή/-ό, ορθός/-ή/-ό (es) correcto/-a (pl) prawidłowy/-a/-e, poprawny/-a/-e (ro) corect/-ă

Kor·ro·si·on [kɔrоˈzi̯oːn] die <-, -en> (el) διάβρωση (es) corrosión (pl) korozja (ro) coroziune

Kos·ten [ˈkɔstn̩] die <-> *nur Pl.* (el) κόστος (es) costes, gastos (pl) koszty (ro) costuri

Kraft-Wär·me-Kopp·lung [kraftˈvɛˀməkɔplʊŋ] die <-, -en> *kurz KWK* (el) συμπαραγωγή ηλεκτρισμού και θερμότητας (es) cogeneración (pl) gospodarka energetyczna skojarzona (ro) generator de căldură şi energie

Kreis·dia·gramm [ˈkraesdiaˌgram] das <-s, -e> (el) κυκλικό διάγραμμα (es) gráfico circular (pl) wykres kołowy (ro) diagramă radială

Kri·te·ri·um [kriˈteːriʊm] das <-s, Kriterien> (el) κριτήριο (es) criterio (pl) kryterium (ro) criteriu

kri·tisch [ˈkriːtɪʃ] [Adj.] (el) κριτικός/-ή/-ό, επικριτικός/-ή/-ό, κρίσιμος,/-η/-ο (es) crítico/-a (pl) krytyczny/-a/-e, trudny/-a/-e, ciężki/-a/-e (ro) critic/-ă

künst·lich [ˈkʏnstlɪç] [Adj.] (el) τεχνητός/-ή/-ό, ψεύτικος/-η/-ο (es) artificial (pl) sztuczny/-a/-e (ro) artificial/-ă

Kunst·stoff [ˈkʊnstʃtɔf] der <-(e)s, -e> (el) πλαστικό (es) plástico (pl) tworzywo sztuczne (ro) material plastic

Kup·fer [ˈkʊpfe] das <-s> *kein Pl.* (el) χαλκός (es) cobre (pl) miedź (ro) cupru

Kupp·lungs·do·se [ˈkʊplʊŋsdoːzə] die <-n, -n> (el) υποδοχή ζεύξης (es) caja de acoplamiento (pl) gniazdo złącza (ro) priză de cuplare

Kur·ve [ˈkʊˀvə] die <-, -n> (el) στροφή (es) curva (pl) zakręt, krzywa (ro) curbă

Kur·ven·dia·gramm [ˈkʊˀvn̩diaˌgram] das <-s, -e> (el) διάγραμμα καμπύλης (es) gráfico de curvas (pl) wykres krzywych (ro) diagramă linie

kurz·fris·tig [ˈkʊˀtsfrɪstɪç] [Adj.] (el) βραχυπρόθεσμος/-η/-ο (es) repentino/-a, rápido/-a, a corto plazo (pl) nagły/-a/-e, od zaraz, krótkotrwały/-a/-e (ro) pe termen scurt

Kurz·schluss [ˈkʊˀtsʃlʊs] der <-ses, Kurzschlüsse> (el) βραχυκύκλωμα (es) cortocircuito (pl) zwarcie (ro) scurtcircuit

L

La·bor [laˈboːɐ̯] das <-s; -s, -e> *(Abk. von Laboratorium)* (el) εργαστήριο (es) laboratorio (pl) laboratorium (ro) laborator

La·ger [ˈlaːge] das <-s, -> **1.** (el) αποθήκη (es) almacén (pl) magazyn, skład (ro) depozit **2.** (el) έδρανο, κουζινέτο (es) cojinete (pl) łożysko (ro) rulment

La·ger·be·stand [ˈlaːgəbəʃtant] der <–(e)s, Lagerbestände> ⓔⓛ αποθέματα αποθήκης ⓔⓢ existencias de almacén ⓟⓛ stan magazynowy ⓡⓞ stocul depozitului

La·ge·rist [laːgəˈrɪst] der <–en, –en>, **La·ge·ris·tin** [laːgəˈrɪstɪn] die <–, –nen> ⓔⓛ αποθηκάριος ⓔⓢ almacenista ⓟⓛ magazynier ⓡⓞ magazioner/-ă

La·ger·or·ga·ni·sa·ti·on [ˈlaːgɐlʔɔrganizaˌtsjoːn] die <–, –en> ⓔⓛ οργάνωση αποθήκης ⓔⓢ organización del almacén ⓟⓛ organizacja magazynu ⓡⓞ organizarea magaziei

Land·schafts·ar·chi·tek·tur [ˈlantʃaftslaˈçitɛkˌtuːɐ̯] die <–, –en> ⓔⓛ αρχιτεκτονική τοπίου ⓔⓢ paisajismo ⓟⓛ architektura krajobrazu ⓡⓞ arhitectura peisajului

lang·fris·tig [ˈlaŋfrɪstɪç] Adj. ⓔⓛ μακροπρόθεσμος/-η/-ο ⓔⓢ a largo plazo ⓟⓛ długotrwały/-a/-e, długoterminowy/-a/-e ⓡⓞ pe termen lung

le·gie·ren [leˈgiːrən] <legiert, legierte, hat legiert> tr. V. ⓔⓛ συντήκω ⓔⓢ alear ⓟⓛ stapiać, wytwarzanie stopu ⓡⓞ a alia

leis·ten [ˈlaɪstn̩] <leistet, leistete, hat geleistet> tr.+intr. V. **1.** ⓔⓛ αποδίδω ⓔⓢ rendir ⓟⓛ dokonywać ⓡⓞ a face **2.** ⓔⓛ αποδίδω ⓔⓢ producir ⓟⓛ mieć moc ⓡⓞ a avea performanța

Leis·tung [ˈlaɪstʊŋ] die <–, –en> **1.** ⓔⓛ επίδοση, απόδοση ⓔⓢ rendimiento, mérito ⓟⓛ wynik, rezultat ⓡⓞ performanță **2.** ⓔⓛ απόδοση ⓔⓢ rendimiento, capacidad ⓟⓛ moc, wydajność ⓡⓞ performanță **3.** meist Pl. ⓔⓛ παροχές ⓔⓢ prestación ⓟⓛ świadczenia ⓡⓞ beneficii **4.** meist Pl. ⓔⓛ παροχές, υπηρεσίες ⓔⓢ servicio ⓟⓛ usługi ⓡⓞ servicii

leis·tungs·fä·hig [ˈlaɪstʊŋsfɛːɪç] Adj. ⓔⓛ αποδοτικός/-ή/-ό, αποτελεσματικός/-ή/-ό ⓔⓢ eficiente, potente, productivo/-a ⓟⓛ wydajny/-a/-e, produktywny/-a/-e ⓡⓞ puternic/-ă, eficient/-ă, performant/-ă

Lei·tung [ˈlaɪtʊŋ] die <–, –en> **1.** kein Pl. ⓔⓛ διεύθυνση ⓔⓢ dirección ⓟⓛ kierownictwo ⓡⓞ conducerea **2.** ⓔⓛ διεύθυνση, διοίκηση ⓔⓢ junta directiva ⓟⓛ zarząd ⓡⓞ de conducerea **3.** ⓔⓛ γραμμή ⓔⓢ línea ⓟⓛ linia ⓡⓞ linia **4.** ⓔⓛ αγωγός ⓔⓢ cable ⓟⓛ przewód ⓡⓞ instalație

lie·fern [ˈliːfɐn] <liefert, lieferte, hat geliefert> intr. V. ⓔⓛ προμηθεύω, παραδίδω ⓔⓢ suministrar, entregar ⓟⓛ dostarczać ⓡⓞ a livra

Lie·fer·schein [ˈliːfɐʃaɪn] der <–(e)s, –e> ⓔⓛ δελτίο παράδοσης ⓔⓢ albarán de entrega ⓟⓛ potwierdzenie odbioru dostawy ⓡⓞ notă de livrare

Lie·fe·rung [ˈliːfərʊŋ] die <–, –en> ⓔⓛ παράδοση, παραλαβή ⓔⓢ envío, entrega, suministro ⓟⓛ dostawa, dostarczanie ⓡⓞ livrare

li·ne·ar [lineˈaːʳ] Adj. ⓔⓛ γραμμικός/-ή/-ό ⓔⓢ lineal ⓟⓛ linearny/-a/-e, liniowy/-a/-e ⓡⓞ liniar/-ă

Li·ni·en·dia·gramm [ˈliːnjəndiaˌgram] das <–s, –e> ⓔⓛ γραμμικό διάγραμμα ⓔⓢ gráfico de líneas ⓟⓛ wykres liniowy ⓡⓞ diagramă de linie

lo·kal [loˈkaːl] Adj. kein Komp./Superl. ⓔⓛ τοπικός/-ή/-ό ⓔⓢ local ⓟⓛ lokalny/-a/-e ⓡⓞ local/-ă

Lö·sung ['løːzʊŋ] die <–, –en> (el) λύση, διάλυμα (es) solución (pl) rozwiązanie, roztwór (ro) soluție

M

Man·gel ['maŋl] der <–s, Mängel> **1.** *kein Pl.* (el) έλλειψη (es) falta, escasez
(pl) brak, niedobór (ro) lipsă **2.** *meist Pl.* (el) ελάττωμα (es) defecto
(pl) brak, defekt, wada (ro) deficiență

ma·nu·ell [manuˈɛl] (Adj.) *kein Komp./kein Superl.* (el) χειρωνακτικός/-ή/-ό,
χειροκίνητος/-η/-ο (es) manual (pl) manualny/-a/-e, ręczny/-a/-e
(ro) manual

Ma·schi·ne [maˈʃiːnə] die <–, –n> (el) μηχανή (es) máquina (pl) maszyna
(ro) mașină

Ma·schi·nen·bau [maˈʃiːnənbao̯] der <–s> *kein Pl.* (el) μηχανολογία
(es) construcción de máquinas, ingeniería mecánica (pl) budowa maszyn
(ro) construcții de mașini

Ma·schi·nen·nut·zungs·zeit [maˈʃiːnənnʊtsʊŋstsae̯t] die <–, –en> (el) διάρκεια ζωής μηχανής (es) vida útil de la máquina (pl) czas użytkowania
maszyny (ro) durata de funcționare a mașinii

Maß [maːs] das <–es, –e> (el) μονάδα μέτρησης, διαστάσεις (es) medida,
dimensión (pl) miara, wymiary (ro) unitate de măsură, dimensiune

Mas·siv·bau [maˈsiːfbao̯] der <–s, –ten> (el) συμπαγής κατασκευή (es) construcción maciza (pl) budowla masywna (ro) construcție masivă

Maß·nah·me ['maːsnaːmə] die <–, –n> (el) μέτρο (es) medida (pl) krok, środek (ro) măsură

maß·stabs·ge·recht ['maːsʃtaːbsɡərɛçt] (Adj.) <maßstabsgerechter, am maß-
stabsgerechtesten> *selten Komp./Superl.* (el) υπό κλίμακα (es) a escala
(pl) zgodny/-a/-e ze skalą (ro) la scară

Ma·te·ri·al [mateˈri̯aːl] das <–s, Materialien> (el) υλικό (es) material
(pl) materiał, tworzywo (ro) material

ma·the·ma·tisch [mateˈmaːtɪʃ] (Adj.) *kein Komp./Superl.* (el) μαθηματικός/
-ή/-ό (es) matemático (pl) matematyczny/-a/-e (ro) matematic

ma·xi·mal [maksiˈmaːl] (Adj.) *kein Komp./Superl.* (el) μέγιστος/-η/-ο
(es) máximo/-a (pl) maksymalny/-a/-e (ro) maxim/-ă

me·cha·nisch [meˈçaːnɪʃ] (Adj.) **1.** *kein Komp./Superl.* (el) μηχανικός/-ή/-ό
(es) mecánico/-a (pl) mechaniczny/-a/-e (ro) mecanic **2.** *selten Komp./
Superl.* (el) μηχανικός/-ή/-ό (es) mecánico/-a (pl) machinalny/-a/-e, auto-
matyczny/-a/-e (ro) mecanic

Me·cha·tro·nik [meçaˈtroːnɪk] die <–> *kein Pl.* (el) μηχανοηλεκτρονική, ηλεκτρονική μηχανική (es) mecatrónica (pl) mechatronika (ro) mecatronică

me·cha·tro·nisch [meçaˈtroːnɪʃ] (Adj.) *kein Komp./Superl* (el) μηχανοηλεκτρο-
νικός/-ή/-ό (es) mecatrónico/-a (pl) mechatroniczny/-a/-e (ro) mecatronică

Me·di·zin·tech·nik [medi'tsi:ntɛçnɪk] die <–> *kein Pl.* ⓔⓛ ιατρική τεχνολογία ⓔⓢ ingeniería biomédica ⓟⓛ technika medyczna ⓡⓞ tehnică medicală

mehr·di·men·si·o·nal ['me:ɐ̯dimɛnzi̯o̯,na:l] Ⓐⓓⓙ *kein Komp./Super.* ⓔⓛ πολυδιάστατος/-η/-ο ⓔⓢ multidimensional ⓟⓛ wielowymiarowy/-a/-e ⓡⓞ multidimensional/-ă

Mehr·kör·per·dy·na·mik ['me:ɐ̯kœ'pedy,na:mɪk] die <–> *kein Pl.* ⓔⓛ δυναμική πολλαπλών σωμάτων ⓔⓢ dinámica de sistemas multicuerpo ⓟⓛ dynamika układów wieloczłonowych ⓡⓞ dinamica multi-corp

Men·ge ['mɛŋə] die <–, –n> **1.** ⓔⓛ ποσότητα ⓔⓢ cantidad ⓟⓛ ilość ⓡⓞ cantitate **2.** ⓔⓛ σύνολο ⓔⓢ conjunto ⓟⓛ zbiór, mnogość ⓡⓞ mulțime

Me·nü·füh·rung [me'ny:fy:rʊŋ] die <–, –en> ⓔⓛ πλοήγηση στο μενού ⓔⓢ sistema de menú ⓟⓛ sterowanie menu ⓡⓞ structurat/-ă

Merk·mal ['mɛ'kma:l] das <–s, –e> ⓔⓛ χαρακτηριστικό, ιδιότητα ⓔⓢ rasgo, característica ⓟⓛ cecha, adres symboliczny, znak ⓡⓞ caracteristică

mess·bar ['mɛsba:'] Ⓐⓓⓙ *kein Komp./Superl.* ⓔⓛ μετρήσιμος/-η/-ο ⓔⓢ mensurable ⓟⓛ wymierny ⓡⓞ măsurabilă

Mes·sing ['mɛsɪŋ] das <–s, –e> *meist Sing.* ⓔⓛ ορείχαλκος ⓔⓢ latón ⓟⓛ mosiądz ⓡⓞ alamă

Mess·ins·tru·ment ['mɛsɪnstru,mɛnt] das <–(e)s, –e> ⓔⓛ εργαλείο μέτρησης ⓔⓢ instrumento de medición ⓟⓛ przyrząd pomiarowy ⓡⓞ instrument de măsurare

Mes·sung ['mɛsʊŋ] die <–, –en> ⓔⓛ μέτρηση ⓔⓢ medición ⓟⓛ pomiar ⓡⓞ măsurare

Me·tho·de [me'to:də] die <–, –n> ⓔⓛ μέθοδος ⓔⓢ método ⓟⓛ metoda ⓡⓞ metodă

mi·kro·elek·tro·me·cha·nisch ['mi:kro̯e,lɛktrome,ça:nɪʃ] Ⓐⓓⓙ *kein Komp./Superl.* ⓔⓛ μικροηλεκτρομηχανικός/-ή/-ό ⓔⓢ microelectromecánico/-a ⓟⓛ mikroelektromechaniczny/-a/-e ⓡⓞ microelectromecanică

Mi·kro·e·lek·tro·nik ['mi:kro̯elɛk,tro:nɪk] die <–, –en> ⓔⓛ μικροηλεκτρονική ⓔⓢ microelectrónica ⓟⓛ mikroelektronika ⓡⓞ microelectronică

mi·kro·tech·nisch ['mi:krotɛçnɪʃ] Ⓐⓓⓙ *kein Komp./Superl.* ⓔⓛ μικροτεχνολογικός/-ή/-ό ⓔⓢ microtécnico/-a ⓟⓛ mikroskopowy/-a/-e ⓡⓞ microtehnică

Min·dest·be·stand ['mɪndəstbəʃtant] der <–(e)s, Mindestbestände> ⓔⓛ ελάχιστο απόθεμα ⓔⓢ existencias mínimas ⓟⓛ stan minimalny ⓡⓞ stoc minim

min·des·tens ['mɪndəstn̩s] Ⓐⓓⓥ ⓔⓛ τουλάχιστον ⓔⓢ como mínimo, por lo menos ⓟⓛ przynajmniej, co najmniej ⓡⓞ cel puțin

Min·dest·vor·schrift ['mɪndəstfo:ɐ̯ʃrɪft] die <–, –en> ⓔⓛ ελάχιστος κανόνας ⓔⓢ norma mínima ⓟⓛ norma minimalna ⓡⓞ cerințe minime

Mi·schung [ˈmɪʃʊŋ] die <-, -en> **1.** (el) μείγμα (es) mezcla (pl) mieszanka (ro) cel puțin **2.** *meist Sing.* (el) συνδυασμός (es) mezcla (pl) mieszanina (ro) amestec

Mit·tei·lung [ˈmɪttaɛlʊŋ] die <-, -en> (el) μήνυμα, ειδοποίηση (es) comunicado (pl) wiadomość (ro) comunicare, raport

Mit·tel [ˈmɪtl] das <-s, -> **1.** (el) μέσο (es) medio (pl) środek, sposób (ro) mijloc **2.** *nur Pl.* (el) μέσα (es) fondos (pl) środki (ro) mijloc **3.** (el) μέσος όρος (es) media (pl) średnia (ro) medie

mit·tel·fris·tig [ˈmɪtlfrɪstɪç] (Adj.) *kein Komp./Superl.* (el) μεσοπρόθεσμος/-η/-ο (es) a medio plazo (pl) średnioterminowy/-a/-e (ro) pe termen mediu

Mo·bil·funk·tech·nik [moˈbiːlfʊŋktɛçnɪk] die <-, -en> (el) τεχνολογία κινητής τηλεφωνίας (es) telefonía móvil (pl) technologia komórkowa (ro) tehnologia comunicării mobile

mo·del·lie·ren [modɛˈliːrən] <modelliert, modellierte, hat modelliert> (tr. V.) (el) δημιουργώ/φτιάχνω μοντέλο, διαμορφώνω (es) modelar (pl) modelować (ro) a modela

mo·der·ni·sie·ren [modɛrniˈziːrən] (tr. V.) (el) εκσυγχρονίζω (es) modernizar (pl) modernizować (ro) a moderniza

Mon·ta·ge·do·se [mɔnˈtaːʒədoːzə] die <-, -n> (el) κουτί συναρμολόγησης (es) caja de montaje (pl) puszka montażowa (ro) doză de montaj

mon·tie·ren [mɔnˈtiːrən] <montiert, montierte, hat montiert> (tr. V.) **1.** (el) συναρμολογώ (es) montar (pl) montować (ro) a monta **2.** *etw. irgendwo(hin) montieren* (el) τοποθετώ, στερεώνω κάτι σε κάτι (es) montar algo en alguna parte (pl) montować/umocowywać coś gdzieś (ro) a monta ceva undeva

mul·ti·dis·zi·pli·när [ˌmʊltidɪstsipliˈnɛːɐ] (Adj.) *kein Komp./Superl.* (el) πολυεπιστημονικός/-ή/-ό, πολυκλαδικός/-ή/-ό (es) multidisciplinario/-a (pl) multidyscyplinarny/-a/-e (ro) multidisciplinar

N

nach|fül·len [ˈnaːxfʏlən] <füllt nach, füllte nach, hat nachgefüllt> (tr. V.) (el) συμπληρώνω (es) rellenar (pl) uzupełniać, dolewać (ro) a umple

nach·hal·tig [ˈnaːxhaltɪç] (Adj.) **1.** (el) διαρκής/-ής/-ές, μόνιμος/-η/-ο (es) persistente, duradero/-a (pl) długotrwały/-a/-e (ro) durabil/-ă, eficace **2.** (el) αειφόρος/-α/-ο (es) sostenible (pl) długookresowy/-a/-e, długofalowy/-a/-e (ro) durabil/-ă, eficaz

Nach·weis [ˈnaːxvaɛs] der <-es, -e> *ein Nachweis für etw./von etw., ein Nachweis ...* (Gen.) (el) απόδειξη, αποδεικτικό στοιχείο για κάτι (es) una prueba de algo (pl) dowód czegoś (ro) dovada pentru/pentru a dovedi ceva

Na·no·en·gi·nee·ring [ˈnaːnoʲɛndʒɪˌniːrɪŋ] das <–s, –s> (el) νανομηχανική (es) nanoingeniería (pl) nanoinżynieria (ro) nanoinginerie

Na·no·par·ti·kel [ˈnaːnopaɐˈtiːkl̩, ˈ– – –ˌtɪkl̩] das die <–s, –> (el) νανοσωματίδιο (es) nanopartícula (pl) nanocząsteczka (ro) nanoparticulă

Na·no·tech·no·lo·gie [ˈnaːnotɛçnoloˌgiː] die <–, –n> (el) νανοτεχνολογία (es) nanotecnología (pl) nanotechnologia (ro) nanotehnologie

ne·ga·tiv [ˈneːgatiːf] (Adj.) (el) αρνητικός/-ή/-ό (es) negativo/-a (pl) odmowny/-a/-e, negatywny/-a/-e, ujemny/-a/-e (ro) negativ/-ă

Netz·kom·po·nen·te [ˈnɛtskɔmpoˌnɛntə] die <–, –n> (el) στοιχείο δικτύου (es) elemento de la red (pl) element sieci (komputerowej) (ro) componentă de rețea

Netz·span·nung [ˈnɛtsʃpanʊŋ] die <–, –en> (el) τάση δικτύου (es) tensión de la red (pl) napięcie (ro) tensiunea de rețea

Netz·teil [ˈnɛtstaɛl] → Steckernetzteil

Netz·werk [ˈnɛtsvɛˈk] das <–(e)s, –e> **1.** (el) δίκτυο (es) red (pl) sieć (ro) rețea **2.** (el) δίκτυο (es) red (pl) sieć (ro) rețea **3.** (el) δίκτυο (es) red (pl) sieć kontaktów (ro) rețea

Netz·werk·an·schluss [ˈnɛtsvɛˈklanʃlʊs] der <–ses, Netzwerkanschlüsse> (el) σύνδεση δικτύου (es) conexión de red (pl) połączenie z siecią (ro) conexiune la rețea

Netz·werk·seg·ment [ˈnɛtsvɛˈkzɛˌgmɛnt] das <–(e)s, –e> (el) τμήμα δικτύου (es) segmento de red (pl) segment sieci (ro) segment de rețea

neu·ar·tig [ˈnɔɡlaːˈtɪç] (Adj.) (el) νέου είδους, καινούριος/-α/-ο (es) nuevo/-a, moderno/-a (pl) nowatorski/-a/-e, nowy/-a/-e (ro) componentă de rețea

Neu·bau [ˈnɔɡbaʊ] der <–s, –ten> **1.** kein Pl. (el) ανέγερση (es) nueva construcción (pl) budowa (ro) construcție nouă **2.** (el) νεόκτιστο κτίριο (es) edificio nuevo (pl) nowe budownictwo (ro) construcție nouă

nicht·ros·tend [ˈnɪçtrɔstn̩t] (Adj.) kein Komp./Superl. (el) ανοξείδωτος/-η/-ο (es) inoxidable (pl) nierdzewny/-a/-e (ro) inoxidabil/-ă

nied·rig [ˈniːdrɪç] (Adj.) (el) χαμηλός/-ή/-ό (es) bajo/-a (pl) niski/-a/-e (ro) scăzut/-ă

Ni·sche [ˈniːʃə] die <–, –n> (el) κόγχη, εσοχή, οικοθέση (es) nicho, hueco, enclave (pl) nisza, wnęka, siedlisko (ro) nișă

Nor·mung [ˈnɔˈmʊŋ] die <–, –en> (el) τυποποίηση (es) normalización (pl) normalizacja (ro) normare

no·tie·ren [noˈtiːrən] <notiert, notierte, hat notiert> (tr. V.) (sich (Dat.)) etw. notieren (el) σημειώνω κάτι (es) anotar(se) algo (pl) notować sobie coś (ro) a-și nota ceva

not·wen·dig [ˈnoːtvɛndɪç] (Adj.) (el) αναγκαίος/-α/-ο (es) necesario/-a (pl) potrzebny/-a/-e, konieczny/-a/-e (ro) necesar/-ă

No·vum [ˈnoːvʊm] das <–s, Nova> (el) καινοτομία, το καινούριο (es) innovación, novedad (pl) novum, nowość (ro) noutate

nu·me·risch [nu'meːrɪʃ] Adj. *kein Komp./Superl.* **1.** el αριθμητικός/-ή/-ό es numérico/-a pl liczebny/-a/-e, ilościowy/-a/-e ro numeric/-ă **2.** el αριθμητικός/-ή/-ό es numérico/-a pl numeryczny/-a/-e, liczbowy/-a/-e ro numeric/-ă **3.** el αριθμητικός/-ή/-ό es numérico/-a pl numeryczny/-a/-e ro numeric/-ă

nut·zen ['nʊtsn̩] <nutzt, nutzte, hat genutzt> intr. V. el χρησιμεύω, ωφελώ es servir pl przydać się ro a folosi **1.** el επωφελούμαι, εκμεταλλεύομαι es aprovechar pl korzystać ro a folosi **2.** el χρησιμοποιώ es explotar pl wykorzystywać ro a utiliza

nut·zer·ori·en·tiert ['nʊtsɐ|orjɛn,tiːɐ̯t] Adj. *kein Komp./Superl.* el προσανατολισμένος/-η/-ο προς τον χρήστη es orientado/-a al usuario pl użytkowy/-a/-e ro orientat către utilizator

nütz·lich ['nʏtslɪç] Adj. el χρήσιμος/-η/-ο es útil pl pożyteczny/-a/-e, przydatny/-a/-e ro util/-ă

O

ober·halb ['oːbɐhalp] Präp. **1.** Gen. el πάνω από es por encima pl powyżej ro deasupra **2.** *adverbiell* Dat. oberhalb von el πάνω από es por encima de pl ponad ro deasupra, mai sus de

ob·jekt·ori·en·tiert [ɔp'jɛkt|orjɛn,tiːɐ̯t] Adj. *kein Komp./Superl.* el αντικειμενοστρεφής/-ής/-ές es orientado-a al objeto pl obiektowy/-a/-e, zorientowany/-a/-e obiektowo ro orientat/-ă către obiect

of·fen ['ɔfn̩] Adj. *kein Komp./Superl.* **1.** el ανοικτός/-ή/-ό es abierto/-a pl otwarty/-a/-e ro deschis/-ă **2.** el ανοικτός/-ή/-ό es pendiente pl nieuregulowany/-a/-e, niezapłacony/-a/-e ro restant/-ă **3.** el κενός/-ή/-ό es vacante pl wolny/-a/-e ro liber/-ă

öko·no·misch [øko'noːmɪʃ] Adj. el οικονομικός/-ή/-ό es económico/-a pl wydajny/-a/-e ro economic/-ă

op·ti·mie·ren [ɔptiˈmiːrən] tr. V. <optimiert, optimierte, hat optimiert> el βελτιστοποιώ es optimizar pl optymalizować ro a optimiza

op·tisch ['ɔptɪʃ] Adj. *kein Komp./Superl., nur vor Nomen* el οπτικός/-ή/-ό es óptico/-a, visual pl optyczny/-a/-e ro optic/-ă

Op·to·elek·tro·nik ['ɔptolelɛk,troːnɪk] die <-> *kein Pl.* el οπτοηλεκτρονική es optoelectrónica pl optoelektronika ro optoelectronică

Ord·ner ['ɔ'dnɐ] der <-s, -> **1.** el φάκελος es archivador pl segregator ro dosar **2.** el φάκελος es carpeta pl folder ro director, directoare

ord·nungs·ge·mäß ['ɔ'dnʊŋsɡəmɛːs] Adj. *kein Komp./Superl.* el κανονικός/-ή/-ό, ορθός/-ή/-ό es reglamentario/-a, debido/-a pl przepisowy/-a/-e, należyty/-a/-e ro regulamentar/-ă

Or·ga·ni·gramm [ɔ'ɡaniˈɡram] das <-s, -e> el οργανόγραμμα es organigrama pl schemat organizacyjny ro organigrama

Or·ga·ni·sa·ti·ons·struk·tur [ˌɔrɡanizaˈtsi̯oːnsʃtrʊkˌtuːɐ̯] die <–, –en>
⟨el⟩ οργανωτική δομή ⟨es⟩ estructura organizativa ⟨pl⟩ struktura organiza-
cyjna ⟨ro⟩ structura de organizare

or·ga·ni·sie·ren [ɔrɡaniˈziːrən] <organisiert, organisierte, hat organisiert>
⟨tr. V.⟩ ⟨el⟩ οργανώνω ⟨es⟩ organizar ⟨pl⟩ organizować ⟨ro⟩ a organiza

P

pa·ral·lel [paraˈleːl] ⟨Adj.⟩ *kein Komp./Superl.* ⟨el⟩ παράλληλος/-η/-ο ⟨es⟩ para-
lelo/-a ⟨pl⟩ równoległy/-a/-e, jednoczesny/-a/-e ⟨ro⟩ paralel/-ă

Pa·ra·me·ter [paˈraːmete] der <–s, –> ⟨el⟩ παράμετρος ⟨es⟩ parámetro
⟨pl⟩ parametr ⟨ro⟩ parametru

pas·sen [ˈpasn̩] <passt, passte, hat gepasst> ⟨intr. V.⟩ ⟨el⟩ χωράω, ταιριάζω
⟨es⟩ caber, entrar ⟨pl⟩ pasować ⟨ro⟩ a se potrivi

pas·sie·ren [paˈsiːrən] <passiert, passierte, hat/ist passiert> ⟨intr. V.⟩ +*sein*
⟨el⟩ συμβαίνει ⟨es⟩ pasar, suceder ⟨pl⟩ wydarzać się, zdarzać się ⟨ro⟩ a se
întâmpla ⟨tr. V.⟩ +*haben* ⟨el⟩ περνώ ⟨es⟩ pasar ⟨pl⟩ przekraczać, przejeżdżać
⟨ro⟩ a străbate

Per·so·nal·bü·ro [pɛʁzoˈnaːlbyˌroː] das <–s, –s> ⟨el⟩ γραφείο προσωπικού
⟨es⟩ oficina de personal ⟨pl⟩ kadry ⟨ro⟩ birou personal

Per·spek·ti·ve [pɛʁspɛkˈtiːvə] die <–, –n> **1.** ⟨el⟩ οπτική γωνία ⟨es⟩ perspectiva ⟨pl⟩ perspektywa ⟨ro⟩ perspectivă **2.** ⟨el⟩ προοπτική ⟨es⟩ perspectiva
⟨pl⟩ perspektywa, widok ⟨ro⟩ perspectivă **3.** aus ... Perspektive ⟨el⟩ από ...
σκοπιά ⟨es⟩ desde la perspectiva/el punto de vista... ⟨pl⟩ z ... perspektywy,
z ... punktu widzenia ⟨ro⟩ din ... perspectiva

Pho·to·vol·ta·ik [fotovɔlˈtaːɪk] → Fotovoltaik

phy·si·ka·lisch [fyziˈkaːlɪʃ] ⟨Adj.⟩ *kein Komp./Superl.* ⟨el⟩ φυσικός/-ή/-ό
⟨es⟩ físico/-a ⟨pl⟩ fizykalny/-a/-e, fizyczny/-a/-e ⟨ro⟩ fizic

pla·nen [ˈplaːnən] <plant, plante, hat geplant> ⟨tr. V.⟩ **1.** ⟨el⟩ σχεδιάζω
⟨es⟩ diseñar, proyectar ⟨pl⟩ planować ⟨ro⟩ a planifica **2.** ⟨el⟩ σχεδιάζω
⟨es⟩ planear, planificar ⟨pl⟩ planować ⟨ro⟩ a planifica

Pla·nungs·bü·ro [ˈplaːnʊŋsbyˌroː] das <–s, –s> ⟨el⟩ μελετητικό γραφείο
⟨es⟩ oficina de planificación ⟨pl⟩ biuro planowania ⟨ro⟩ birou de planificare

platz·spa·rend [ˈplatsʃpaːrənt] ⟨Adj.⟩ ⟨el⟩ με εξοικονόμηση χώρου ⟨es⟩ que
ocupa poco espacio ⟨pl⟩ ekonomiczny/-a/-e, nie wymagający/-a/-e dużo
miejsca ⟨ro⟩ cu economisire de spațiu

po·si·tiv [ˈpoːzitiːf] ⟨Adj.⟩ ⟨el⟩ θετικός/-ή/-ό ⟨es⟩ positivo/-a ⟨pl⟩ pozytywny/
-a/-e, dodatni/-a/-e ⟨ro⟩ pozitiv/-ă

Prä·fe·renz [prɛfeˈrɛnts] die <–, –en> ⟨el⟩ προτίμηση ⟨es⟩ preferencia ⟨pl⟩ pre-
ferencja ⟨ro⟩ preferință

Prak·ti·kum [ˈpraktikʊm] das <–s, Praktika> ⟨el⟩ πρακτική ⟨es⟩ prácticas
⟨pl⟩ praktyka, staż ⟨ro⟩ practică

prak·tisch ['praktɪʃ] Adj. el⟩ πρακτικός/-ή/-ό es⟩ práctico/-a pl⟩ prak-
tyczny/-a/-e, w praktyce ro⟩ practic

pra·xis·ori·en·tiert ['praksɪsˌlorjɛnˌtiːɐ̯t] Adj. <praxisorientierter, am praxis-
orientiertesten> el⟩ προσανατολισμένος/-η/-ο στην πράξη es⟩ orien-
tado/-a a la práctica pl⟩ praktyczny/-a/-e, przeznaczony/-a/-e do zastosowania w praktyce ro⟩ orientat către practică

Pri·mär·strom [pri'mɛːɐ̯ʃtroːm] der <-s> kein Pl. el⟩ πρωτεύον ρεύμα
es⟩ corriente primaria pl⟩ prąd pierwotny, prąd po stronie pierwotnej
ro⟩ curent primar

Pro·dukt [pro'dʊkt] das <-(e)s, -e> el⟩ προϊόν, γινόμενο es⟩ producto
pl⟩ produkt ro⟩ produs

Pro·duk·ti·on [prodʊk'tsi̯oːn] die <-, -en> el⟩ παραγωγή es⟩ producción
pl⟩ produkcja, wytwarzanie ro⟩ producție

Pro·duk·ti·ons·be·din·gung [prodʊk'tsi̯oːnsbədɪŋʊŋ] die <-, -en> meist Pl.
el⟩ συνθήκη παραγωγής es⟩ condición de producción pl⟩ warunki produkcji ro⟩ condiție de producție

pro·duk·tiv [prodʊk'tiːf] Adj. el⟩ παραγωγικός/-ή/-ό es⟩ productivo/-a
pl⟩ produktywny/-a/-e ro⟩ productiv/-ă

Pro·dukt·norm [pro'dʊktnɔʁm] die <-, -en> el⟩ πρότυπο προϊόντος
es⟩ norma de producto pl⟩ norma produkcyjna ro⟩ normă de produs

Pro·dukt·pa·let·te [pro'dʊktpaˌlɛtə] die <-, -n> el⟩ φάσμα προϊόντων
es⟩ gama de productos pl⟩ paleta produktów ro⟩ paleta de produse

pro·du·zie·ren [produ'tsiːrən] <produziert, produzierte, hat produziert>
tr.+intr. V. el⟩ παράγω es⟩ producir pl⟩ produkować ro⟩ a produce

Pro·fil [pro'fiːl] das <-s, -e> el⟩ προφίλ, διατομή es⟩ perfil pl⟩ profil, bież-
nik ro⟩ profil

Pro·gno·se [pro'gnoːzə] die <-, -n> el⟩ πρόγνωση es⟩ pronóstico pl⟩ prognoza, rokowanie ro⟩ prognoză

pro·gram·mie·ren [progra'miːrən] <programmiert, programmierte, hat pro-
grammiert> tr.+intr. V. el⟩ προγραμματίζω es⟩ programar pl⟩ programo-
wać ro⟩ a programa

Pro·gram·mier·spra·che [progra'miːɐ̯ʃpraːxə] die <-, -n> el⟩ γλώσσα προ-
γραμματισμού es⟩ lenguaje de programación pl⟩ język programowania
ro⟩ limbaj de programare

pro·jekt·be·zo·gen [pro'jɛktbətsoːgn̩] Adj. kein Komp./Superl. el⟩ σχετι-
κός/-ή/-ό με το έργο es⟩ relacionado/-a con el proyecto pl⟩ zoriento-
wany/-a/-e na projekcie ro⟩ legat de proiect

Pro·jek·tie·rung [projɛk'tiːrʊŋ] die <-, -en> el⟩ μελέτη έργου es⟩ planificación pl⟩ projektowanie ro⟩ proiectare

Pro·to·koll [proto'kɔl] das <-s, -e> el⟩ πρακτικά, πρωτόκολλο es⟩ acta, pro-
tocolo pl⟩ protokół, sprawozdanie ro⟩ proces verbal

Pro·zent [proˈtsɛnt] *das* <–(e)s, –e> *mit Zahlen: Pl. Prozent* **1.** ⟨el⟩ ποσοστό επί τοις εκατό ⟨es⟩ tanto por ciento ⟨pl⟩ procent ⟨ro⟩ procent **2.** *nur Pl.* ⟨el⟩ έκπτωση ⟨es⟩ rebaja ⟨pl⟩ zniżka, procenty ⟨ro⟩ procent
Pro·zess [proˈtsɛs] *der* <–es, –e> ⟨el⟩ διαδικασία, δίκη ⟨es⟩ proceso ⟨pl⟩ proces ⟨ro⟩ proces
Pro·zes·sor [proˈtsɛsoːɐ̯] *der* <–s, –en> ⟨el⟩ επεξεργαστής ⟨es⟩ procesador ⟨pl⟩ procesor ⟨ro⟩ procesor
Prüf·bar·keit [ˈpryːfbaːˈkae̯t] *die* <–, –en> ⟨el⟩ δυνατότητα ελέγχου/ δοκιμής ⟨es⟩ comprobabilidad ⟨pl⟩ możliwość weryfikacji ⟨ro⟩ posibilitatea de verificare
Prüf·be·richt [ˈpryːfbərɪçt] *der* <–(e)s, –e> ⟨el⟩ έκθεση ελέγχου/ δοκιμής ⟨es⟩ informe de la prueba ⟨pl⟩ protokół kontrolny ⟨ro⟩ raport de verificare
prü·fen [ˈpryːfn̩] <prüft, prüfte, hat geprüft> ⟨tr. V.⟩ ⟨el⟩ ελέγχω, εξετάζω ⟨es⟩ comprobar, verificar, examinar ⟨pl⟩ kontrolować, sprawdzać, testować ⟨ro⟩ a verifica
Prü·fung [ˈpryːfʊŋ] *die* <–, –en> ⟨el⟩ εξέταση ⟨es⟩ examen, control ⟨pl⟩ egzamin, kontrola ⟨ro⟩ verificare
Punkt [pʊŋkt] *der* <–(e)s, –e> ⟨el⟩ τελεία, σημείο, πόντος ⟨es⟩ punto ⟨pl⟩ kropka, miejsce ⟨ro⟩ punct, loc

Q

Qua·li·tät [kvaliˈtɛːt] *die* <–, –en> ⟨el⟩ ποιότητα, προσόν ⟨es⟩ calidad, cualidad ⟨pl⟩ jakość, plusy ⟨ro⟩ calitate
Qua·li·täts·an·for·de·rung [kvaliˈtɛːtsˌanfɔˈdərʊŋ] *die* <–, –en> ⟨el⟩ απαίτηση ποιότητας ⟨es⟩ requisito de calidad ⟨pl⟩ wymagania jakościowe ⟨ro⟩ cerințe de calitate
Quell·code [ˈkvɛlkoːt] *der* <–s, –s> ⟨el⟩ κώδικας πηγής ⟨es⟩ código fuente ⟨pl⟩ kod źródłowy ⟨ro⟩ cod sursă
Quel·le [ˈkvɛlə] *die* <–, –n> ⟨el⟩ πηγή ⟨es⟩ fuente, manantial, origen ⟨pl⟩ źródło ⟨ro⟩ izvor, sursă

R

Rad [raːt] *das* <–(e)s, Räder> **1.** ⟨el⟩ τροχός ⟨es⟩ rueda ⟨pl⟩ koło ⟨ro⟩ roată **2.** *(Abk. von Fahrrad)* ⟨el⟩ ποδήλατο ⟨es⟩ bicicleta ⟨pl⟩ rower ⟨ro⟩ roată
Rah·men·be·din·gung [ˈraːmənbədɪŋʊŋ] *die* <–, –en> ⟨el⟩ πλαίσιο, συνθήκες ⟨es⟩ marco ⟨pl⟩ warunek ramowy ⟨ro⟩ condiții cadru
re·cher·chie·ren [reʃɛˈʃiːrən] <recherchiert, recherchierte, hat recherchiert> ⟨tr.+intr. V.⟩ ⟨el⟩ ερευνώ ⟨es⟩ investigar ⟨pl⟩ zbierać materiały, prowadzić dochodzenie ⟨ro⟩ a cerceta
Rech·ner [ˈrɛçnɐ] *der* <–s, –> ⟨el⟩ υπολογιστής ⟨es⟩ ordenador ⟨pl⟩ komputer ⟨ro⟩ calculator

Rech·ner·ar·chi·tek·tur [ˈrɛçnɐlaˈçitɛk͜tuːɐ̯] die <–, –en> ⓔ αρχιτεκτονική υπολογιστή ⓔⓢ arquitectura de computadoras ⓟⓛ architektura komputera ⓡⓞ arhitectura calculatorului

re·du·zie·ren [reduˈtsiːrən] <reduziert, reduzierte, hat reduziert> ⓣⓡ.ⓥ.
1. ⓔ μειώνω ⓔⓢ reducir ⓟⓛ redukować, zmniejszać, ograniczać ⓡⓞ a reduce **2.** ⓔ μειώνω την τιμή ⓔⓢ rebajar ⓟⓛ obniżać ⓡⓞ a reduce

Re·fe·renz [refeˈrɛnts, refəˈ–] die <–, –en> ⓔ σύσταση ⓔⓢ referencia ⓟⓛ referencja, świadectwo ⓡⓞ referinţă

re·gel·mä·ßig [ˈreːɡlmɛːsɪç] Adj. **1.** ⓔ τακτικός/-ή/-ό ⓔⓢ regular, periódico/-a ⓟⓛ regularny/-a/-e ⓡⓞ regulat/-ă **2.** ⓔ ομοιόμορφος/-η/-ο ⓔⓢ ordenado/-a, simétrico/-a ⓟⓛ regularny/-a/-e, kształtny/-a/-e, symetryczny/-a/-e ⓡⓞ regulat/-ă

Re·gel [ˈreːɡl] die <–, –n> **1.** ⓔ κανόνας ⓔⓢ regla ⓟⓛ reguła, przepis ⓡⓞ regulă **2.** kein Pl. ⓔ κανόνας ⓔⓢ norma ⓟⓛ zasada ⓡⓞ regulă

re·geln [ˈreːɡln] <regelt, regelte, hat geregelt> ⓣⓡ.ⓥ. ⓔ ρυθμίζω, τακτοποιώ, διευθετώ ⓔⓢ regular ⓟⓛ ustalać, normować, regulować ⓡⓞ a regla

re·ge·lungs·tech·nisch [ˈreːɡəlʊŋstɛçnɪʃ] Adj. kein Komp./Superl. ⓔ σχετικός/-ή/-ό με ρύθμιση ⓔⓢ relativo/-a a la técnica de regulación ⓟⓛ odnośnie regulacji ⓡⓞ inginerie de control

Re·gel·werk [ˈreːɡlvɛˈk] das <–(e)s, –e> ⓔ κώδικας ⓔⓢ código ⓟⓛ zbiór przepisów/reguł ⓡⓞ un ansamblu de reguli şi reglementări

re·ge·ne·ra·tiv [ˌreɡeneraˈtiːf] Adj. kein Komp./Superl. ⓔ ανανεώσιμος/-η/-ο ⓔⓢ regenerativo/-a ⓟⓛ podlegający/-a/-e regeneracji, regeneracyjny/-a/-e ⓡⓞ regenerativ/-ă

re·gis·trie·ren [reɡɪsˈtriːrən] <registriert, registrierte, hat registriert> ⓣⓡ.ⓥ.
1. ⓔ καταγράφω, καταχωρώ ⓔⓢ registrar ⓟⓛ rejestrować ⓡⓞ a înregistra **2.** ⓔ καταγράφω ⓔⓢ constatar ⓟⓛ zauważać, rejestrować ⓡⓞ a observa

Rei·hen·schal·tung [ˈraeənʃaltʊŋ] die <–, –en> ⓔ σύνδεση σε σειρά ⓔⓢ conexión en serie ⓟⓛ połączenie szeregowe ⓡⓞ circuit serie

re·la·tiv [relaˈtiːf, ˈreːlatiːf] Adj. kein Komp./Superl. ⓔ σχετικός/-ή/-ό ⓔⓢ relativo/-a ⓟⓛ względny/-a/-e ⓡⓞ relativ/-ă

Re·pa·ra·tur [reparaˈtuːɐ̯] die <–, –en> ⓔ επισκευή ⓔⓢ reparación ⓟⓛ naprawa ⓡⓞ reparaţie

re·pa·rie·ren [repaˈriːrən] <repariert, reparierte, hat repariert> ⓣⓡ.ⓥ. ⓔ επισκευάζω ⓔⓢ reparar ⓟⓛ naprawiać ⓡⓞ a repara

re·vo·lu·ti·o·nie·ren [ˌrevolutsi̯oˈniːrən] <revolutioniert, revolutionierte, hat revolutioniert> ⓣⓡ.ⓥ. ⓔ ανατρέπω, φέρνω την επανάσταση ⓔⓢ revolucionar ⓟⓛ rewolucjonizować ⓡⓞ a revoluţiona

Richt·li·nie [ˈrɪçtliːni̯ə] die <–, –n> ⓔ οδηγία ⓔⓢ directiva ⓟⓛ dyrektywa, zarządzenie ⓡⓞ directiva

Ri·si·ko [ˈriːzikoː] das <–s, Risiken> ⓔ κίνδυνος ⓔⓢ riesgo ⓟⓛ ryzyko ⓡⓞ risc

ris·kie·ren [rɪsˈkiːrən] <riskiert, riskierte, hat riskiert> ⟨tr.V.⟩ ⟨el⟩ ρισκάρω, δια-κινδυνεύω ⟨es⟩ arriesgar ⟨pl⟩ ryzykować ⟨ro⟩ a risca

Ro·bo·ter·sys·tem [ˈrɔbɔtɐʏsˌteːm] das <–s, –e> ⟨el⟩ σύστημα ρομπότ ⟨es⟩ sistema robótico ⟨pl⟩ system robotowy ⟨ro⟩ sistem robotizat

Ro·bo·tik [roˈbɔtɪk] die <–> kein Pl. ⟨el⟩ ρομποτική ⟨es⟩ robótica ⟨pl⟩ robotyka ⟨ro⟩ robotică

ro·bust [roˈbʊst] ⟨Adj.⟩ <robuster, am robustesten> ⟨el⟩ γερός/-ή/-ό, ανθεκτι-κός/-ή/-ό ⟨es⟩ robusto/-a ⟨pl⟩ wytrzymały/-a/-e ⟨ro⟩ robus/-ăt

Roh·ma·te·ri·al [ˈroːmateˌrjaːl] das <–s, Rohmaterialien> ⟨el⟩ πρώτη ύλη ⟨es⟩ materia prima ⟨pl⟩ surowiec ⟨ro⟩ material brut

Rou·ter [ˈruːtɐ] der <–s, –> ⟨el⟩ ρούτερ ⟨es⟩ enrutador ⟨pl⟩ router ⟨ro⟩ ruter

S

Säu·len·dia·gramm [ˈzɔɪləndiaˌgram] das <–s, –e> ⟨el⟩ ραβδωτό διάγραμμα ⟨es⟩ gráfico de barras ⟨pl⟩ wykres kolumnowy, histogram ⟨ro⟩ diagramă coloană

Scha·dens·fall [ˈʃaːdn̩sfal] der <–(e)s, Schadensfälle> ⟨el⟩ περίπτωση ζημίας ⟨es⟩ siniestro ⟨pl⟩ przypadek szkody ⟨ro⟩ în caz de avarie, în caz de daună

Schad·stoff [ˈʃaːtʃtɔf] der <–(e)s, –e> ⟨el⟩ βλαβερή/ ρυπαντική ουσία ⟨es⟩ sustancia nociva ⟨pl⟩ szkodliwa substancja ⟨ro⟩ substanțe nocive

schal·ten [ˈʃaltn̩] <schaltet, schaltete, hat geschaltet> ⟨tr.V.⟩ etw. auf etw. ⟨Akk.⟩ schalten ⟨el⟩ ρυθμίζω κάτι σε κάτι ⟨es⟩ conectar/poner algo en algo ⟨pl⟩ przełączać coś na coś ⟨ro⟩ a comuta ceva pe ceva ⟨intr.V.⟩ ⟨el⟩ αλλάζω ταχύτητα ⟨es⟩ cambiar de marcha ⟨pl⟩ włączać ⟨ro⟩ a comuta

Schal·ter [ˈʃaltɐ] der <–s, –> ⟨el⟩ διακόπτης ⟨es⟩ interruptor ⟨pl⟩ wyłącznik ⟨ro⟩ întrerupător, comutator

Schalt·netz [ˈʃaltnɛts] das <–es, –e> ⟨el⟩ συνδυαστικό κύκλωμα ⟨es⟩ circuito combinatorio ⟨pl⟩ sieć połączeń ⟨ro⟩ rețea de circuite

Schalt·plan [ˈʃaltplaːn] der <–(e)s, Schaltpläne> ⟨el⟩ διάγραμμα συνδεσμολο-γίας ⟨es⟩ esquema de conexiones ⟨pl⟩ schemat połączeń ⟨ro⟩ schemă de conexiuni

schät·zen [ˈʃɛtsn̩] <schätzt, schätzte, hat geschätzt> ⟨tr.V.⟩ ⟨el⟩ εκτιμώ ⟨es⟩ calcular, tasar ⟨pl⟩ sądzić, uważać, szacować ⟨ro⟩ a estima

Schiffs·tech·nik [ˈʃɪfsteçnɪk] die <–> kein Pl. ⟨el⟩ τεχνολογία πλοίων ⟨es⟩ ingeniería naval ⟨pl⟩ technika okrętowa ⟨ro⟩ inginerie marină

schlie·ßen [ˈʃliːsn̩] <schließt, schloss, hat geschlossen> ⟨tr.+intr.V.⟩ **1.** ⟨el⟩ κλείνω ⟨es⟩ cerrar ⟨pl⟩ zamykać ⟨ro⟩ a închide **2.** etw. aus etw. schließen ⟨el⟩ συμπεραίνω κάτι από κάτι ⟨es⟩ deducir algo de algo ⟨pl⟩ wnioskować coś z czegoś ⟨ro⟩ a concluziona ceva din ceva

schmie·ren [ˈʃmiːrən] <schmierte, schmierte, hat geschmiert> ⟨tr.V.⟩ **1.** ⟨el⟩ αλείφω, λιπαίνω ⟨es⟩ untar, lubricar ⟨pl⟩ smarować ⟨ro⟩ a unge

2. (el) λαδώνω, δωροδοκώ (es) sobornar (pl) smarować, przekupywać (ro) a mitui

schnei·den [ˈʃnaɛdn̩] <schneidet, schnitt, hat geschnitten> (tr. V.) **1.** (el) κόβω (es) cortar (pl) ciąć (ro) a tăia **2.** (el) τέμνω (es) cortar, cruzar (pl) przecinać (ro) intersecta

Schnitt·stel·le [ˈʃnɪtʃtɛlə] die <–, –n> **1.** (el) σημείο διεπαφής (es) intersección (pl) styk (ro) intersecţie **2.** (el) διεπαφή, διασύνδεση (es) interfaz (pl) interfejs (ro) interfaţă

Schrau·ben·dre·her [ˈʃraobm̩dreːɐ] **Schrau·ben·zie·her** [ˈʃraobm̩tsiːɐ] der <–s, –> (el) κατσαβίδι (es) destornillador (pl) śrubokręt (ro) şurubelniţă

Schutz [ʃʊts] der <–es> *kein Pl.* (el) προστασία (es) protección (pl) ochrona (ro) protecţie

Schutz·aus·rüs·tung [ˈʃʊtslaosrystʊŋ] die <–, –en> (el) εξοπλισμός προστασίας (es) equipo protector (pl) ubranie ochronne (ro) echipament de protecţie

Schutz·bril·le [ˈʃʊtsbrɪlə] die <–, –n> (el) προστατευτικά γυαλιά (es) gafas protectoras (pl) okulary ochronne (ro) ochelari de protecţie

Schutz·lei·ter·kon·takt [ˈʃʊtslaetɛkɔnˌtakt] der <–(e)s, –e> (el) επαφή γείωσης ασφαλείας (es) contacto de protección (pl) przewód uziemiający, uziemienie (ro) contact de protecţie

schwei·ßen [ˈʃvaesn̩] <schweißt, schweißte, hat geschweißt> (tr. V.) (el) συγκολλώ (es) soldar (pl) spawać (ro) a suda

Schwel·len·wert [ˈʃvɛlənveːɐt] der <–(e)s, –e> (el) κατώτατο όριο (es) valor umbral (pl) wartość progowa, próg czułości (ro) prag

schwen·ken [ˈʃvɛŋkn̩] <schwenkt, schwenkte, hat geschwenkt> (tr. V.) (el) στρέφω (es) girar (pl) obracać, kręcić (ro) a roti, a bascula

sen·ken [ˈzɛŋkn̩] <senkt, senkte, hat gesenkt> (tr. V.) **1.** (el) κατεβάζω, χαμηλώνω (es) bajar (pl) opuszczać (ro) a coborâ **2.** (el) κατεβάζω, μειώνω (es) reducir (pl) obniżać (ro) a reduce (ref. V.) **1.** sich senken (el) υποχωρώ, βουλιάζω (es) hundirse (pl) obniżać się (ro) a se scufunda **2.** sich senken (el) μειώνομαι (es) bajar, reducirse (pl) spadać, obniżać się (ro) a se reduce

Sen·sor·netz·werk [ˈzɛnzoːɐnɛtsveːɐk] das <–(e)s, –e> (el) δίκτυο αισθητήρων (es) red de sensores (pl) sieć czujników (ro) reţea de senzori

si·cher [ˈzɪçɐ] (Adj.) **1.** (el) ασφαλής/-ής/-ές (es) seguro/-a (pl) bezpieczny/-a/-e (ro) sigur/-ă **2.** (el) σίγουρος/-η/-ο (es) fiable (pl) pewny/-a/-e (ro) sigur/-ă

Si·cher·heit [ˈzɪçɐhaet] die <–> *kein Pl.* **1.** (el) ασφάλεια (es) seguridad (pl) bezpieczeństwo (ro) siguranţa **2.** (el) σιγουριά (es) seguridad, certeza (pl) pewność (ro) siguranţă

Si·cher·heits·an·for·de·rung [ˈzɪçəhaetslˌanfɔˈdərʊŋ] die <–, –en> ⒺⓁ απαί-τηση ασφαλείας Ⓔ︎Ⓢ requisito de seguridad Ⓟ︎Ⓛ wymagania odnośnie bez-pieczeństwa Ⓡ︎Ⓞ cerinţe de siguranţă

si·cher·heits·tech·nisch [ˈzɪçəhaetsteçnɪʃ] Ⓐ︎ⓓ︎ⓙ︎ *kein Komp./Superl.* ⒺⓁ με τεχνική ασφάλεια Ⓔ︎Ⓢ referente a la seguridad técnica Ⓟ︎Ⓛ dotyczący/-a/-e techniki bezpieczeństwa Ⓡ︎Ⓞ de siguranţă

si·chern [ˈzɪçɐn] <sichert, sicherte, hat gesichert> Ⓣ︎ⓡ︎.Ⓥ︎. **1.** ⒺⓁ (εξ)ασφαλίζω Ⓔ︎Ⓢ asegurar, garantizar Ⓟ︎Ⓛ chronić, ochraniać, zabezpieczać Ⓡ︎Ⓞ a asi-gura **2.** ⒺⓁ αποθηκεύω Ⓔ︎Ⓢ guardar Ⓟ︎Ⓛ zabezpieczać Ⓡ︎Ⓞ a salva

Si·che·rung [ˈzɪçərʊŋ] die <–, –en> **1.** *kein Pl.* ⒺⓁ εξασφάλιση, αποθήκευση Ⓔ︎Ⓢ protección Ⓟ︎Ⓛ zabezpieczenie Ⓡ︎Ⓞ siguranţă **2.** ⒺⓁ διάταξη ασφα-λείας Ⓔ︎Ⓢ seguro Ⓟ︎Ⓛ zabezpieczenie Ⓡ︎Ⓞ siguranţă **3.** ⒺⓁ ασφάλεια Ⓔ︎Ⓢ fusible Ⓟ︎Ⓛ bezpiecznik Ⓡ︎Ⓞ siguranţă

Sig·nal [zɪˈgnaːl] das <–s, –e> ⒺⓁ σήμα Ⓔ︎Ⓢ señal Ⓟ︎Ⓛ sygnał Ⓡ︎Ⓞ semnal

Sig·na·tur [zɪgnaˈtuːɐ̯] die <–, –en> ⒺⓁ υπογραφή Ⓔ︎Ⓢ firma Ⓟ︎Ⓛ sygnatura Ⓡ︎Ⓞ semnătură

Si·mu·la·ti·on [zimulaˈtsi̯oːn] die <–, –en> ⒺⓁ προσομοίωση Ⓔ︎Ⓢ simulación Ⓟ︎Ⓛ symulacja Ⓡ︎Ⓞ simulare

si·mu·lie·ren [zimuˈliːrən] <simuliert, simulierte, hat simuliert> Ⓣ︎ⓡ︎.+ⓘ︎ⓝ︎ⓣ︎ⓡ︎.Ⓥ︎. ⒺⓁ προσομοιώνω Ⓔ︎Ⓢ simular Ⓟ︎Ⓛ symulować Ⓡ︎Ⓞ a simula

Skiz·ze [ˈskɪtsə] die <–, –n> ⒺⓁ σκίτσο, σχέδιο Ⓔ︎Ⓢ boceto, croquis Ⓟ︎Ⓛ szkic Ⓡ︎Ⓞ schiţă

Soft·ware·ent·wick·lung [ˈsɔftvɛːɐ̯ɛntvɪklʊŋ] die <–, –en> ⒺⓁ ανάπτυξη λογισμικού Ⓔ︎Ⓢ desarrollo de software Ⓟ︎Ⓛ opracowywanie oprogramowa-nia Ⓡ︎Ⓞ dezvoltarea de software

So·lar·ther·mik [zoˈlaːˈtɛˈmɪk] die <–, –en> ⒺⓁ ηλιοθερμία Ⓔ︎Ⓢ energía tér-mica solar Ⓟ︎Ⓛ technologia słoneczna Ⓡ︎Ⓞ energia termică cu instalaţii solare

Sor·ti·ment [zɔˈtiˈmɛnt] das <–(e)s, –e> ⒺⓁ ποικιλία, γκάμα Ⓔ︎Ⓢ surtido Ⓟ︎Ⓛ asortyment Ⓡ︎Ⓞ sortiment

Span·nungs·frei·heit [ˈʃpanʊŋsfraehaet] die <–> *kein Pl.* ⒺⓁ χωρίς τάση Ⓔ︎Ⓢ ausencia de tensión Ⓟ︎Ⓛ brak napięcia Ⓡ︎Ⓞ lipsa tensiunii

span·nungs·füh·rend [ˈʃpanʊŋsfyːrənt] Ⓐ︎ⓓ︎ⓙ︎ *kein Komp./Superl.* ⒺⓁ υπό τάση Ⓔ︎Ⓢ bajo tensión Ⓟ︎Ⓛ pod napięciem Ⓡ︎Ⓞ conducătoare de electrici-tate

Span·nungs·quel·le [ˈʃpanʊŋskvɛlə] die <–, –n> ⒺⓁ πηγή τάσης Ⓔ︎Ⓢ fuente de alimentación eléctrica Ⓟ︎Ⓛ źródło napięcia Ⓡ︎Ⓞ sursă de tensiune

spa·ren [ˈʃpaːrən] <spart, sparte, hat gespart> Ⓣ︎ⓡ︎.Ⓥ︎. ⒺⓁ εξοικονομώ Ⓔ︎Ⓢ aho-rrar Ⓟ︎Ⓛ oszczędzać Ⓡ︎Ⓞ a economisi

Spei·cher [ˈʃpaeçɐ] der <–s, –> **1.** ⒺⓁ αποθήκη, δεξαμενή Ⓔ︎Ⓢ almacén, depósito Ⓟ︎Ⓛ magazyn, skład Ⓡ︎Ⓞ depozit **2.** ⒺⓁ μνήμη Ⓔ︎Ⓢ memoria Ⓟ︎Ⓛ pamięć Ⓡ︎Ⓞ memorie

spei·cher·pro·gram·miert [ˈʃpaeçəprograˌmiːɐt] Adj. *kein Komp./Superl.* el〉 προγραμματισμένος/-η/-ο es〉 lógico/-a programable pl〉 zaprogra-
mowany/-a/-e ro〉 programate de memorie

spe·zi·a·li·sie·ren [ʃpetsjaliˈziːrən] <spezialisiert sich, spezialisierte sich, hat
sich spezialisiert> ref. V.〉 sich spezialisieren el〉 εξειδικεύομαι es〉 especia-
lizarse pl〉 specjalizować się ro〉 a se specializa

spe·zi·ell [ʃpeˈtsjɛl] Adj. el〉 ειδικός/-ή/-ό es〉 especial pl〉 szczególny/
-a/-e, specjalny/-a/-e ro〉 special/-ă

Spe·zi·fi·ka·ti·on [ˌʃpetsifikaˈtsjoːn] die <–, –en> el〉 προδιαγραφή es〉 especificación pl〉 specyfikacja ro〉 specificaţie

spe·zi·fisch [ʃpeˈtsiːfɪʃ] Adj. **1.** el〉 ειδικός/-ή/-ό es〉 específico/-a
pl〉 typowy/-a/-e, swoisty/-a/-e ro〉 specific/-ă **2.** el〉 ειδικός/-ή/-ό
es〉 específico/-a pl〉 specyficzny/-a/-e ro〉 specific/-ă

sprach·tech·no·lo·gisch [ˈʃpraːxtɛçnoˌloːgɪʃ] Adj. *kein Komp./Superl.* el〉 με
γλωσσική τεχνολογία es〉 tecnológico/-a lingüístico/-a pl〉 dotyczący/
-a/-e technologii językowych ro〉 tehnologia de prelucrare a limbii

sprö·de [ˈʃprøːdə] Adj. <spröder, am sprödesten> el〉 εύθραυστος/-η/-ο,
χωρίς ελαστικότητα es〉 frágil, quebradizo/-a pl〉 kruchy/-a/-e, łamliwy/
-a/-e ro〉 fragil/-ă

sta·bil [ʃtaˈbiːl] Adj. el〉 ανθεκτικός/-ή/-ό, γερός/-ή/-ό es〉 estable pl〉 sta-
bilny/-a/-e, solidny/-a/-e, stały/-a/-e ro〉 stabil/-ă

Sta·bi·li·tät [ʃtabiliˈtɛːt] die <–> *kein Pl.* el〉 σταθερότητα es〉 estabilidad
pl〉 stabilność ro〉 stabilitate

Sta·di·um [ˈʃtaːdjʊm] das <–s, Stadien> el〉 στάδιο es〉 estadio, etapa
pl〉 stadium, etap ro〉 stadiu

Stahl·guss [ˈʃtaːlgʊs] der <–ses> *kein Pl.* el〉 χυτοχάλυβας es〉 acero colado
pl〉 staliwo ro〉 oţel turnat

Stan·dard·ein·stel·lung [ˈʃtandaʁtˈlaɛnʃtɛlʊŋ] die <–, –en> el〉 προκαθορι-
σμένη ρύθμιση es〉 configuración predeterminada pl〉 ustawienie standar-
dowe/fabryczne ro〉 setare standard

Stand·ort [ˈʃtantˈlɔʁt] der <–(e)s, –e> el〉 τοποθεσία, θέση es〉 sitio, lugar
pl〉 lokalizacja ro〉 locaţie

star·ten [ˈʃtaʁtn̩] <startet, startete, ist/hat gestartet> intr. V.〉 +*sein* **1.** el〉 απο-
γειώνομαι es〉 despegar pl〉 startować ro〉 a porni **2.** el〉 αρχίζω, ξεκινώ
es〉 empezar pl〉 startować, zaczynać się ro〉 a porni tr. V.〉 +*haben*
el〉 εκκινώ, ενεργοποιώ es〉 iniciar, poner en marcha pl〉 ruszać, startować ro〉 a porni

Sta·tik [ˈʃtaːtɪk] die <–, –en> el〉 στατική es〉 estática pl〉 statyka, statycz-
ność ro〉 statica

Sta·ti·on [ʃtaˈtsjoːn] die <–, –en> el〉 σταθμός es〉 estación pl〉 stacja
ro〉 staţie

sta·tisch [ˈʃtaːtɪʃ] Adj. el〉 στατικός/-ή/-ό es〉 estático/-a pl〉 statyczny/
-a/-e ro〉 static/-ă

Sta·tis·tik [ʃtaˈtɪstɪk] die <–, –en> ⟨el⟩ στατιστική ⟨es⟩ estadística ⟨pl⟩ statystyka ⟨ro⟩ statistica

Ste·cker [ˈʃtɛkɐ] der <–s, –> ⟨el⟩ φις, βύσμα ⟨es⟩ enchufe ⟨pl⟩ wtyczka ⟨ro⟩ fișa

Ste·cker·netz·teil [ˈʃtɛkɐnɛtstaɛl] das <–(e)s, –e> ⟨el⟩ βύσμα τροφοδοτικού ⟨es⟩ fuente de alimentación ⟨pl⟩ zasilacz wtyczkowy ⟨ro⟩ adaptor de alimentare

steu·ern [ˈʃtɔɐøn] <steuert, steuerte, hat gesteuert> ⟨tr. V.⟩ **1.** ⟨el⟩ κυβερνώ, οδηγώ ⟨es⟩ conducir, pilotar ⟨pl⟩ kierować, sterować ⟨ro⟩ a comanda **2.** ⟨el⟩ ελέγχω, χειρίζομαι ⟨es⟩ controlar ⟨pl⟩ sterować ⟨ro⟩ a comanda

Steu·e·rung [ˈʃtɔɐøʊŋ] die <–, –en> **1.** ⟨el⟩ έλεγχος, χειρισμός ⟨es⟩ control ⟨pl⟩ sterowanie ⟨ro⟩ sistem de comandă **2.** ⟨el⟩ σύστημα ελέγχου/ χειρισμού ⟨es⟩ mando ⟨pl⟩ urządzenie sterownicze ⟨ro⟩ sistem de comandă

Stör·fall [ˈʃtøːˈlanfal] der <–s, Störfälle> ⟨el⟩ περίπτωση βλάβης ⟨es⟩ incidente ⟨pl⟩ awaria ⟨ro⟩ defecțiune

Stö·rung [ˈʃtøːrʊŋ] die <–, –en> **1.** ⟨el⟩ διαταραχή, ενόχληση ⟨es⟩ alteración ⟨pl⟩ naruszenie, zakłócenie ⟨ro⟩ perturbare **2.** ⟨el⟩ παράσιτα ⟨es⟩ perturbación ⟨pl⟩ zakłócenia ⟨ro⟩ perturbare **3.** ⟨el⟩ βλάβη ⟨es⟩ avería ⟨pl⟩ uszkodzenie, awaria ⟨ro⟩ defecțiune

Stra·pa·zier·fä·hig·keit [ʃtrapaˈtsiːɐ̯fɛːɪçkaɛt] die <–, –en> ⟨el⟩ ανθεκτικότητα ⟨es⟩ resistencia ⟨pl⟩ wytrzymałość ⟨ro⟩ rezistența la oboseală

Stra·ßen·bau [ˈʃtraːsn̩baɔ] der <–(e)s, -ten> ⟨el⟩ οδοποιία ⟨es⟩ construcción de carreteras ⟨pl⟩ budowa dróg ⟨ro⟩ construcția de șosele

Strom [ʃtroːm] der <–(e)s, Ströme> **1.** ⟨el⟩ ηλεκτρικό ρεύμα ⟨es⟩ corriente ⟨pl⟩ prąd ⟨ro⟩ curent **2.** ⟨el⟩ ποταμός ⟨es⟩ río ⟨pl⟩ prąd, nurt ⟨ro⟩ curent

Strom·aus·fall [ˈʃtroːmlaɔsfal] der <–(e)s, Stromausfälle> ⟨el⟩ διακοπή ρεύματος ⟨es⟩ apagón, corte de luz ⟨pl⟩ przerwa w dostawie prądu ⟨ro⟩ întreruperea tensiunii

Strom·er·zeu·gung [ˈʃtroːmlɛtsɔɐ̯ɡʊŋ] die <–, –en> ⟨el⟩ παραγωγή ρεύματος ⟨es⟩ generación de electricidad ⟨pl⟩ wytwarzanie prądu ⟨ro⟩ generare de curent

Strom·kreis [ˈʃtroːmkraɛs] der <–es, –e> ⟨el⟩ ηλεκτρικό κύκλωμα ⟨es⟩ circuito eléctrico ⟨pl⟩ obwód elektryczny ⟨ro⟩ circuit

Strö·mungs·ge·schwin·dig·keit [ˈʃtrøːmʊŋsɡəʃvɪndɪçkaɛt] die <–, –en> ⟨el⟩ ταχύτητα ροής ⟨es⟩ velocidad del flujo ⟨pl⟩ prędkość przepływu ⟨ro⟩ viteza de curgere

Strom·un·ter·bre·chung [ˈʃtroːmlʊntɐˌbrɛçʊŋ] die <–, –en> ⟨el⟩ διακοπή ρεύματος ⟨es⟩ interrupción de la corriente ⟨pl⟩ zanik prądu ⟨ro⟩ întrerupere de curent

Struk·tur [ʃtrʊkˈtuːɐ̯] die <–, –en> ⟨el⟩ δομή, διάρθρωση ⟨es⟩ estructura ⟨pl⟩ struktura ⟨ro⟩ structură

struk·tu·rell [ʃtrʊktuˈrɛl] ⟨Adj.⟩ ⟨el⟩ δομικός/-ή/-ό, διαρθρωτικός/-ή/-ό ⟨es⟩ estructural ⟨pl⟩ strukturalny/-a/-e ⟨ro⟩ structura/-ăl

Stück·kos·ten ['ʃtʏkkɔstn̩] die <–> *nur Pl.* ⒠ κόστος ανά μονάδα ⒠s costes por unidad ⒫ koszty za sztukę ⒭ costuri unitare

Stück·zahl ['ʃtʏktsaːl] die <–, –en> ⒠ αριθμός τεμαχίων ⒠s número de piezas ⒫ ilość sztuk ⒭ număr de bucăți

Sub·stanz [zʊp'stants] die <–, –en> ⒠ ουσία ⒠s sustancia ⒫ substancja ⒭ substanță

syn·the·tisch [zʏn'teːtɪʃ] Adj. *kein Komp./Superl.* ⒠ συνθετικός/-ή/-ό ⒠s sintético/-a ⒫ syntetyczny/-a/-e ⒭ sintetic/-ă

Sys·tem [zʏs'teːm] das <–s, –e> ⒠ σύστημα ⒠s sistema ⒫ system ⒭ sistem

sys·te·ma·tisch [zʏste'maːtɪʃ] Adj. ⒠ συστηματικός/-ή/-ό ⒠s sistemático/-a ⒫ systematyczny/-a/-e ⒭ sistematic/-ă

T

Ta·bel·le [ta'bɛlə] die <–, –n> ⒠ πίνακας ⒠s tabla ⒫ tabela ⒭ tabel

Tas·ten·feld ['tastn̩fɛlt] das <–(e)s, –er> ⒠ πληκτρολόγιο ⒠s teclado ⒫ klawiatura ⒭ câmp de taste

Tech·nik ['tɛçnɪk] die <–, –en> *kein Pl.* ⒠ τεχνολογία, τεχνική ⒠s tecnología, técnica ⒫ technika ⒭ tehnică

tech·nisch ['tɛçnɪʃ] Adj. *kein Komp./Superl.* ⒠ τεχνικός/-ή/-ό ⒠s tecnológico/-a, técnico/-a ⒫ techniczny/-a/-e ⒭ tehnic/-ă

Tech·no·lo·gie [tɛçnolo'giː] die <–, –n> ⒠ τεχνολογία ⒠s tecnología ⒫ technologia ⒭ tehnologie

tech·no·lo·gisch [tɛçno'loːgɪʃ] Adj. *kein Komp./Superl.* ⒠ τεχνολογικός/ -ή/-ό ⒠s tecnológico/-a ⒫ technologiczny/-a/-e ⒭ tehnologic

Teil¹ [taɪl] der <–(e)s, –e> ⒠ μέρος ⒠s parte ⒫ część ⒭ parte

Teil² [taɪl] das <–(e)s, –e> ⒠ εξάρτημα ⒠s pieza ⒫ część ⒭ piesă, componentă

Test·an·la·ge ['tɛstlanlaːgə] die <–, –n> ⒠ εγκατάσταση δοκιμών ⒠s instalación para realizar pruebas ⒫ aparatura testowa ⒭ instalație de testare

test·ba·siert ['tɛstba,ziːɐt] Adj. *kein Komp./Superl.* ⒠ βάσει δοκιμών ⒠s basado/-a en las pruebas ⒫ oparty/-a/-e na testach ⒭ bazat pe test

tes·ten ['tɛstn̩] <testet, testete, hat getestet> tr.V. ⒠ δοκιμάζω, ελέγχω ⒠s probar ⒫ testować ⒭ a testa

the·o·re·tisch [teo're:tɪʃ] Adj. *kein Komp./Superl.* ⒠ θεωρητικός/-ή/-ό ⒠s teórico/-a ⒫ teoretyczny/-a/-e ⒭ teoretic/-ă

ther·misch ['tɛrmɪʃ] Adj. *kein Komp./Superl.* ⒠ θερμικός/-ή/-ό ⒠s térmico/-a ⒫ termiczny/-a/-e, cieplny/-a/-e ⒭ termic/-ă

Ther·mo·plast [tɛrmo'plast] der <–(e)s, –e> ⒠ θερμοπλαστικό υλικό ⒠s termoplástico ⒫ termoplast ⒭ termoplastice

Tief·bau ['tiːfbao̯] der <−(e)s, −ten> ⓔ⟩ έργα υποδομής, υπόγειες κατα-
σκευές ⓔs⟩ ingeniería civil ⓟl⟩ budownictwo podziemne ⓡo⟩ construcţii
subterane

Tran·sis·tor [tranˈzɪstoːɐ̯] der <−s, −en> ⓔ⟩ τρανζίστορ ⓔs⟩ transistor
ⓟl⟩ tranzystor ⓡo⟩ tranzistor

tren·nen ['trɛnən] <trennt, trennte, hat getrennt> ⓣr.V. ⓔ⟩ χωρίζω, διαχωρίζω ⓔs⟩ separar ⓟl⟩ dzielić ⓡo⟩ a separa

Tun·nel·bau ['tʊnlbao̯] der <−s> kein Pl. ⓔ⟩ κατασκευή σηράγγων ⓔs⟩ construcción de túneles ⓟl⟩ budowa tunelu ⓡo⟩ construcţia de tunele

U

über·ge·ord·net ['yːbɐɡəˌʔɔrdnət] Adj. kein Komp./Superl. **1.** ⓔ⟩ ανώτερος/
-η/-ο, πρωταρχικός/-ή/-ό ⓔs⟩ de mayor importancia, superior ⓟl⟩ nadr-
zędny/-a/-e, zwierzchni/-a/-e ⓡo⟩ supraordonat/-ă **2.** ⓔ⟩ ανώτερος/
-η/-ο ⓔs⟩ principal ⓟl⟩ nadrzędny/-a/-e ⓡo⟩ supraordona/-ăt

über·prü·fen [yːbeˈpryːfn̩] <überprüft, überprüfte, hat überprüft> ⓣr.V.
ⓔ⟩ ελέγχω ⓔs⟩ comprobar ⓟl⟩ sprawdzać, kontrolować ⓡo⟩ a examina

über·schrei·ben [yːbeˈʃraɛ̯bm̩] <überschreibt, überschrieb, hat überschrie-
ben> ⓣr.V. ⓔ⟩ αντικαθιστώ ⓔs⟩ sobrescribir ⓟl⟩ zastępować ⓡo⟩ a
suprascrie

über·schrei·ten [yːbeˈʃraɛ̯tn̩] <überschreitet, überschritt, hat überschritten>
ⓣr.V. ⓔ⟩ ξεπερνώ ⓔs⟩ sobrepasar, exceder, abusar ⓟl⟩ przekraczać ⓡo⟩ a
depăşi

über·tra·gen [yːbeˈtraːɡn̩] <überträgt, übertrug, hat übertragen> ⓣr.V.
1. ⓔ⟩ μεταδίδω ⓔs⟩ transmitir ⓟl⟩ transmitować ⓡo⟩ a transmite
2. ⓔ⟩ αντιγράφω, μεταφέρω ⓔs⟩ transcribir ⓟl⟩ przekładać ⓡo⟩ a
transcrie **3.** ⓔ⟩ μεταδίδω ⓔs⟩ transmitir ⓟl⟩ przekładać ⓡo⟩ a transmite
4. ⓔ⟩ αναθέτω ⓔs⟩ ceder, transferir ⓟl⟩ przekazywać ⓡo⟩ a transfera

über·wa·chen [yːbeˈvaxn̩] <überwacht, überwachte, hat überwacht> ⓣr.V.
ⓔ⟩ επιτηρώ, παρακολουθώ ⓔs⟩ vigilar, supervisar ⓟl⟩ pilnować, nadzoro-
wać, czuwać ⓡo⟩ a supraveghea

um|bau·en ['ʊmbao̯ən] <baut um, baute um, hat umgebaut> ⓣr.V. ⓔ⟩ ανα-
μορφώνω ⓔs⟩ transformar, reformar ⓟl⟩ przebudowywać ⓡo⟩ a reconstrui ⓘntr.V. ⓔ⟩ ανακατασκευάζω ⓔs⟩ hacer reformas ⓟl⟩ przebudowywać, robić remont ⓡo⟩ a reconstrui

Um·satz ['ʊmzats] der <−es, Umsätze> ⓔ⟩ κύκλος εργασιών ⓔs⟩ volumen
de ventas ⓟl⟩ obrót ⓡo⟩ cifra de afaceri

um|set·zen ['ʊmzɛtsn̩] <setzt um, setzte um, hat umgesetzt> ⓣr.V.
1. ⓔ⟩ αλλάζω θέση ⓔs⟩ cambiar de sitio ⓟl⟩ przemieszczać, przesuwać
ⓡo⟩ a muta **2.** etw. in etw. Akk. umsetzen ⓔ⟩ μετατρέπω κάτι σε κάτι
ⓔs⟩ transformar algo en algo ⓟl⟩ przekształcać coś w coś ⓡo⟩ a trans-

forma ceva în altceva **3.** (el) κάνω τζίρο (es) vender, despachar (pl) zarabiać (ro) a vinde

Um·welt·ge·stal·tung ['ʊmvɛltɡəʃtaltʊŋ] die <–, –en> (el) περιβαλλοντικός σχεδιασμός (es) impacto ambiental (pl) kształtowanie środowiska (ro) proiectare mediu

Um·welt·tech·nik ['ʊmvɛltteçnɪk] die <–, –en> (el) τεχνολογία περιβάλλοντος (es) tecnología medioambiental (pl) technologia ochrony środowiska (ro) Ingineria mediului

un·ge·sät·tigt ['ʊngəzɛtɪçt] Adj. kein Komp./Superl (el) ακόρεστος/-η/-ο (es) no saturado/-a (pl) nienasycony/-a/-e (ro) nesaturat/-ă

un·sach·ge·mäß ['ʊnzaxɡəmɛːs] Adj. <unsachgemäßer, am unsachgemäßesten> selten Komp./Superl. (el) ακατάλληλος/-η/-ο (es) inadecuado/-a (pl) niefachowy/-a/-e, nieodpowiedni/-a/-e (ro) necorespunzător/necorespunzătoare

un·si·cher ['ʊnzɪçɐ] Adj. **1.** (el) μη ασφαλής/-ής/-ές (es) no fiable (pl) niebezpieczny/-a/-e (ro) nesigur/-ă **2.** (el) αβέβαιος/-α/-ο (es) dudoso/-a (pl) niepewny/-a/-e (ro) nesigur/-ă

un·ter·bre·chen [ʊntɐ'brɛçn] <unterbricht, unterbrach, hat unterbrochen> tr. V. **1.** (el) διακόπτω (es) suspender (pl) przerywać, wstrzymywać (ro) a întrerupe **2.** (el) διακόπτω (es) interrumpir (pl) przerywać (ro) a întrerupe **3.** (el) διακόπτω (es) cortar (pl) przerywać (ro) a întrerupe

un·ter·halb ['ʊntɐhalp] Präp. Gen. (el) κάτω από (es) por debajo de (pl) poniżej (ro) de sub

Un·ter·neh·men [ʊntɐ'neːmən] das <–s, –> **1.** (el) επιχείρηση (es) empresa (pl) przedsiębiorstwo (ro) intreprindere **2.** (el) εγχείρημα (es) proyecto (pl) przedsięwzięcie (ro) sarcină

un·ter·schei·den [ʊntɐ'ʃaedn] <unterscheidet, unterschied, hat unterschieden> tr. V. **1.** (el) ξεχωρίζω, διακρίνω (es) distinguir (pl) odróżniać (ro) a deosebi **2.** (el) ξεχωρίζω, διακρίνω (es) diferenciar (pl) odróżniać (ro) a deosebi **3.** (el) διαχωρίζω (es) hacer una distinción entre (pl) rozróżniać (ro) a se deosebi

un·ter·schied·lich ['ʊntɐʃiːtlɪç] Adj. (el) διαφορετικός/-ή/-ό (es) distinto/-a, diferente (pl) różny/-a/-e (ro) diferite

un·ter·schrei·ten [ʊntɐ'ʃraetn] <unterschreitet, unterschritt, hat unterschritten> tr. V. (el) είμαι κάτω από (es) quedar debajo de (pl) leżeć poniżej (ro) a coborâ sub

un·ter·stüt·zen [ʊntɐ'ʃtʏtsn] <unterstützt, unterstützte, hat unterstützt> tr. V. (el) υποστηρίζω (es) apoyar, respaldar (pl) wspierać (ro) a sprijini

un·ter·su·chen [ʊntɐ'zuːxn] <untersucht, untersuchte, hat untersucht> tr. V. (el) εξετάζω, ερευνώ (es) investigar, examinar (pl) badać, sprawdzać (ro) a cerceta/examina

V

ver·än·dern [fɛ|ˈɛndɐn] <verändert, veränderte, hat verändert> [tr. V.]
[el] αλλάζω [es] cambiar, modificar [pl] zmieniać [ro] a modifica

ver·an·kern [fɛ|ˈaŋkɐn] <verankert, verankerte, hat verankert> [tr. V.]
1. [el] εδραιώνω, θεμελιώνω [es] consolidar [pl] zakotwiczać [ro] a înră-dăcina, a ancora **2.** [el] στερεώνω [es] anclar, sujetar, fijar [pl] zakotwi-czać, zawieszać [ro] a ancora

ver·ant·wort·lich [fɛ|ˈantvɔ'tlɪç] [Adj.] *kein Komp./Superl.* [el] υπεύθυνος/-η/-ο [es] responsable [pl] odpowiedzialny/-a/-e [ro] rersponsabil/-ă

ver·ar·bei·ten [fɛ|ˈaˈbaetn̩] <verarbeitet, verarbeitete, hat verarbeitet> [tr. V.]
[el] επεξεργάζομαι [es] procesar, utilizar [pl] przetwarzać, przerabiać [ro] a prelucra

ver·bes·sern [fɛˈbɛsɐn] <verbessert, verbesserte, hat verbessert> [tr. V.]
[el] βελτιώνω [es] mejorar [pl] poprawiać, ulepszać [ro] a îmbunătăți

ver·bin·den [fɛˈbɪndn̩] <verbindet, verband, hat verbunden> [tr. V.]
1. [el] συνδέω [es] unir [pl] łączyć [ro] a îmbina **2.** [el] συνδέω [es] unir, conectar [pl] łączyć [ro] a face legătura, a conecta **3.** [el] συνδέω [es] comunicar [pl] połączyć [ro] a face legătura [ref. V.] sich verbinden [el] ενώνομαι [es] combinarse [pl] łączyć się, reagować [ro] a se combina

ver·brau·chen [fɛˈbraʊxn̩] <verbraucht, verbrauchte, hat verbraucht> [tr. V.]
[el] καταναλώνω [es] consumir [pl] zużywać [ro] a consuma

Ver·bund·werk·stoff [fɛˈbʊntvɛˈkʃtɔf] der <-(e)s, -e> [el] σύνθετο υλικό [es] material compuesto [pl] materiał złożony, kompozyt [ro] material compozit

ver·dop·peln [fɛˈdɔpl̩n] <verdoppelt, verdoppelte, hat verdoppelt> [tr. V.]
[el] διπλασιάζω [es] doblar [pl] podwajać [ro] a dubla

ver·ein·ba·ren [fɛ|ˈaɛnbaːrən] <vereinbart, vereinbarte, hat vereinbart> [tr. V.] [el] συμφωνώ [es] acordar, concertar [pl] umawiać [ro] a stabili

Ver·fah·ren [fɛˈfaːrən] das <-s, –> **1.** [el] διαδικασία [es] método [pl] metoda [ro] procedeu **2.** [el] δίκη [es] causa, proceso [pl] postępowa-nie [ro] procedură

Ver·fah·rens·tech·nik [fɛˈfaːrənstɛçnɪk] die <-, –en> [el] τεχνολογία μεθό-δων παραγωγής [es] tecnología de procesos [pl] inżynieria procesowa [ro] inginerie industrială

ver·grö·ßern [fɛˈɡrøːsɐn] <vergrößert, vergrößerte, hat vergrößert> [tr. V.]
[el] μεγεθύνω, μεγαλώνω [es] aumentar [pl] powiększać [ro] a mări

Ver·hält·nis [fɛˈhɛltnɪs] das <-ses, -se> **1.** [el] σχέση [es] proporción [pl] proporcja [ro] raport **2.** [el] σχέση [es] relación [pl] stosunek [ro] relație

ver·han·deln [fɛˈhandl̩n] <verhandelt, verhandelte, hat verhandelt> [tr.+intr. V.] [el] διαπραγματεύομαι [es] negociar [pl] negocjować, pertrakto-wać [ro] a negocia, a trata

Ver·ket·tung [fɛˈkɛtʊŋ] die <–, –en> **1.** ⓔ αλληλουχία ⓔˢ encadena-
miento, serie ⓟˡ powiązanie ⓡᵒ înlănțuire **2.** ⓔ αλληλουχία ⓔˢ conca-
tenación ⓟˡ wiązanie ⓡᵒ corelație

ver·klei·nern [fɛˈklaɛnɐn] <verkleinert, verkleinerte, hat verkleinert> ⓣᵣ.ⱽ·
ⓔ σμικρύνω, μικραίνω ⓔˢ reducir ⓟˡ pomniejszać ⓡᵒ a micșora

ver·knüp·fen [fɛˈknʏpfn̩] <verknüpft, verknüpfte, hat verknüpft> ⓣᵣ.ⱽ·
ⓔ συνδέω ⓔˢ combinar ⓟˡ łączyć ⓡᵒ a înlănțui

ver·lau·fen [fɛˈlaʊfn̩] <verläuft, verlief, ist verlaufen> ⓘⁿᵗʳ.ⱽ· **1.** ⓔ χύνομαι
ⓔˢ correrse ⓟˡ rozlać się ⓡᵒ a se scurge **2.** ⓔ εκτείνομαι ⓔˢ discurrir
ⓟˡ przebiegać ⓡᵒ a se desfășura **3.** ⓔ εξελίσσομαι, περνώ ⓔˢ transcu-
rrir ⓟˡ przebiegać ⓡᵒ a decurge

ver·mei·den [fɛˈmaɛdn̩] <vermeidet, vermied, hat vermieden> ⓣᵣ.ⱽ· ⓔ απο-
φεύγω ⓔˢ evitar ⓟˡ unikać ⓡᵒ a evita

Ver·ord·nung [fɛlˈʔɔʳdnʊŋ] die <–, –en> ⓔ διάταξη, εντολή ⓔˢ decreto
ⓟˡ rozporządzenie ⓡᵒ reglementare

ver·rin·gern [fɛˈrɪŋɐn] <verringert, verringerte, hat verringert> ⓣᵣ.ⱽ·
ⓔ μειώνω ⓔˢ reducir ⓟˡ zmniejszać ⓡᵒ a reduce, a diminua

ver·schlech·tern [fɛˈʃlɛçtɐn] <verschlechtert, verschlechterte, hat ver-
schlechtert> ⓣᵣ.ⱽ· ⓔ χειροτερεύω, επιδεινώνω ⓔˢ empeorar ⓟˡ pogar-
szać ⓡᵒ a se înrăutăți

Ver·si·on [vɛʳˈzi̯oːn] die <–, –en> ⓔ έκδοση ⓔˢ versión ⓟˡ wersja ⓡᵒ ver-
siune

Ver·sor·gung [fɛˈzɔʳɡʊŋ] die <–, –en> meist Sing. ⓔ εφοδιασμός ⓔˢ abas-
tecimiento, aprovisionamiento ⓟˡ zaopatrzenie ⓡᵒ a alimenta, a aprovi-
ziona

Ver·ständ·nis [fɛˈʃtɛntnɪs] das <–ses, –se> meist Sing. ⓔ κατανόηση
ⓔˢ comprensión ⓟˡ zrozumienie, rozumienie ⓡᵒ înțelegere

ver·ste·hen [fɛˈʃteːən] <versteht, verstand, hat verstanden> ⓣᵣ.ⱽ· ⓔ κατα-
λαβαίνω ⓔˢ entender, comprender ⓟˡ zrozumieć, rozumieć ⓡᵒ a înțe-
lege

Ver·stre·bung [fɛˈʃtreːbʊŋ] die <–, –en> ⓔ στήριγμα ⓔˢ puntal, refuerzo
ⓟˡ usztywnienie krzyżulcami ⓡᵒ contrafișe

ver·tei·len [fɛˈtaɛlən] <verteilt, verteilte, hat verteilt> ⓣᵣ.ⱽ· etw. verteilen
ⓔ μοιράζω κάτι, απλώνω κάτι ⓔˢ repartir algo ⓟˡ rozprowadzać coś
ⓡᵒ a distribui/împărți ceva

Ver·tie·fung [fɛˈtiːfʊŋ] die <–, –en> **1.** ⓔ βαθούλωμα ⓔˢ hoyo, depresión
ⓟˡ wgłębienie ⓡᵒ adâncitură **2.** meist Sing. ⓔ εμβάθυνση ⓔˢ excava-
ción ⓟˡ pogłębianie ⓡᵒ adâncire **3.** meist Sing. ⓔ εμβάθυνση ⓔˢ ahon-
damiento ⓟˡ pogłębienie ⓡᵒ aprofundare

ver·tre·ten [fɛˈtreːtn̩] <vertritt, vertrat, hat vertreten> ⓣᵣ.ⱽ· **1.** ⓔ αντικαθιστώ ⓔˢ sustituir ⓟˡ zastępować ⓡᵒ a reprezenta **2.** ⓔ εκπροσωπώ
ⓔˢ defender, velar, representar ⓟˡ bronić ⓡᵒ a reprezenta **3.** etw. ver-

treten ⓔⓛ αντιπροσωπεύω κάτι ⓔ︎s︎ representar algo ⓟⓛ być przedstawi-
cielem czegoś ⓡ︎o︎ a reprezenta ceva

ver·ur·sa·chen [fɛ'lʊːɐ̯ʦaxn̩] <verursacht, verursachte, hat verursacht> ⓣ︎r︎.ⓥ︎.
ⓔⓛ προκαλώ, προξενώ ⓔ︎s︎ originar, causar ⓟⓛ powodować ⓡ︎o︎ a cauza

ver·wal·ten [fɛ'valtn̩] <verwaltet, verwaltete, hat verwaltet> ⓣ︎r︎.ⓥ︎. **1.** ⓔⓛ διαχειρίζομαι ⓔ︎s︎ administrar, gestionar ⓟⓛ zarządzać, kierować ⓡ︎o︎ a administra **2.** ⓔⓛ διαχειρίζομαι ⓔ︎s︎ gestionar ⓟⓛ kierować ⓡ︎o︎ a administra

Ver·wal·tung [fɛ'valtʊŋ] die <–, –en> **1.** ⓔⓛ διοίκηση ⓔ︎s︎ administración
ⓟⓛ administracja ⓡ︎o︎ administrație **2.** *kein Pl.* ⓔⓛ διαχείριση ⓔ︎s︎ gestión
ⓟⓛ zarządzanie ⓡ︎o︎ administrare

ver·wen·den [fɛ'vɛndn̩] <verwendet, verwendete/verwandte, hat verwen-
det/verwandt> ⓣ︎r︎.ⓥ︎. ⓔⓛ χρησιμοποιώ ⓔ︎s︎ usar, emplear ⓟⓛ stosować,
używać ⓡ︎o︎ a utiliza

ver·wer·fen [fɛ'vɛːɐ̯fn̩] <verwirft, verwarf, hat verworfen> ⓔⓛ απορρί-
πτω ⓔ︎s︎ rechazar, desechar ⓟⓛ rezygnować, odrzucać ⓡ︎o︎ a respinge

ver·wer·ten [fɛ'veːɐ̯tn̩] <verwertet, verwertete, hat verwertet> ⓣ︎r︎.ⓥ︎.
ⓔⓛ αξιοποιώ ⓔ︎s︎ utilizar, aprovechar ⓟⓛ wykorzystywać ⓡ︎o︎ a valorifica

Ver·zah·nung [fɛ'ʦaːnʊŋ] die <–, –en> ⓔⓛ διασύνδεση, συσχετισμός
ⓔ︎s︎ interconexión ⓟⓛ zazębienie ⓡ︎o︎ întrepătrundere

ver·zeich·nen [fɛ'ʦaɛ̯çnən] <verzeichnet, verzeichnete, hat verzeichnet>
ⓣ︎r︎.ⓥ︎. **1.** ⓔⓛ σημειώνω ⓔ︎s︎ anotar, apuntar ⓟⓛ notować, odnotowywać
ⓡ︎o︎ a enumera **2.** ⓔⓛ καταγραφώ ⓔ︎s︎ registrar ⓟⓛ stwierdzać ⓡ︎o︎ a înregistra

viel·fäl·tig ['fiːlfɛltɪç] ⓐ︎d︎j︎.︎ ⓔⓛ ποικίλος/-η/-ο ⓔ︎s︎ variado/-a ⓟⓛ różno-
rodny/-a/-e, rozmaity/-a/-e ⓡ︎o︎ o gamă largă

viel·sei·tig ['fiːlzaɛ̯tɪç] ⓐ︎d︎j︎.︎ ⓔⓛ πολύπλευρος/-η/-ο ⓔ︎s︎ polifacético/-a,
amplio/-a, extenso/-a ⓟⓛ wielostronny/-a/-e, różnorodny/-a/-e, wszech-
stronny/-a/-e ⓡ︎o︎ multilateral/-ă

vir·tu·ell [vɪ'tuˈɛl] ⓐ︎d︎j︎.︎ ⓔⓛ εικονικός/-ή/-ό ⓔ︎s︎ virtual ⓟⓛ wirtualny/-a/-e
ⓡ︎o︎ virtual/-ă

Voll·macht ['fɔlmaxt] die <–, –en> ⓔⓛ πληρεξούσιο ⓔ︎s︎ poder ⓟⓛ pełno-
mocnictwo ⓡ︎o︎ împuternicire

Vo·raus·sa·ge [fo'raʊ̯szaːɡə] die <–, –n> ⓔⓛ πρόγνωση ⓔ︎s︎ pronóstico, pre-
dicción ⓟⓛ prognoza, przepowiednia ⓡ︎o︎ predicție

Vor·ga·be ['foːɐ̯gaːbə] die <–, –n> *meist Pl.* ⓔⓛ οδηγία ⓔ︎s︎ directriz
ⓟⓛ wytyczna ⓡ︎o︎ directivă

Vor·ge·hens·mo·dell ['foːɐ̯geːənsmoˌdɛl] das <–s, –e> ⓔⓛ μοντέλο προσέ-
γγίσης ⓔ︎s︎ modelo de procedimiento ⓟⓛ modelowanie procesów
ⓡ︎o︎ model de proces

vor·han·den [foːɐ̯'handn̩] ⓐ︎d︎j︎.︎ *kein Komp./Superl.* ⓔⓛ υπάρχω ⓔ︎s︎ existir,
haber ⓟⓛ dostępny, istniejący ⓡ︎o︎ a sta la dispoziție, existent

vor·läu·fig ['foːɐ̯lɔɪ̯fɪç] ⓐ︎d︎j︎.︎ *kein Komp./Superl.* ⓔⓛ προσωρινός/-ή/-ό
ⓔ︎s︎ provisional ⓟⓛ tymczasowy/-a/-e ⓡ︎o︎ temporar/-ă

vor|lie·gen ['foːɐ̯liːgn̩] <liegt vor, lag vor, hat vorgelegen> (intr. V.) (Dat.) (el) υπάρχω (es) existir, haber (pl) wpływać, zachodzić (ro) a fi disponibil/-ă, a exista

vor·rä·tig ['foːɐ̯rɛːtɪç] (Adj.) *kein Komp./Superl.* (el) διαθέσιμος/-η/-ο (es) en almacén, disponible (pl) być na składzie/w zapasie (ro) în stoc

Vor·rats·la·ger ['foːɐ̯ratslaːgɐ] das <-s, -> (el) αποθήκη (es) almacén de existencias (pl) magazyn (ro) depozit

vor|schla·gen ['foːɐ̯ʃlaːgn̩] <schlägt vor, schlug vor, hat vorgeschlagen> (tr. V.) (jdm) etw. vorschlagen (el) προτείνω κάτι (σε κάποιον) (es) proponer algo (a alguien) (pl) proponować (komuś) coś (ro) a propune ceva (cuiva)

Vor·schrift ['foːɐ̯ʃrɪft] die <-, -en> (el) διάταξη (es) instrucciones (pl) przepis (ro) prevedere, specificaţie

vor|stel·len ['foːɐ̯ʃtɛlən] <stellt vor, stellte vor, hat vorgestellt> (tr. V.) **1.** jdn vorstellen / sich vorstellen (el) συστήνω κάποιον / συστήνομαι (es) presentar a alguien / presentarse (pl) przedstawiać kogoś / przedstawiać się (ro) a prezenta pe cineva/a se prezenta **2.** (el) βάζω μπροστά (es) adelantar (pl) przestawiać do przodu (ro) a da înainte (ref. V.) sich (Dat.) etw. vorstellen (el) φαντάζομαι κάτι (es) imaginarse algo (pl) wyobrażać sobie coś (ro) a-şi închipui

Vor·teil ['foːɐ̯tael̯] der <-(e)s, -e> (el) πλεονέκτημα (es) ventaja (pl) zaleta (ro) avantaj

W

wach·sen ['vaksn̩] <wächst, wuchs, ist gewachsen> (intr. V.) **1.** (el) μεγαλώνω (es) crecer (pl) rosnąć (ro) a creşte **2.** (el) αυξάνομαι (es) aumentar (pl) wzrastać, zwiększać się (ro) a creşte

wahr·nehm·bar ['vaːɐ̯neːmbaːɐ̯] (Adj.) *kein Komp./Superl.* (el) αντιληπτός/-ή/-ό (es) perceptible (pl) dostrzegalny/-a/-e (ro) perceptibil

Wan·del ['vandl̩] der <-s> *kein Pl.* (el) αλλαγή (es) cambio, transformación (pl) zmiana (ro) schimbare

Wa·re ['vaːrə] die <-, -n> (el) εμπόρευμα (es) mercancía (pl) towar (ro) marfă

war·nen ['varnən] <warnt, warnte, hat gewarnt> (tr.+intr. V.) (vor etw./jdn) warnen (el) προειδοποιώ (για κάτι/ κάποιον) (es) advertir (de/sobre algo/ alguien) (pl) ostrzegać (przed czymś/kimś) (ro) a avertiza pe cineva, a avertiza faţă de

war·ten ['vaʁtn̩] <wartet, wartete, hat gewartet> (intr. V.) (el) περιμένω (es) esperar (pl) czekać (ro) a aştepta (tr. V.) (el) συντηρώ (es) mantener (pl) dokonywać przeglądu technicznego (ro) a întreţine

War·tung ['vaʁtʊŋ] die <-, -en> (el) συντήρηση (es) mantenimiento (pl) konserwacja, przegląd techniczny (ro) întreţinere

Was·ser·bau ['vasebao] der <–s, –ten> el υδραυλικές κατασκευές es ingeniería hidráulica pl budownictwo wodne ro construcţii hidrotehnice

Web·ap·pli·ka·ti·on ['vɛplaplika,tsjoːn] die <–, –en> el εφαρμογή ιστού es aplicación web pl aplikacja internetowa ro aplicaţie web

Wei·ter·bil·dungs·mög·lich·keit ['vaetebɪldʊŋsmøːklɪçkaet] die <–, –en> el δυνατότητα κατάρτισης es oportunidad de formación pl możliwość dokształcania się ro posibilitate de specializare

wei·ter|ent·wi·ckeln ['vaetelɛntvɪkln] <entwickelt weiter, entwickelte weiter, hat weiterentwickelt> tr.V. el εξελίσσω, αναπτύσσω es perfeccionar pl udoskonalać, rozwijać ro a se dezvolta în continuare ref.V. sich weiterentwickeln el εξελίσσομαι, αναπτύσσομαι es desarrollarse pl rozwijać się ro a se dezvolta în continuare

wei·ter|ge·ben ['vaetegeːbm] <gibt weiter, gab weiter, hat weitergegeben> tr.V. **1.** etw. (an jdn) weitergeben el μεταδίδω κάτι (σε κάποιον) es pasar algo (a alguien) pl przekazywać coś (komuś) ro a da mai departe ceva (cuiva) **2.** etw. (an jdn) weitergeben el μεταβιβάζω κάτι (σε κάποιον) es comunicar algo (a alguien) pl powiadamiać (kogoś) o czymś ro a da mai departe ceva (cuiva)

weit·rei·chend ['vaetraeçnt] Adj. **1.** el εκτεταμένος/-η/-ο es extenso/-a, amplio/-a pl dalekosiężny/-a/-e ro ample, vaste **2.** el εκτεταμένος/-η/-ο es de gran alcance pl dalekiego zasięgu ro de anvergură

Wel·le ['vɛlə] die <–, –n> **1.** el κύμα es ola pl fala ro valuri **2.** meist Pl. el κύμα es onda pl fale ro undă **3.** el συχνότητα es onda pl fala ro frecvenţă

Werk·zeug ['vɛˀktsɔøk] das <–(e)s, –e> **1.** kein Pl. el εργαλεία es herramienta pl narzędzia ro sculă **2.** el εργαλείο es instrumento, herramienta pl instrument, środek ro instrument

Wert [veːɐt] der <–(e)s, –e> kein Pl. el αξία, τιμή es valor, precio pl wartość, cena ro valoare

Wi·der·stand ['viːdeʃtant] der <–(e)s, Widerstände> **1.** kein Pl. el αντίσταση es resistencia, oposición pl opór, przeciwstawianie się, opory ro rezistenţă **2.** el αντίσταση es resistencia pl opornik, rezystor ro rezistori, rezistenţe

wi·der·stands·fä·hig ['viːdeʃtantsfɛːɪç] Adj. el ανθεκτικός/-ή/-ό es resistente pl odporny/-a/-e, wytrzymały/-a/-e ro rezistent

wie·der·ho·len [viːdeˈhoːlən] <wiederholt, wiederholte, hat wiederholt> tr.V. el επαναλαμβάνω es repetir, repasar pl powtarzać, wykonywać powtórnie ro a repeta

Wie·der·ver·wend·bar·keit ['viːdefɛˌvɛntbaːˀkaet] die <–> kein Pl. el επαναχρησιμοποίηση es reutilización pl wtórne wykorzystanie ro reutilizabilitate

wir·ken [ˈvɪ̯rkn̩] <wirkt, wirkte, hat gewirkt> [intr. V.] **1.** (el) επιδρώ (es) actuar, surtir efecto (pl) działać, skutkować (ro) a acționa **2.** (el) δεί-χνω (es) parecer (pl) sprawiać wrażenie (ro) arată

wirk·sam [ˈvɪ̯rkzaːm] [Adj.] (el) αποτελεσματικός/-ή/-ό, δραστικός/-ή/-ό (es) eficaz (pl) skuteczny/-a/-e (ro) eficient/-ă

Wir·kungs·grad [ˈvɪ̯rkʊŋsɡraːt] der <-(e)s, -e> (el) απόδοση (es) eficiencia (pl) wydajność, skuteczność (ro) grad de eficiență

Wirt·schaft [ˈvɪ̯rtʃaft] die <-, -en> (el) οικονομία (es) economía (pl) gospo-darka (ro) economie

wirt·schaft·lich [ˈvɪ̯rtʃaftlɪç] [Adj.] (el) οικονομικός/-ή/-ό (es) económico/-a (pl) gospodarczy/-a/-e, ekonomiczny/-a/-e (ro) economic/-ă, economice

wis·sens·ba·siert [ˈvɪsn̩sbaziːɐ̯t] [Adj.] *kein Komp./Superl.* (el) βασισμένος/-ή/-ό στη γνώση (es) basado/-a en el conocimiento (pl) oparty/-a/-e na wiedzy (ro) bazat pe cunoaștere

wis·sen·schaft·lich [ˈvɪsn̩ʃaftlɪç] [Adj.] (el) επιστημονικός/-ή/-ό (es) cientí-fico/-a (pl) naukowy/-a/-e (ro) științific/-ă

Z

zei·gen [ˈtsaeɡn̩] <zeigt, zeigte, hat gezeigt> [tr. V.] **1.** (el) δείχνω (es) ense-ñar, mostrar (pl) wskazywać, pokazywać (ro) a arăta **2.** (el) δείχνω (es) (de)mostrar (pl) okazywać (ro) a arăta

Zeit·ab·lauf [ˈtsaetlaplaɔf] der <-(e)s, Zeitabläufe> (el) πάροδος χρόνου (es) transcurso del tiempo (pl) upływ czasu (ro) expirarea termenului

Zeit·raum [ˈtsaetraɔm] der <-(e)s, Zeiträume> (el) χρονικό διάστημα (es) periodo (pl) przedział czasowy, okres (ro) interval, perioadă

zent·ral [tsɛnˈtraːl] [Adj.] (el) κεντρικός/-ή/-ό (es) céntrico/-a (pl) centralny/-a/-e, znajdujący/-a/-e się w centrum (ro) central/-ă

Ziel [tsiːl] das <-(e)s, -e> (el) στόχος, προορισμός (es) objetivo, destino (pl) cel, meta (ro) scop, destinație

Zo·ne [ˈtsoːnə] die <-, -n> **1.** (el) ζώνη (es) zona (pl) strefa (ro) zonă **2.** (el) ζώνη (es) zona (pl) strefa (ro) zonă

Zu·gang [ˈtsuːɡaŋ] der <-(e)s, Zugänge> (el) πρόσβαση (es) acceso, entrada (pl) dostęp, dojście, dojazd (ro) intrare

zu·künf·tig [ˈtsuːkʏnftɪç] [Adj.] *kein Komp./Superl.* (el) μελλοντικός/-ή/-ό (es) futuro/-a (pl) przyszły/-a/-e (ro) viitoare

zu·kunfts·träch·tig [ˈtsuːkʊnftstrɛçtɪç] [Adj.] (el) πολλά υποσχόμενος/-η/-ο (es) prometedor/-a (pl) przyszłościowy/-a/-e, dobrze rokujący/-a/-e na przyszłość (ro) promițător/promițătoare

zu·kunfts·wei·send [ˈtsuːkʊnftsvaezn̩t] [Adj.] (el) μελλοντοστραφής/-ής/-ές (es) avanzado/-a, progresista (pl) postępowy/-a/-e (ro) progresist/-ă, de viitor

Zu·las·sung [ˈtsuːlasʊŋ] die <–, –en> (el) άδεια (es) habilitación, autorización, matrícula (pl) koncesja, dopuszczenie (ro) autorizaţie, autorizarea

zu·sam·men|bau·en [tsuˈzamənbaoən] <baut zusammen, baute zusammen, hat zusammengebaut> (tr. V.) (el) συναρμολογώ (es) montar, armar (pl) montować (ro) a asambla

zu·sam·men|fas·sen [tsuˈzamənfasṇ] <fasst zusammen, fasste zusammen, hat zusammengefasst> (tr. V.) **1.** (el) συνοψίζω (es) resumir (pl) podsumowywać (ro) a rezuma **2.** (el) ενώνω (es) reunir, agrupar (pl) łączyć (ro) a cumula, a asocia

Zu·sam·men·set·zung [tsuˈzamənzɛtsʊŋ] die <–, –en> (el) σύνθεση (es) composición (pl) skład (ro) compoziţia, alcătuirea

zu·sätz·lich [ˈtsuːzɛtslɪç] (Adj.) kein Komp./Superl. (el) πρόσθετος/-η/-ο (es) adicional (pl) dodatkowy/-a/-e (ro) suplimentar/-ă

zu|si·chern [ˈtsuːzɪçen] <sichert zu, sicherte zu, hat zugesichert> (tr. V.) jdm etw. zusichern (el) διαβεβαιώνω κάτι σε κάποιον (es) garantizar/prometer algo a alguien (pl) zapewniać kogoś o czymś (ro) a asigura cuiva ceva

zu·stän·dig [ˈtsuːʃtɛndɪç] (Adj.) kein Komp./Superl. (el) αρμόδιος/-α/-ο (es) responsable (pl) odpowiedzialny/-a/-e (ro) competent/-ă, responsabil/-ă

zu|stim·men [ˈtsuːʃtɪmən] <stimmt zu, stimmte zu, hat zugestimmt> (intr. V.) **1.** jdm zustimmen (el) συμφωνώ με κάποιον (es) estar de acuerdo con alguien (pl) podzielać kogoś zdanie (ro) a fi de acord cu cineva **2.** einer Sache (Dat.) zustimmen (el) συμφωνώ με κάτι (es) aprobar una cosa (pl) zgadzać się z czymś (ro) a fi de acord cu un lucru

zu·ver·läs·sig [ˈtsuːfɛlɛsɪç] (Adj.) (el) αξιόπιστος/-η/-ο (es) fiable, seguro/-a (pl) niezawodny/-a/-e (ro) de încredere, serios

zu|wei·sen [ˈtsuːvaɛzn] <weist zu, wies zu, hat zugewiesen> (tr. V.) (el) αναθέτω (es) asignar (pl) przydzielać (ro) a aloca, a atribui

Zwi·schen·fall [ˈtsvɪʃṇfal] der <–(e)s, Zwischenfälle> (el) περιστατικό (es) incidente (pl) zajście, incydent (ro) incident

Zy·lin·der [tsyˈlɪnde, tsiˈ– –] der <–s, –> (el) κύλινδρος (es) cilindro (pl) walec (ro) cilindru

Zahlen und Maßeinheiten

ⓔⓛ Αριθμοί και μονάδες μέτρησης
ⓟⓛ Liczby i jednostki miar
ⓔⓢ Números y unidades de medida
ⓡⓞ Numere și unități de măsură

Y01	null / eins [nʊl / aens]	0 / 1	zwei / drei [tsvae / drae]	2 / 3
Y02	vier / fünf [fiːɐ̯ / fʏnf]	4 / 5	sechs / sieben [zɛks / ˈziːbm̩]	6 / 7
Y03	acht / neun [axt / nɔøn]	8 / 9	zehn / elf [tseːn / ɛlf]	10 / 11
Y04	zwölf / dreizehn [tsvœlf / ˈdraetseːn]	12 / 13	vierzehn / fünfzehn [ˈfɪˈtseːn / ˈfʏnftseːn]	14 / 15
Y05	sechzehn / siebzehn [ˈzɛçtseːn / ˈziːptseːn]	16 / 17	achtzehn / neunzehn [ˈaxtseːn / ˈnɔøntseːn]	18 / 19
Y06	zwanzig / einundzwanzig [ˈtsvantsɪç / ˈaenlʊntˈtsvantsɪç]	20 / 21	zweiundzwanzig / dreiundzwanzig [ˈtsvaelʊntˈtsvantsɪç / ˈdraelʊntˈtsvantsɪç]	22 / 23
Y07	vierundzwanzig / fünfundzwanzig [ˈfiːɐ̯lʊntˈtsvantsɪç / ˈfʏnflʊntˈtsvantsɪç]	24 / 25	sechsundzwanzig / siebenundzwanzig [ˈzɛkslʊntˈtsvantsɪç / ˈziːbm̩lʊntˈtsvantsɪç]	26 / 27
Y08	achtundzwanzig / neunundzwanzig [ˈaxtlʊntˈtsvantsɪç / ˈnɔønlʊntˈtsvantsɪç]	28 / 29	dreißig / vierzig [ˈdraesɪç / ˈfɪˈtsɪç]	30 / 40
Y09	fünfzig / sechzig [ˈfʏnftsɪç / ˈzɛçtsɪç]	50 / 60	siebzig / achtzig [ˈziːptsɪç / ˈaxtsɪç]	70 / 80
Y10	neunzig / hundert [ˈnɔøntsɪç / ˈhʊndɐt]	90 / 100	tausend / eine Million [ˈtaoznt̩ / aenə mɪˈljoːn]	1000 / 1000000

Y11 **1 Milligramm (mg)** [aen 'mɪligram]

el〉 1 χιλιοστόγραμμο
pl〉 1 miligram

es〉 1 miligramo
ro〉 1 miligram

Y12 **1 Gramm (g)** [aen 'gram]

el〉 1 γραμμάριο
pl〉 1 gram

es〉 1 gramo
ro〉 1 gram

Y13 **1 Pfund (Pfd., Pf.)** [aen 'pfʊnt]

el〉 1 μισό κιλό
pl〉 1 funt

es〉 500 gramos
ro〉 500 grame

Y14 **1 Kilogramm (kg)** [aen 'ki:logram]

el〉 1 χιλιόγραμμο
pl〉 1 kilogram

es〉 1 kilogramo
ro〉 1 kilogram

Y15 **1 Tonne (t)** ['aenə 'tɔnə]

el〉 1 τόνος
pl〉 1 tona

es〉 1 tonelada
ro〉 1 tonă

Y16 **1 Millimeter (mm)** [aen 'mɪlime:te]

el〉 1 χιλιοστόμετρο
pl〉 1 milimetr

es〉 1 milímetro
ro〉 1 milimetru

Y17 **1 Zentimeter (cm)** [aen 'tsɛntime:te]

el〉 1 εκατοστόμετρο
pl〉 1 centymetr

es〉 1 centímetro
ro〉 1 centimetru

Y18 **1 Dezimeter (dm)** [aen 'detsime:te]

el〉 1 δεκατόμετρο
pl〉 1 decymetr

es〉 1 decímetro
ro〉 1 decimetru